Jakob Vetter

Der Triumph des Kreuzes

Jakob Vetter

Der Triumph des Kreuzes

Evangelisationsreden aus den Jahren 1902 & 1903 gehalten im Zelt der Deutschen Zeltmission

Bearbeitet und neu herausgegeben von Jürgen Krafzik

Dezember 2002

Philemon-Verlag Mülheim/Ruhr

Alle Bibelzitate sind, sofern nicht anders angegeben, der Elberfelder Bibel, revidierte Fassung, entnommen.

Bibliografische Information der Deutschen Bibliothek: Die Deutsche Bibliothek verzeichnet diese Publikation in der Deutschen Nationalbibliografie; detaillierte bibliografische Daten sind im Internet über http://dnb.ddb.de abrufbar.

Jakob Vetter:
Der Triumph des Kreuzes

Original erschienen unter dem Titel »Freie Gnade in Christo« bei Missionsbuchhandlung P. Ott, Gotha, 1903

Bearbeitete Neuauflage 2002:

Philemon-Verlag e.K.
Auerstr. 65 • D-45468 Mülheim/Ruhr
www.philemon-verlag.de

Bearbeitung: Jürgen Krafzik
Fotos: dzm-Archiv; mit freundlicher Genehmigung der Deutschen Zeltmission e.V., 57078 Siegen (www.dzm.de)
Umschlagentwurf: Jürgen Krafzik

Herstellung: Books on Demand GmbH, Norderstedt
Printed in Germany

ISBN 3-936461-03-1

Inhaltsverzeichnis

Vorwort zur Neuauflage

Die vorliegenden Evangelisationsreden Jakob Vetters stellen nicht nur ein historisches Zeugnis aus der Zeit der Erweckung in Mülheim und Umgebung dar, sondern zeigen diesen begnadeten Evangelisten und Prediger auch in seiner ureigensten Art als ernsthaften, aufrichtigen Mann Gottes, der – wie viele Prediger seiner Tage – in der Verkündigung eine solche Klarheit und Direktheit an den Tag legte, wie es heute leider selten geworden ist. Sicher, manches würde man heute so nicht mehr formulieren. Doch bedenken wir, dass wir beim Lesen dieser Predigten 100 Jahre in die Vergangenheit reisen und im Grunde nicht auf ein literarisches Werk stoßen, sondern auf direkte Rede mit all ihren Unebenheiten und Spitzen. Und dennoch: Sie werden schnell erkennen, dass die behandelten Themen und die Mehrzahl der Aussagen Vetters noch heute (oder gerade heute) unverändert aktuell und treffend sind – bis hinein ins politische und gesellschaftliche Leben. Man denke sich eine modernere Ausdrucksweise, und schon findet man sich im Hier und Jetzt.

Um Ihnen den charakteristischen Klang, Ausdruck und Stil Jakob Vetters möglichst unmittelbar wiederzugeben, hat sich der Bearbeiter entschlossen, keine größeren Veränderungen am Text vorzunehmen. Lediglich das ein oder andere heute unverständliche Wort wurde ersetzt, der Satzbau an einigen Stellen um des besseren Verständnisses willen umgestellt, gelegentlich ein unnötiger Satz gestrichen und die Bibelverse nach der Revidierten Elberfelder zitiert. Von diesen minimalen Eingriffen abgesehen halten Sie ein evangelistisches »Live«-Dokument in den Händen, dessen Inhalt bestimmt wird von der unverbrüchlichen Liebe eines gesegneten Gottesmenschen zu seinem Herrn und Gott. Berufung, Sinn und Erfüllung des Lebens und Dienstes von Jakob Vetter war, auch den vielen noch unerlösten Menschen Gott in Seiner rettenden Gnade vor die Augen zu malen und sie zur Umkehr von ihrem Verderbensweg zu bewegen, damit sie einstimmen könnten in die Anbetung des himmlischen Vaters durch die gerechte und geheiligte Schar, die weltweite Gemeinde des Leibes Jesu Christi, des Sohnes Gottes.

So möge nun die Neuauflage dieser Reden mithelfen, den Auftrag Jakob Vetters weiterzuführen und sowohl Gläubige zu ermutigen und zu stärken als auch noch in der Gottesferne Stehende von der unendlichen Liebe Gottes, die über allem natürlichen Verstehen ist, zu überwältigen.

Mülheim/Ruhr, im November 2002 — *Jürgen Krafzik*

Vorbemerkungen

Es sei mir gestattet, etliche Vorbemerkungen über die Art und Weise dieser Zeltreden zu machen.

Wir haben es immer für eine Schande und Verleugnung der Wahrheit gehalten, Dinge zu reden, nach denen der großen Masse die Ohren jucken (2. Tim. 4, 3). Wie wollen Gott verherrlichen und Sünder retten, deshalb redeten wir in Prophetenweise – in Schwachheit und mit Furcht und vielem Zittern, nicht in überredenden Worten der Weisheit, sondern in Erweisung des Geistes und der Kraft – als Sterbende zu Sterbenden.

Ein Redner nach der Welt Weise zu sein, liegt nicht in unserem Sinn; aber ein Sprachrohr am Munde Gottes möchten wir sein. Den ernsten Anstrengungen und dem gewaltigen Trotz moderner Gottesfeindschaft und Weltseligkeit gegenüber kann nur das ganze Evangelium, ohne eigene pikante Zutaten, eine siegreiche Stellung einnehmen. Der Evangelist darf kein Feuilletonist oder Novellenerzähler sein. Die Befehle und Worte des Ewigen zu verkündigen, war unsere Freude und höchste Ehre. Wir schämten uns und taten Buße, wenn wir in unseren Reden etwas merkten, das Gott nicht gewirkt und zuvor geschenkt hatte.

Unser Trachten oder Streben ist nicht, eine stilvollendete Predigt zu halten, sondern Seelen für das Lamm zu werben. Ob man unseren Reden Beifall schenkt oder nicht, kann uns sehr wenig kümmern. Uns ist es nicht um die Ehre der Menschen, sondern um die Ehre Gottes zu tun. Eine huldvolle Begegnung Jesu in der Offenbarung Seiner Kraft ist uns mehr wert, als der Beifall der Welt.

Noch auf eines sei aufmerksam gemacht. Die Reden wurden erst stenographiert und das Stenogramm wurde durchgesehen und da und dort, wo wir es für nötig fanden, korrigiert, ohne jedoch Spitzen oder etwas vom Inhalt der Reden wegzunehmen. Dass wir da und dort in den Reden sehr persönlich wurden, und mehr oder weniger polemisierten, brachte der Ernst der Situation mit sich. Doch wollten wir, und das dürfen wir vor unserem Herrn aussprechen, dadurch niemand verletzen, sondern allen liebend verhelfen zu einer klaren Stellung dem König gegenüber. Man fasse die Rede »Evangelium für den verlorensten Sünder«, wegen der wir vor Gericht gestellt wurden, in diesem Sinne auf. Ein Wort der Kritik war uns oft der Aufschrei eines verwundeten Herzens.

Mit innigem Dank legen wir diese Zeltreden zu den Füßen unseres

Herrn nieder mit der Bitte, dass Er sie nach Seiner Huld und Gnade ebenso gebrauchen möge zur Errettung von Sündern, wie Er es mit dem geredeten Wort getan hat.

Ja, möge unser Herr Jesus dieses Büchlein zu Seiner Verherrlichung annehmen von Seinem unwürdigen Diener

Jakob Vetter

Elbing (Westpreußen), den 2. November 1903

Für Gott da sein ist Herrlichkeit

Rede, gehalten in Köln am 29. Juli 1902

»Ich aber und mein Haus, wir wollen
dem Herrn dienen.« (Jos. 24, 15)

Josua war ein entschiedener Mann, ein Mann mit Rückgrat, ein ganzer Mann. Er setzte sein Leben für seinen Gott ein und machte die Interessen des Himmels zu seinen eigenen. In dieser Stellung konnte er vor seinen Gott treten und in heiligem Ernst bitten, Jahwe, dem Herrn der Heerscharen zu dienen. »So fürchtet nun den Herrn und dient Ihm in Aufrichtigkeit und Treue! ... Ist es aber übel in euren Augen, dem Herrn zu dienen, dann erwählt euch heute, wem ihr dienen wollt ... Ich aber und mein Haus, wir wollen dem Herrn dienen!« Die energische Tat Josuas und sein entschiedenes Bekenntnis elektrisierte das Volk so sehr, dass es rief: »Auch wir wollen dem Herrn dienen, denn er ist unser Gott!«

Was fehlt unserer Zeit? Die Sache, genau betrachtet, ergibt: Männer wie Josua, die dastehen für ihren Gott und die ihre ganze Kraft für Seine ewigen Pläne zum Dienste einsetzen, die fehlen uns. Unser trauriges Zeitalter, in welchem Philister dem Zeugnis Jahwes Hohn sprechen, den Namen unseres Christus lästern und mit unreinen Händen das Heilige schamlos entweihen, braucht Männer, die, gleich den alten Helden, wie Löwen für den Glauben kämpfen, der einmal den Heiligen übergeben ist. Ja, Männer, die wissen, was sie wollen, und wollen, was sie wissen, die Besitz, Ehre, Kind und Weib lassen fahren dahin, um etwas beitragen zu können, dass der Name Jesu hochgepriesen werde. Sind unsere Gemeinschaftsleute Menschen, deren Geist durch tägliche Betrachtung überirdischer Dinge und höherer Interessen einen ganz besonderen Charakter angenommen haben, die nicht mehr zufrieden sind mit einen Konventikel- oder Erbauungschristentum, sondern deren innigster Wunsch ist, die verlorene Welt für ihren Herrn zurückzuerobern, dann kann es sein, dass Gott durch Sein Volk Sieger wird über eine in der Verwesung liegende Welt. Dazu muss jeder gläubige Christ beitragen. Dies geschieht, wenn man gemerkt hat, dass es Herrlichkeit ist, dem großen Gott zu leben. Ihn zu kennen, Ihm zu dienen, in Ihm sich zu freuen, dass muss der große Zweck unseres Daseins je länger je mehr sein und werden. Wir werden ein Prophetenvolk, das in den Gemächern des Königs zu Hause ist. Wenn wir auch unbekannt bleiben in den Werken der Philosophen und Dichter, so sind wir doch nicht unbekannt die Weissagungen des Herrn. Wenn man unseren Namen nicht in den alten Wappenbüchern findet, so sind wir doch gewiss verzeichnet in dem Buche des Lebens. Sind unsere Schritte nicht begleitet von einem glänzenden Gefolge, – im Dienste des himmlischen Königs umgeben und bewachen uns Legionen dienender Engel. Unsere Paläste sind Häuser, nicht von Menschenhänden gebaut, unsere Diademe Kronen des Ruhmes, der niemals vergehen wird. Wir sind die Gesegneten des Herrn, geadelt durch Seine Namensgebung von Ewigkeit her, Priester durch die Handauflegung des Allmächtigen.

1. Wir dürfen dem Herrn dienen

Josua und sein Haus konnten sagen: »Wir wollen dem Herrn dienen«, weil sie dem Herrn dienen durften. Viele achten es als ein großes Vorrecht, einem Monarchen dienen zu dürfen; sie haben den Wunsch, ihren Dienst einem Hohen dieser Welt zu weihen; aber es fehlt ihnen die Gelegenheit dazu. Der großen Majestät des Himmels, Jesus Christus, zu dienen, ist weit erhabener und herrlicher. Vor Ihm beugen sich die Thronfürsten der Lichtswelten, und die vollendeten Gerechten werfen ihre Kronen vor Seinem Throne hin. Alle Kniee im Himmel, auf Erden und unter der Erde werden sich beugen vor dem, der vom Vater einen Namen bekommen hat, der über allen Namen ist. Dieser erhabenen Majestät, der auf einen Blick und auf ein Wort Milliarden reiner Wesen zur Verfügung stehen, darfst du dienen. Seine große Gnade hat es für gut befunden, dass du Ihm dienest in Gerechtigkeit und Heiligkeit ein Leben lang.

Unsere *Erwählung* liefert den Beweis dafür. »Ihr habt nicht mich erwählt«, spricht Jesus, »sondern ich habe euch erwählt und euch gesetzt, dass ihr hingeht und Frucht bringt und eure Frucht bleibe« (Joh. 15, 16). Ich muss bekennen, dass mein Innerstes erzittert und sich beugt, so oft ich der großen Tatsache meiner Erwählung gedenke. Er hat mich erwählt für Seinen Dienst, mich Elenden aus den Elenden, den Armen aus Armen heraus – mich, der ich ein Kind aller List und aller Schalkhaftigkeit war, ein Feind der Gerechtigkeit, ja mich hat Er erwählt. O Preis der freien Gnade, erwählt zu Seinem heiligen Dienst! Wenn einem das aufgeht, dann lernt man anbeten und sich beugen vor seinem Gott. Niemals hätten wir Ihm dienen können, wenn Er uns nicht dazu erwählt hätte. Es wäre tollkühne Vermessenheit, wenn eine Tagelöhnerstochter in ihrem Herzen den

Wunsch hegen und offenbaren würde, Braut des Kronprinzen zu werden. Man würde sie reif für das Irrenhaus halten, wenn sie solche Dinge aussprechen würde. Etwas ganz anderes wäre es, wenn sie vom Kronprinzen zu seiner Braut erkoren wäre; dann könnte sie ein Jawort geben. Nie würden wir im Stande sein, Gott zu dienen, wenn Gott uns nicht zu diesem Dienst von Ewigkeit her erwählt hätte. Bist du ein Kind Gottes, das durch den Glauben gerechtfertigt wurde, so besitzt du das große Vorrecht, deinem Gott dienen zu dürfen. Du darfst dienen; und soll dein Leben ein glückliches sein, so musst du dienen. Wahre Glückseligkeit findet ein Menschenkind nur im Dienste für seinen Gott. Willst du Glückseligkeit erfahren, so weihe dich und dein ganzes Haus dem Herrn zum Dienst.

Golgatha liefert einen anderen Beweis, dass wir Gott dienen dürfen. Was bedeutet Golgatha? Warum starb dort das Gotteslamm? Hört die alte und doch immer neue Geschichte, die wir verkündigen, so oft wir das Brot brechen (1. Kor. 10, 26): Golgatha bedeutet Erlösung. Jesus hat uns durch Sein teures Blut losgekauft von Sünde und Schuld, von Welt und Hölle, vom Teufel und von uns selbst. Wir sind durch das Blut Jesu für Gott zurückerkauft. Jesus hat den teuersten Preis bezahlt. Er hat uns für Gott erkauft mit Seinem Blut – für was? Damit wir Gott loben und Ihm dienen unser Leben lang in Heiligkeit und Gerechtigkeit. Warum dürfen wir Gott dienen? Weil wir dazu von Jesus erkauft sind. Was ist mein Adel? Was mein höchster Ruhm? Ich bin ein Sklave Jesu – ich Sein erkauftes Eigentum; das ist meine Herrlichkeit. Hinweg Welt, hinweg Sünde, hinweg Teufel, hinweg Fleisch! Nicht für euch, sondern für Jesus bin ich da. Ich darf Gott dienen, weil ich für Gott erkauft bin! Das bedeutet für mich Golgatha, das feiere ich beim Abendmahl. Es ist eine Schande von meiner und von deiner Seite, wenn wir nicht die Stellung als erkaufte Sklaven Jesu einnehmen und für Gott leben: »Und für alle ist Er gestorben, damit die, welche leben, nicht mehr sich selbst leben, sondern dem, der für sie gestorben und auferweckt worden ist« (2. Kor. 5, 15).

Alles Leben, das nicht für Gott und Seine ewigen Interessen gelebt wird, ist ein verlorenes, ein Leben, das kein Kapital abwirft für die Ewigkeit. Geliebter, du bist erwählt und erkauft, das weißt du. Du darfst deinem Gott dienen; das hörst du; nun, so diene Ihm! Nimm heute noch die Stellung ein, die dir Jesus durch Sein Blut erworben hat und beweise der Welt, dass du und dein Haus dem Herrn dienen.

In unserer *Berufung* liegt auch ein Beweis, dass wir dem Herrn dienen dürfen. Wir sind von Gott berufen mit einem heiligen Ruf. Seine Aufforderung an uns ist, unseren Beruf und unsere Erwählung festzumachen. Wir tun dies, indem wir Gott auf Seine Frage: »Wer will unser Bote sein«, die Antwort geben: »Herr, hier bin ich, sende mich. Ich will mich von dir gebrauchen lassen; ich will dir dienen.« Der Ruf deines Gottes ist schon oft an dein Ohr gedrungen. Gottes Liebeszug durch den heiligen Geist, jedes Heimweh nach deinem Gott zurück, jedes Ereignis in Freude und Schmerz war ein Ruf von Seiten deines Gottes. Er hat sich dir genaht mit Huld; Er hat dich erweckt und gezogen; Er nimmt dich in Seine Schule; und das alles hat den einen Zweck: du sollst Ihm dienen.

Wir haben gesehen, dass es eine Gnade ist, wenn Gott dich für Seinen Dienst gebrauchen will. Wir haben dir dargelegt, dass deine Erwählung, deine Erlösung und deine Berufung den Beweis erbrachten: Gott will dich für Seinen Dienst. Wir gehen weiter und sagen dir, du darfst nun nicht mehr fragen: »Darf ich? Kann ich?«, sondern: »Will ich dienen?« Wenn du nun sagst: »Ich kann Gott nicht dienen; ich bin unfähig, mich Gott ganz zu weihen«, so sage ich dir, das ist eine falsche Übersetzung. Sage nicht: »Ich kann nicht«, sondern sei ehrlich und sage: »Ich will nicht!« Du kannst, weil du darfst – du darfst, weil Gott dich liebt. Gut, so diene Ihm, diene Ihm jetzt und alle Zeit in die Ewigkeiten der Ewigkeiten hinein.

2. Was gehört zum wahren Gottesdienst?

Die ewige Bestimmung Gottes für uns ist, Ihm zu dienen. Du hast weder etwas vom Evangelium verstanden noch seine Kraft erfahren, wenn du für dich selbst lebst, der Sünde dienst und ein Sklave der Finsternis bist. Du lieferst erst dann den Beweis, dass du an das Evangelium glaubst, wenn du deinem Gott dienst. Der Dienst für Gott beginnt in dieser Welt und wird fortgesetzt im Himmel. Was gehört nun zum wahren Gottesdienst?

Die Entscheidung für Gott. Josua stellte sein Volk vor eine Willensentscheidung: »So erwählet euch heute, wem ihr dienen wollt!« Das Volk wählte den Herrn: »Wir wollen dem Herrn dienen.« Je und je hat Gott Sein Volk aufgefordert, sich zu entscheiden.

Es waren wunderbare Augenblicke in dem Leben des Elias, als er zu seinem verführten Volke sprach: »Wie lange hinkt ihr auf beiden Seiten? Wenn der Herr der wahre Gott ist, dann folgt Ihm nach; wenn aber der Baal, dann folgt ihm nach!« (1. Kön. 18, 21). Das Volk bleibt stumm, bis der Herr sich durch das Feuer offenbarte, sodass alles Volk auf sein Angesicht fiel und sprach: »Der Herr ist Gott, der Herr ist Gott!« (1. Kön. 18, 39). Zum letzten Mal begegnet Gott Seinem alttestamentlichen Bundesvolk an jenem traurigen Tage, an welchem es seine ganze Erbärmlichkeit und Unfähigkeit in göttlichen Dingen zeigte als Pilatus die Wahl zwischen Jesus und Barrabas in seine Hände legte. Was tut das Volk? Statt sich vor seinem König zu beugen und Ihm sich zu unterwerfen, wählt es Barrabas, den Mörder. »Sein Blut komme über uns und über unsere Kinder« – das war der Schlussakkord ihrer Wahl. O, wie furchtbar brach das Gericht Gottes über sie herein, weil sie Jesus verwarfen und den Mörder erwählten! Gott stellt dich Sünder auch zur Entscheidung; du sollst wählen zwischen Christus und Belial, zwischen dem Gott des Himmels und dem Fürsten der Hölle. Wen du wählst, dem wirst du dienen. Erwählst du Gott, so wirst du Gott dienen. Entscheidest du dich nicht für Gott, so ist es ebenso gewiss, dass du dich für den Fürsten dieser Welt entschieden hast. Neutralität gibt es in dieser Sache nicht; da heißt's: entweder – oder. Willst du Gott dienen?! Nun, bitte, erwähle Gott und entscheide dich für Ihn. Zwei Herren dienen zu wollen ist ein Ding der Unmöglichkeit: »Niemand kann zwei Herren dienen; denn entweder wird er den einen hassen und den anderen lieben, oder er wird einem anhängen und den anderen verachten« (Matth. 6, 24). Jesus selbst musste sich für den Vater entscheiden. Der Versucher zeigte Ihm alle Reiche der Welt und ihre Herrlichkeit mit den Worten: »Dies alles will ich dir geben, wenn du niederfallen und mich anbeten willst.« Jesus entschied sich für den Vater und jagte den Teufel aus dem Felde. »Geh hinweg, Satan! Denn es steht geschrieben: Du sollst den Herrn, deinen Gott, anbeten und Ihm allein dienen« (Matth. 4, 10). O, ich wollte, heute würden sich viele ganz für Gott entscheiden und in seinen Dienst treten!

Zum wahren Gottesdienst gehört *Trennung von der Welt.* Israel durfte nicht in Ägypten bleiben, um dort seinem Gott zu dienen. Das war ja der Vorschlag Pharaos: In Ägypten sollten sie Gott opfern. Doch Gottes Kommando war: »Lass mein Volk ziehen, dass es mir in der Wüste diene.« Pharao will das Volk nicht ziehen lassen; aber Israel ist Gottes Volk, und Gott will, dass Sein Volk Ihm dient; und Er hat Mittel und Wege genug, Sein Volk aus Ägypten herauszubringen. Das Volk Gottes kann, wenn es in der Welt Freundschaft und Verbindung hat, Gott nicht dienen. Es muss heraus aus Ägyptenland! In Ägypten untersteht es Pharao und muss die Peitsche des Pharao spüren. Erst wenn es gelöst ist von seinem Bann und der Peitsche Pharaos, ist es imstande, seinem Gott zu dienen. O, wie viele unglückliche Geschöpfe haben versucht, die Welt zu genießen und Gott zu dienen, und es ist nichts daraus geworden. Einen solchen Mischmasch gibt es nicht. Willst du Gott dienen, dann kehre der Welt den Rücken; denn es steht geschrieben: »Darum geht aus ihrer Mitte hinaus und sondert euch ab, spricht der Herr, und rührt Unreines nicht an, und Ich werde euch annehmen und werde euch ein Vater sein, und ihr werdet mir Söhne und Töchter sein, spricht der Herr, der Allmächtige« (2. Kor. 6, 17.18). Wer untreu ist in diesem Stück, dessen Dienst ist Gott nicht angenehm. Gott hasst die Weltfreundschaft. »Wer nun ein Freund der Welt sein will, erweist sich als Feind Gottes« (Jak. 4, 4). Wie steht's jetzt mit dir? Du willst Gott dienen. Gut. Willst du auch die Welt verlassen und was in der Welt ist: Augenlust, Fleischeslust, hoffärtiges Leben? Schau, du kannst Gott nicht dienen, wenn dein Herz in der Welt und voller Welt ist. Wenn ein Christ mir sagt, er könne Gott auch im Wirtshaus, im Theater und in der Oper dienen, so glaube ich das einfach nicht. Geradeso gut könnten die Teufel kommen und zu mir sagen, sie könnten Gott in der Hölle dienen. Du kannst Gott nicht anbeten, wo man Seinen Namen schändet. Du kannst nicht ein Herz voll guter Gedanken haben an einem Ort, wo man durch unzählige Bilder und Bewegungen dem Fleische Nahrung gibt. Wen nennt der Psalmist glückselig? »Glücklich der Mann, der nicht folgt dem Rat der Gottlosen, den Weg der Sünder nicht betritt und nicht im Kreis der Spötter sitzt« (Psalm 1, 1). Wo die Spötter sitzen, wo man die Heiligen höhnt, wo man Recht und Gerechtigkeit mit Füßen tritt, da kann man seinem Gott nicht dienen. Da heißt es einfach: heraus aus Ägypten, heraus aus Sodom, heraus aus der Welt. Und wenn es sogar Prediger und Evangelisten gibt, die meinen die Weisung zu haben, Gott und die Welt vereinigen zu können, die meinen, ein Christ könne ins Theater gehen und alles mitmachen, die sind im Irrtum; das sind falsche Propheten, Lügenprediger, an denen Gott kein Gefallen hat. Lass dich nicht verführen; wer seinem Gott dienen will, der scheide sich von der Welt.

Zum Gottesdienst gehört *Gottvertrauen*. Das ist ganz natürlich; ich kann nur dem recht dienen, dem ich vertraue. Einem Menschen, der mich für seinen Dienst wirbt, dem ich aber nicht vertrauen kann, kann ich auch nicht recht dienen. Wenn man seinen Gott erwählt und sich von Ihm aus Ägypten hat herausführen lassen, dann kommt es oft vor, dass Gott einen Wege führt, die, wie jener Bruder sagte, »stumpelig und humpelig« sind. Israel muss in die Wüste und dort fehlt es gar bald an Wasser und Brot. Da heißt es nun Gott vertrauen, der Wasser aus dem Felsen geben und

Brot vom Himmel fallen lassen kann. Es ist die Weise des Herrn unseres Gottes, dass Er Seine Heiligen auf Wege führt, wo sie dann sagen müssen: Mara, Mara, Mara (d. h. bitter; 2. Mose 15, 23). Alles geht der Natur entgegen. Wo man hinschaut: Mangel, Ungemach und Trübsal. Was da tun? Murren und klagen und seufzen und weinen? Da heißt es ganz einfach Gott vertrauen!

»Keiner wird zuschanden, welcher Gottes harrt,
Sollt' ich sein der erste, der zuschanden ward?
Nein, das ist unmöglich, du getreuer Hort,
Eher fällt der Himmel, eh' mich täuscht dein Wort.«

Gott hat noch niemanden zuschanden werden lassen, der Ihm vertraut hat. Es mag Stunden geben, wo uns jeder Ausweg verschlossen ist, wo die Tränen der Trübsal und Not brennend die Wangen benetzen. Es mag sein, dass das Öl im Krug und das Mehl im Topf zu Ende gehen. Was macht's? Wenn nur Gott mit uns ist! Er hat Macht genug, um uns aus den schwersten Situationen herauszuführen, wenn wir Ihm nur vertrauen. Viele halten es für eine übertriebene Frömmigkeit, wenn es Leute gibt, die ganz von ihrem Gott abhängig sein wollen. Als Hudson Taylor in diese Glaubensstellung eintrat und nach China ging, ohne sicheres Gehalt, ohne Komitee usw., da sagte eine Dame zu Spurgeon: »Herr Hudson Taylor hat jetzt niemanden mehr, als seinen Gott.«

Zum wahren Gottesdienst gehört auch die *Nachfolge in den Spuren des Lammes.* Der gottselige Arndt hat einmal gesagt: »Christus hat viele Diener, aber wenige Nachfolger.« Wie ernst, heilig und leider wie wahr ist diese Tatsache! Man kann Gott nicht dienen, wenn man nicht ein Nachfolger ist. Israel stand unter der Leitung der Wolkensäule; wo sie hinging, musste es hingehen, wo sie blieb, musste es bleiben.

Die heiligen Jungfrauen, die unsträflich vor ihrem Gott stehen (Offb. 14), sind solche, die dem Lamme nachfolgten, wohin es irgend ging. Die Propheten, Apostel und Märtyrer waren Leute, die wagten, ihre Füße in die Fußstapfen ihres Herrn zu setzen, sie gingen Ihm nach und hatten ein offenes Ohr für Seine Stimme und waren deshalb brauchbar für Seinen Dienst. Seid versichert, Geliebte: Menschenkinder, die aufgehört haben, ihre eigenen Wege zu gehen, die dafür mit Siegesgewissheit und Vertrauen dem Lamm nachfolgen, sind immer gesegnete Arbeiter im Reich Gottes gewesen. Bei Tag und bei Nacht stehen solche ihrem Herrn zur Verfügung. Er kann sie Seine Wege führen. Sie gehen zwar oft der Natur zuwider, aber heilig und gerade und zielbewusst dem Thron entgegen. Stationen wie Gethsemane und Golgatha mag es geben, aber hinter diesen liegt ein Land voller Herrlichkeit, eine Welt voller Licht. Wollt ihr rechte Diener und Dienerinnen des Königs werden, so stellt euch Ihm ganz zur Verfügung und folgt Seinen Fußstapfen nach; es ist Herrlichkeit, dem Lamm folgen zu dürfen, wohin es irgend geht, und wer dem Lamm nachfolgt bis ans Kreuz, der darf eine Herrlichkeit sehen voller Gnade und Wahrheit.

Sich für Gott aufopfern gehört auch zum wahren und vernünftigen Gottesdienst. Was ist vernünftiger Gottesdienst? Und wann fängt vernünftiger Gottesdienst an? Paulus sagt Römer Kap. 12, 1: »Ich ermahne euch nun, Brüder, durch die Erbarmungen Gottes, eure Leiber darzustellen als ein lebendiges, heiliges, Gott wohlgefälliges Opfer, was euer vernünftiger Gottesdienst ist.« Wer nicht wagt, jedes Glied seines Leibes Gott auszuliefern zu seinem Dienst, der mag in seiner Weise Gott dienen, aber es ist kein vernünftiger Gottesdienst. Der vernünftige Gottesdienst beginnt da, wo man seinen ganzen Leib rückhaltlos auf den Altar legt und seine ganze Lebenskraft seinem Gott gibt. Wird das von uns verwirklicht, dann wird jeder Pulsschlag ein Dank und jeder Odem ein Gesang. Schaue den großen Knecht Jahwes an! Er opferte sich Seinem Gott durch den ewigen Geist ganz. Jedes Glied stand zum Dienst des Vaters bereit. Seine Speise war, den Willen des Herrn zu tun und Seine ganze Lebenskraft für das Werk des Vaters einzusetzen. So muss es auch bei dir sein! Ein Gottesdienst, der nicht dein ganzes Leben kostet, ist nicht viel wert. Die alten Helden haben mit ihrem Dienst für Gott Satan dadurch überwunden, dass sie bis in den Tod ihr Leben nicht liebten. Wir wollen nicht zurückbleiben. In heiliger Stunde lieferten wir unser Leibesleben für den Dienst des Herrn aus, und was wir auf den Altar gelegt haben, das soll liegen bleiben. Oft schien es, dass wir zusammenbrechen würden unter der Last der vielen Arbeit, doch der Herr ist treu; Er hat immer neue Lebenskraft gegeben. Es ist wahr, Er gibt dem Müden Kraft und Stärke genug dem Unvermögenden. Mein Bruder, fürchte dich nicht, Ihm dein Leben ganz zu weihen und fürchte dich nicht vor aufregender Arbeit. Gott sorgt für Seine Knechte, dass sie nicht eine Beute des Todes werden. Unser Leben liegt in Seiner Hand; wir freuen uns dessen und beten an!

Noch eines gehört zum wahren Gottesdienst: der *Kampf* mit den Fürsten und Gewaltigen, das ist mit den Herren der Welt, die in der Finsternis dieser Welt herrschen, mit den bösen Geistern unter dem Himmel. Das ist oft ein furchtbarer Kampf.

»Und wenn die Welt voll Teufel wär' und wollt' uns gar verschlingen, so fürchten wir uns nicht so sehr, es muss uns doch gelingen.« Deshalb Mut, Mut Brüder! Wir gewinnen doch die Schlacht und erlangen als Siegespreis die Krone des ewigen Lebens. Als ich noch auf St. Chrischona war, begegnete ich zwei Damen, die sich unterhielten über den Kampf auf Erden. Eine dieser Damen sagte ein Wort, das mir tief in die Seele drang und das ich nie mehr vergaß. Dieses Wort hieß:

Um einen ewg'en Kranz
Das arme Leben ganz.

Ja, meine Geliebten, das soll unsere Parole sein. Mögen wir auch in einem Aufruhr, unter den Händen eines satanischen Pöbels das Leben verlieren, – was macht's! Uns winkt die Märtyrerkrone: Um einen ewg'en Kranz – das arme Leben ganz!

Wir haben gesehen, was dazu gehört, wenn man seinem Gott dienen will. Bist du bereit, die Bedingungen zu erfüllen? Willst du dich deinem Gott mit Leib, Seele, Hab und Gut übergeben und zum Dienste weihen? Komm, Bruder, komm, Schwester, tritt in unsere Reihen, werde ein Mitstreiter Immanuels. Es lohnt sich! Es lohnt sich! Du wirst es nie bereuen. Ich möchte in dir viel Mut und Vertrauen wecken! –

Ach könnte ich dich für den Dienst des großen Gottes begeistern. Ich will's versuchen, indem ich spreche

3. von dem Lohn, den Gott denen schenkt, die Ihm dienen.

Gibt es Lohn, wenn man seinem Gott lebt und dient? Als Petrus eine Zeitlang dem Herrn nachgefolgt war, sagte er dem Herrn: »Siehe, wir haben alles verlassen und sind dir nachgefolgt. Was wird uns nun werden?« (Matth. 19, 27). Was ist das? Ist das nicht eine Frage nach Lohn? Hat Petrus das Recht, so zu fragen? Der Meister tadelt seine Frage nicht, sondern gibt die eine bestimmte Antwort: »Wahrlich, ich sage euch: Ihr, die ihr mir nachgefolgt seid, auch ihr werdet in der Wiedergeburt, wenn der Sohn des Menschen auf Seinem Thron der Herrlichkeit sitzen wird, auf zwölf Thronen sitzen und die zwölf Stämme Israels richten. Und ein jeder, der Häuser oder Brüder oder Schwestern oder Vater oder Mutter oder Kinder oder Äcker um meines Namens willen verlassen wird, wird hundertfach empfangen und ewiges Leben ernten« (Verse 28.29). O, der Lohn ist überschwänglich groß, der auf uns wartet, wenn wir dem Herrn mit Treue dienen. Im Himmel winken uns Throne und Kronen, und schon hier empfangen wir hundertfältigen Lohn. Mose hat einen Blick in diese Herrlichkeit getan und sah an die Belohnung. »Durch Glauben weigerte sich Mose, als er groß geworden war, ein Sohn der Tochter Pharaos zu heißen und zog es vor, lieber mit dem Volk Gottes Ungemach zu leiden, als den zeitlichen Genuss der Sünde zu haben, indem er die Schmach des Christus für größeren Reichtum hielt als die Schätze Ägyptens; denn er schaute auf die Belohnung« (Hebr. 11, 24-26). O, bitte, hebt auch die Augen auf und schaut hinein in den Reichtum Gottes; seht an die Belohnungen, die Gott denen geben wird, die Ihm gehorsam sind. Wir sind jedoch keine Lohndiener und wollen auch nicht um der Belohnung willen unserem Gott dienen. Nein, unser Streben ist, Gott aus bedingungsloser, reiner Liebe zu dienen. Weil wir jetzt aber gerade einmal von Belohnung reden, so ist es gut, wenn wir den Lohn eines Mitarbeiters Gottes einige Minuten anschauen.

Ich habe gefunden, dass Gott Seine Knechte belohnt mit *großer Freude und innerer Glückseligkeit* während des Dienstes. Ich weiß, dass ich's oft erfahren habe im Dienst für Gott, dass eine so große Freude und Glückseligkeit mein Innerstes erfüllte, dass ich nicht mehr wusste, ob ich im oder außer dem Leibe war und mich verlor in anbetendem Entzücken vor dem Throne Gottes. Ich fühlte mich umgeben von Geistesfreude und Himmelsherrlichkeit; ich war erfasst durch die Macht Gottes in der Weise, dass ich oft meinte, ich sei versetzt in die Wohnungen der vollendeten Gerechten, unter den Cherubinen und Seraphinen wandelnd und aus der Fülle Gottes nehmend. Eine solche Geisteskraft durchflutete mich, dass es schien, meine Worte verwandelten sich in Blitz und Donnergroll. Es ist für mich in diesem Augenblicke unmöglich, auch nur annähernd diese Herrlichkeit zu beschreiben. Ist das nicht Lohn? Brüder, um dieser Freude willen möchte ich in dem Dienst meines Gottes stehen und hundertmal nichts anderes erwählen, als den Dienst eines armen verachteten Evangelisten.

Doch weiter. Was soll ich sagen von dem Glück, das einem zuteil wird, wenn durch unseren Dienst Sünder zu Denkmälern der Gnade und Barmherzigkeit wurden? Mir fehlen die Worte, um dieses unaussprechliche Glück zu beschreiben, das ich empfand, als ich den ersten Sünder meinem Gott zuführen durfte. Und für wie viele Hunderte durften wir Führer sein und ihnen Handreichungsdienste tun, als sie ankamen auf Golgatha. Wir haben oft von morgens frühe bis nach Mitternacht in Versammlungen und Seelsorge an Scharen von Verlorenen, Tiefgefallenen, schwarzen Sündern arbeiten dürfen. Tage der Erweckung sind immer Tage vieler Arbeit. Oft schien es, die Leibeshütte würde es nicht aushalten, sie würde zusammenbrechen. Aber wir konnten es nicht lassen. Das Glück, wenn Sünder zu Jesus kamen, gab eine solche Kraft bis in das Mark unseres Lebens hinein, dass wir nach einer fünf-, sechs- oder siebenwöchigen Arbeit so erfrischt, gestärkt von der Arbeit gingen, als wären wir in einem Heilbad zur Erholung gewesen. Meine heimgegangene mütterliche Freundin, die mit viel Freude dem Herrn diente, obwohl sie einen sehr gebrechlichen Körper hatte, sagte mir kurz vor ihrem Tod: »Die größten Erquickungen und Erfrischungen für meinen Leib fand ich immer an Tagen, wo es bei Seelen einen Durchbruch gab und sie sich ihrem Gott auslieferten.« Ist das nicht Belohnung? Man kennt bald die Kinder Gottes heraus, die für ihren Gott arbeiten. Sie haben strahlende Gesichter, sie sind voll Glück und himmlischer Freude; der König belohnt sie.

O, die Bußtränen erweckter Sünder, was sind das kostbare Juwelen! Wenn man die anschaut, dann kann das Gesicht schon anfangen zu glänzen. Wenn Kinder Gottes zu mir kommen und klagen, dass sie viele Anfechtungen durch Zweifel und Versuchungen hätten, dann finde ich bald heraus, was mit solchen Leuten los ist. Warum werden sie mit soviel Zweifel und Verzagtheit geplagt? Vielfach liegt die Ursache darin, dass sie nicht für ihren Gott arbeiten und viel Zeit verschwenden. Und diese Zeit benutzt der Böse, um sie schwer zu belästigen. Ach Geliebte, das sollte eigentlich schon Grund genug sein, euch Gott ganz zu weihen für Seinen Dienst. Doch noch eines:

Welche Herrlichkeit wartet auf uns in den Welten des Lichts? Der große Apostel Paulus war ein Meister der Beredsamkeit. Doch wenn es galt, uns zu erzählen, was er sah, als er entrückt war in den dritten Himmel, da schwieg sein Mund. Er hörte und sah unaussprechliche Dinge. Was kein Auge gesehen, was keines Menschen Ohr gehört hat und was in keines Menschen Herz gekommen ist, das hat Gott bereitet denen, die Ihn lieben. Ach, was hat unser Auge schon alles gesehen. Welche Herrlichkeit in der Alpenwelt, wenn wir, vom Glanz der Abendsonne verklärt, die riesigen, mit Schnee bedeckten Majestäten vor uns liegen sahen. Unser Herz war voll Entzücken, voll Beugung und Anbetung, als wir zum ersten Mal einen Blick in diese Alpenherrlichkeit tun durften. Aber was ist diese ganze Alpenherrlichkeit gegen die unaussprechliche Herrlichkeit Gottes. Sieh' die Stadt mit goldnen Gassen, o wie wunderschön sind ihre Mauern aus Jaspis und Diamant erbaut, wie strahlen die Perlentore und der Thron! Und was soll ich von dem sagen, der darauf sitzt und dem Lamm? Was von den Myriaden seliger Geister, die in Lichtesleiblichkeit ihrem Gott dienen Tag und Nacht? Ach, wer bin ich? Wenn Paulus stumm bleibt, soll ich reden? Was kein Auge je gesehen und kein Ohr gehört! Welch herrliche Musik bezauberte schon unser Ohr und Herz! Wir hörten Töne und meinten, sie seien Musik aus einer anderen Welt, so entzückend, so harmonisch, so lieblich, dass unser Herz fast schmolz wie Wachs. Ja, unsere Ohren haben Wunderbares gehört, und doch ist es weniger als ein Schatten gegen das, was wir hören werden in der Welt des Lichts, wo alle erwählten und heiligen Geister mit Harfengesang und Sphärenmusik dem Ewigen und dem Lamm ihr Halleluja singen! Geliebte, nicht die Hälfte hat man uns gesagt! – das wird der Ruf sein, der unseren Lippen entquillt, wenn wir hören dürfen, was kein Ohr gehört hat und was in keines Menschenherz gekommen ist. Unsere Phantasie ist zu schwach, unsere Einbildung zu klein, unsere Begriffe und Worte sind nicht ausreichend, um die Herrlichkeit zu beschreiben, die uns als Belohnung von unserem Gott geschenkt wird, wenn wir treu gelebt haben. Ja, es ist gewiss wahr, was 2. Kor. 4, 17 geschrieben steht: »Denn das schnell vorübergehende Leichte der Drangsal bewirkt uns ein über die Maßen überreiches, ewiges Gewicht von Herrlichkeit!« Wir tragen diese leichte Last, wir sind dem Herrn gehorsam; und Er ist ein Belohner, ja treu ist der, der uns Belohnung verheißen hat!

Ich hoffe, dass viele mit ihrem ganzen Haus in den Dienst für den Herrn eintreten werden. Es ist eine sehr ernste und heilige Arbeit. Diese Arbeit muss deshalb aus *lauteren Beweggründen* hervorgehen. Ich habe versucht, dir zu sagen, wie groß die Herrlichkeit und die Belohnung Gottes ist, die ein Mitarbeiter Gottes in seinem Leben erfahren darf. Es wäre jetzt aber sehr verkehrt von dir, wenn du in die Arbeit treten würdest und hättest kein anderes Motiv als Ausschauen nach Herrlichkeit und Belohnung, nach einem großen Namen oder gar nach äußeren Vorteilen. Das wären unlautere Beweggründe. Da fällt mir gerade aus dem klassischen Altertum eine Erzählung von Kaiser Justinian ein. Er wollte in Byzanz einen Dom erbauen, um sich dadurch einen großen Namen zu machen. Auf einem großen, für aller Augen sichtbaren Eckstein ließ er seinen Namen einhauen. Aber was geschah? Am Tage der Einweihung suchte er vergeblich nach seinem Namen auf dem Gedenkstein. Engelhände hatten ihn ausgetilgt und den Namen der Witwe Euphresia angebracht. Was tat die bei dem Bau des mächtigen Domes? Nun, sie tat etwas zur Verherrlichung Gottes. Sie streute mit Hingabe Stroh für die Lasttiere, die die Steine zu diesem kolossalen Bau zogen Ich weiß nicht, ob diese Geschichte Tatsache ist, aber es liegt ein tieferer Sinn darin. Man darf die Arbeit nicht tun, um sich damit einen Namen zu machen, sondern um den großen Namen Jesu zu verherrlichen. Wir kennen sehr begabte Männer, die Gott gebrauchen würde, um durch sie Wunderdinge zu tun, aber Er lässt sie stehen, weil Er sie nicht gebrauchen kann. Und warum kann Er sie nicht gebrauchen? Sie sind noch nicht erlöst von dem babylonischen Höhen- und Größenwahn, der darin besteht, sich einen Namen zu machen (1. Mose 11, 4).

Was ebenso wichtig ist und immer wieder gesagt werden muss, ist: *Verrichte deinen Gottesdienst mit reinen Händen.* Wann wird man ein Gefäß zu Ehren des Hausherren, brauchbar zu allem guten Werk? Antwort: Wenn man sich reinigt von aller Unreinheit und Unlauterkeit (2. Tim. 2, 21). Reinigt euch, die ihr des Herrn Geräte tragt! Wie ernst, wie heilig, wie notwendig ist das! Wenn man um einen Schluck Wasser bittet, so wünscht man, dass man ihn aus einem reinen Gefäß bekommt. Nun gut! Gott kann von dir erwarten, dass du deinen heiligen Dienst mit reinen Händen, geheiligtem Herzen und gutem Gewissen tust. Hast du dich reinigen lassen, so bewahre dich selbst in dem Blute des Lammes rein. In den Krankenhäusern werden die Werkzeuge, die man für Operationen benötigt, stets in Karbollösung aufbewahrt; dort bleiben sie rein für den Gebrauch. Arbeiter Gottes müssen verstehen, Tag und Nacht rein zu bleiben. Wenn das Blut sie bedeckt, dann sind sie immer rein und zu jedem guten Werk geschickt.

Ein anderes ist: *Arbeite in der Kraft Gottes.* Sie steht dir zur Verfügung. Viele entschuldigen sich, sie könnten die Arbeit nicht tun, weil sie keine Kraft oder keine Gaben oder Talente dazu hätten. Entschuldige dich mit diesen Dingen nicht, denn für dich steht dein großer Hoherpriester zur Rechten der Majestät Gottes, dass Er dir Kraft gebe nach dem Reichtum Seiner Herrlichkeit. Leute, die gar keine oder nur eine kleine Kraft haben, sind gerade die, denen Gott eine offene Tür gegeben hat, die niemand mehr zuschließen kann. Diese werden nicht versucht, etwas von sich zu halten, denn alle ihre Quellen sind in Gott. Sie nehmen aus Seiner Fülle Gnade um Gnade und geben Ihm alle Ehre, wenn Er sie gebraucht, etwas zu tun in Seinem Reiche.

Sehr wichtig ist es, *dass wir uns selbst für Gott entscheiden.* Das ist eine große Sache. Gott hat uns die Selbstbestimmung in die Hand gelegt. Frage nicht mehr: »Darf ich?«, sondern frage dich: »Will ich dem Herrn dienen?« (Jos. 6). O bitte, mein Bruder, melde dich! Gib deinem König eine klare Antwort! Sage Ihm: »Hier bin ich, sende mich!« Wenn ich die große Arbeit betrachte, die wir in Deutschland haben, so kommt mir oft die bange Frage: Wer will all diese Arbeit tun? Ach, wie groß ist die Ernte! Das ganze Feld ist reif zur Ernte! Aber wo sind die Arbeiter?! Wir könnten noch 3.000 Evangelisten in unserem Lande brauchen. Aber wo sind die Männer, die sich ihrem Gott rückhaltlos ausliefern? Die sich die Annehmlichkeiten eines häuslichen Lebens versagen und die ohne ein festes Gehalt im Vertrauen auf den Herrn durch die Lande ziehen und den Verlorenen das Evangelium nahebringen? Uns fehlen Christus ähnliche Evangelisten, die das Land von einem Ende bis zum anderen durchziehen, die überall den Armen die Botschaft von der Liebe des für sie Gestorbenen verkündigen. Und wenn ich einen Blick hinaustue in die anderen Länder, – o, die Welt stirbt aus Mangel an Missionaren! Ach, möchten doch etliche junge Männer willig sein, sich zu entscheiden für den Dienst ihres Gottes!

Die Entscheidung *soll jetzt geschehen.* Bitte nicht mehr aufschieben! Du hast schon lang genug gewartet. Auf was willst du noch warten? Auf innere Gefühle oder Gesichte? Soll zuerst ein Engel vom Himmel kommen und die Botschaft bringen, dass Gott dich haben will für Seinen Dienst? Das hat Gott früher einmal getan im Alten Testament, aber es ist nicht Seine Weise, jetzt so zu tun.

Noch eines! Die Entscheidung soll *mit deinem ganzen Haus geschehen*. Glaube an den Herrn Jesus Christus, so wirst du und dein Haus gerettet. Niemand darf in Ägypten zurückbleiben. Jedes Glied deines Hauses soll Gott verfügbar werden. »Ich und mein Haus, wir wollen dem Herrn dienen«, so konnte Josua sagen. Er war die Autorität in seinem Hause. Es ist ein Jammer, wenn ein Hausvater die Autorität über die Seinen verloren hat. Wo diese fehlt, kann man nicht sagen: Ich und mein Haus! Lieber Hausvater, bist du ein Hauspriester und hast du Autorität über dein Haus? Nun, so entscheide dich mit deinem ganzen Haus für den Dienst deines Gottes. Bring deine Frau, nimm deine Söhne und Töchter und alle, die dir angehören, und stelle dich dem Herrn und Seiner großen Sache. Geschieht dieses, so haben wir Hoffnung, dass Gott in dieser Stadt Sieger wird. Alle Kinder Gottes, Haus für Haus, Eltern und Kinder vereint, werden mit strahlender Macht hervorbrechen wie die Morgenröte, schön wie der

Mond, auserwählt wie die Sonne, schrecklich wie die Heerscharen und die Befestigung des Diabolos zerstören. Wie die Kinder Israel bei Jericho, so werdet ihr im Glaubensmarsch um die Feindesstadt die Mauern des Unglaubens zu Fall bringen und das Panier des Kreuzes in jedem Herzen und in jedem Haus aufrichten. O, möchte das geschehen! Ehre sei dem Vater, dem Sohne und dem Heiligen Geiste in Ewigkeit. Amen!

Wache auf!

Evangelisationsrede, gehalten in Mülheim/Ruhr am 24. Mai 1903

»Wache auf, der du schläfst, und stehe auf
von den Toten! Und der Christus wird dir
leuchten!« (Eph. 5, 14)

Bei jeder göttlichen Verheißung muss man sich ernsthaft fragen: An wen ist sie eigentlich gerichtet? Gilt sie mir? Habe ich ein Recht daran?

Die Menschen begehen vielfach einen doppelten Fehler: heute lassen sie liegen, was ihnen Gott anbietet, und morgen wollen sie sich aneignen, was einem anderen bestimmt ist. Unser Wort ist auch eine Verheißung: Christus will uns aufleuchten. Was heißt das? Christus will mit seiner Herrlichkeit in unsere Mitte treten und Seine Lichts- und Lebensfluten in uns hineinströmen. Kann Er das? Wenn jeder Christ die Bedingung erfüllt: »Wache auf, der du schläfst, und stehe auf von den Toten.« Wir wollen nicht so töricht sein und das an uns gerichtete göttliche Anerbieten abschlagen. Wir wollen aber auch keine Diebe sein, die in fremde Kassen und anderer Leute Taschen greifen.

Soll Christus uns leuchten, so heißt es für jeden von uns: »Wache auf, der du schläfst, und stehe auf von den Toten!«

Ein hervorragender Führer der Sozialdemokratie beleuchtete in einer zahlreich besuchten Versammlung die verschiedenen Klassen der Menschen. Er redete von reich und arm, von hoch und niedrig, von Herren und Knechten. Er schilderte die verschiedenen Parteien, die sich im Staatsleben bemerkbar machen und kam auch auf die Gläubigen zu sprechen. Seine Worte waren ungefähr folgende: »Es gibt auch Leute, die man Gläubige nennt. Sie sollen an die Bibel glauben, aber sie tun es nicht. Man sagt von ihnen, dass sie alle Worte in jenem Buch für wahr halten, aber ich kann ihnen das Gegenteil beweisen. Würden sie nämlich glauben, dass alle Menschen, die nicht in dem Glauben an Jesus sterben, ewig verloren gehen, der ewigen Verdammnis anheimfallen würden, so müssten sie anders arbeiten, ganz anders. Und doch weiß man nicht viel von ihrer Arbeit. Sie scheinen fast alle zu schlafen. Würden sie es glauben, so müssten sie mit großer Energie die Menschen zu überreden suchen, und doch tun sie es nicht. Ja, sie würden nicht eine Nacht ruhig schlafen können, falls sie an eine ewige Verdammnis für alle Ungläubigen glaubten.«

Ich kenne Christen, die stehen mit Eifer in der Arbeit für Gott. Aber wie sieht es bei euch aus, ihr Mülheimer? Ihr habt gute Pastoren, ausgezeichnete Prediger, aber was tut das Volk Gottes? Ich fürchte, die Mülheimer schlafen. Ist es so, dann hört das göttliche Kommando: »Wache auf, der du schläfst, und stehe auf von den Toten! Und der Christus wird dir leuchten!«

I. Der Zustand eines Schläfers

Zwischen Schlaf und Tod ist ein großer Unterschied. Vor etlichen Tagen stand ich an der Bahre einer sehr teuren Freundin. Bis zur letzten Stunde ihres Lebens hatte sie dem König treu gedient. Nun war der Mund, der so gerne von der ewigen Erlösung redete, geschlossen. Die Augen, die es verstanden, Liebesblitze in die Herzen von erstorbenen Sündern zu senden, waren gebrochen – sie war tot. In einem Nebenzimmer lag ihr vierjähriger Sohn; die Augen waren auch geschlossen, aber von den rosigen Wangen strahlte etwas aus von dem, was man Leben nennt. Das Kind war nicht tot, aber es schlief. Der Tote hat kein Leben, aber in dem Schläfer pulsiert noch Leben. Der Sünder hat kein Leben aus Gott, das Kind Gottes dagegen besitzt Leben. Leider merkt man bei vielen Kindern Gottes das Leben nicht, weil sie schlafen. Was ist der Schlaf für ein Zustand?

1. Der Schlaf ist ein Zustand der Träumerei und Unempfindlichkeit. Jonas, was machst du im Schiff? Es donnert und blitzt und der Sturm rast mit elementarer Gewalt über das Meer dahin. Was macht Jonas? Der Prophet schläft so sicher, so ruhig und hat keine Ahnung davon, dass das Schiff in Gefahr ist, vom Sturm zerbrochen zu werden. Der Kapitän klopft an seine Kajütentür und weckt den Schläfer auf: »Was ist mit dir, du Schläfer? Steh auf, ruf deinen Gott an! Vielleicht wird der Gott sich auf uns besinnen, so dass wir nicht umkommen« (Jona 1, 6). – Ihr Kinder Gottes, die Welt steht in Flammen, die Pest der Sünde grassiert um uns herum; Tausende und Abertausende werden eine Beute der Hölle, und ihr merkt es nicht, weil ihr schlaft.

Kürzlich arbeitete ich in einer rheinischen Stadt. Etwa um drei Uhr morgens tönte das Sturmsignal: »Es brennt, es brennt!« Etliche unserer Brüder wohnten nicht weit von der Brandstätte, und als ich sie morgens fragte, ob sie das Feuer gesehen hätten, sagten sie lächelnd: »Nein, wir haben geschlafen.« Seht, Kinder Gottes, so macht ihr es. Ihr seit unempfindlich für eine Welt, die über kurz oder lang eine Beute des Todes wird. Ihr könnt durch die Stadt gehen und Trunkenbolden, Ehebrechern und Unreinen begegnen und kein Seufzer dringt aus eurem Herzen zum Thron Gottes und kein mitleidiger Blick verfolgt die Sünder und keine frohe Botschaft quillt aus euren Lippen an das Ohr der Sterbenden. Sagt, ist es nicht so? Euer Gewissen gibt euch Zeugnis, dass es so ist. Ihr seid im Zustand der Unempfindlichkeit, und das Wort Gottes ruft euch zu: »Wache auf, der du schläfst, und stehe auf von den Toten.«

2. Der Zustand eines Schläfers ist mit Täuscherei umgeben. Da liegt der Liebling Jakobs und träumt. Was träumt er? Sonne, Mond und Sterne neigen sich und machen ihm ihre Komplimente. Die Garben auf dem Felde fallen vor ihm nieder und huldigen ihm. Ein schöner Traum, Joseph ist im Schlaf König und im Leben nach etlichen Tagen ein Sklave. Welche Täuscherei! – Der große König Nebukadnezar träumt, er sei das goldene Haupt. Das goldene Haupt muss am Ende seines Lebens wie ein Ochse Gras fressen. Täuscherei und – Wirklichkeit! Habt ihr noch nicht gehört, dass Bettler geträumt haben, sie seien Millionäre, und Sterbende, sie seien gesund und wandeln in den Gefilden des Lebens? Wir kennen solche, die einmal etwas geschmeckt haben von göttlichem Leben und göttlicher Kraft. Aber jetzt sind sie so mager, wie die sieben Kühe Pharaos, die die fetten Kühe verschlangen. Doch das wollen sie nicht glauben. Warum nicht? Sie leben nicht mehr in der Wirklichkeit, sondern in Täuscherei; sie träumen von Krone und Szepter, von Thron und Herrlichkeit und sind, so gewiss, wie Gott lebt, auf dem Weg zur Hölle. Die Träumer, Schwärmer, Bummler und Nichtstuer werden im Himmel nicht zu finden sein. Wozu ist man bekehrt? Zum Schlafen und Träumen ganz gewiss nicht, sondern wir sind weg von den Götzen bekehrt zu Gott, »dem lebendigen und wahren Gott zu dienen und Seinen Sohn aus den Himmeln zu erwarten« (1.

Thess. 1, 9-10). Kind Gottes, hast du es bemerkt? – »Wache auf, der du schläfst, und stehe auf von den Toten!«

3. Der Schläfer ist im Zustand der Untätigkeit und Trägheit. Das Schiff ist im Sturm, alles rennt, jagt, flüchtet. Alle Mann sind an Bord und arbeiten, denn es gilt Menschen zu retten. Wo ist der Israelit Jonas, der Prophet Jahwes? Wir haben diesen faulen Israeliten schon liegen sehen, er schläft in der Kajüte. Was macht die Welt? Der Teufel hat unter ihr gute Diener. Sie arbeitet Tag und Nacht daran, dass die Menschen in die Hölle kommen. Wirtshäuser, Spelunken, Theater wetteifern miteinander, einen großen Triumph für die Hölle zu machen. Was macht das Volk Gottes? Es lebt in Erbauungs- und Konventikelchristentum. Da kommt man zusammen in Versammlungen und lässt sich erbauen, geht nach Hause und schläft und träumt weiter. Ist es nicht so? Viele Kinder Gottes haben ihren Waffenrock und ihr Schwert niedergelegt; sie stehen nicht mehr im Kampf gegen die bösen Geister unter dem Himmel. Andere haben ihre Arbeitskittel ausgezogen und stolzieren im Sonntagsrock und sagen: »Friede, Friede, es hat keine Gefahr!« Ist es nicht so? Euer Gewissen bezeugt mit dem heiligen Geist, dass es so ist. Kinder Gottes, ich wollte, ich könnte euch ein wenig Enthusiasmus beibringen. Auserwählter des Herrn, wache auf, der du schläfst, und stehe auf von den Toten!

4. Der Schläfer ist in großer Gefahr, verloren zu gehen! Der Feldhauptmann Sissera legt sich in der Hütte Hebers nieder und schläft. Dieser Schläfer verliert sein Leben durch die Hand eines Weibes. Jael schlägt ihm einen Nagel durch den Kopf und nagelt seinen Kopf fest an den Boden. Schon manches Kind Gottes wurde vom Satan festgenagelt an die Erde, in der Zeit, als es schlief. Saul verfolgte den David wie ein Reh von Berg zu Berg. David verhielt sich aber in allem klug und wusste den Nachstellungen Sauls geschickt auszuweichen. Mitten in der Wüste ist eine große Wagenburg aufgeschlagen; es ist Nacht, alles schläft. Sogar die Schildwachen. Nur David schläft nicht. In stiller Nachtstunde eilt er mit seinem Freund in die Wagenburg hinein, steht vor seinem Todfeind und nimmt diesem Spieß und Becher weg. Warum können viele Kinder Gottes nicht kämpfen? Spieß und Schwert, alles hat der Feind weggenommen, während sie schliefen. Es ist nicht gut, wenn sich ein Christ im bezauberten Grund niederlegt und schläft. Wenn er auch nicht seine Waffen verliert, so verliert er doch sein Zeugnis und seinen Geleitschein, und bis er diese wiedergefunden hat, kostet es viel Zeit, viele Tränen und viele Mühe. Der Gottesheld Simson wird ein elender Sklave der Philister. Wie geht das zu? Wo hat er seine Kraft hingebracht? Die Stadttore von Gaza hob er auf und trug sie auf den Berg, mit einem Eselskinnbacken erschlug er ein ganzes Heer der Philister, die starken Bastseile zerriss er, als wenn sie vom Feuer versengt wären. Wo hat er seine Kraft hingebracht? O, frage nicht, er beging ja die Dummheit und schlief in Delila's Schoß, und diese Hure schnitt ihm seine Locken ab. Und als sie ruft: »Simson, Philister über dir!«, da war die Kraft fort. Ein schauerliches Kapitel, diese Simson- und Delilageschichte! Wie viele Jünglinge und Männer haben wir getroffen, die bereit waren, Gotteshelden zu sein; aber sie wurden es niemals, weil sie im Schoß einer Delila schliefen. Manche Jungfrau ist nicht das geworden, wozu sie bestimmt war, weil sie sich mit einem Fleischklotz verkuppelte, der ihre Kraft hinwegnahm. Zion klagt über ihre Kinder: »Wie sind die Helden gefallen und zu Sklaven des Teufels geworden!« Ist es nicht auch bei dir so, du armes Kind, du armer Mann, du arme Frau? Du bist ein Sklave der Finsternis. Ich möchte mit göttlicher Kraft dir das Wort ins Herz hineinrufen: »Wache auf, der du schläfst, und stehe auf von den Toten!« Erfülle diese Bedingung, und du wirst erfahren, dass Christus dir leuchten wird. O, Schläfer, dein Zustand ist traurig und sehr elend; ach, dass du doch aufwachen würdest!

II. Ein Weckruf an die Schläfer

Schläfer, du sollst aufwachen, jetzt, sofort wache auf, der du schläfst, und stehe auf von den Toten! Warum?

1. Weil du auf dem Weg bist, verloren zu gehen. Was denkt Gott von einem Schläfer? Er rechnet ihn unter die Toten. Stehe auf von den Toten! Gott sieht die Schläfer auf dem Totenfeld liegen, mitten unter den Totengebeinen. Da liegt ein Haufen Toter und dort liegt ein Haufen Toter, und etliche von ihnen können noch atmen und sehen aus, als ob sie leben – das sind die Schläfer. Die Schläfer sind Leute, die aus der Gnade herausgefallen sind; es geht mit ihnen Schritt für Schritt ins Verderben hinein. Ihr Ende wird sein, wie das Ende der Gottlosen.

Vor 30 Jahren wurde ein Mann in Barmen erweckt und kam zur Bekehrung. Er ging viele Jahre mit dem Volke Gottes, ließ sich verfolgen, trug die Schmach Christi und gab seine Stellung und sein Brot um Jesu willen hin. Wie steht es heute mit diesem Mann? Heute sitzt er nicht mehr unter den Kindern Gottes, sondern im Wirtshaus, spielt Karten und trinkt Bier. Ein anderer, der eingeschlafen war und so ein Traumleben in Sünde und Schande führte, wurde von Gott ins Gericht genommen, und weil er gegen die Strafe rebellierte, schlug ihn Gott mit Wahnsinn. Er sitzt jetzt im Irrenhaus. Ein dritter viel so tief, dass man ihn ins Zuchthaus sperren musste. Wie traurig! Ich fürchte, in dieser Stadt gibt es solche Fromme, die, wenn sie nicht aufwachen, in nächster Zeit durch große Gerichte gehen müssen. Der Herr möge sich über sie erbarmen, dass sie sich nicht dreist gegen Seinen Geist und Sein Wort noch länger versündigen!

2. Die Schläfer sollen aufwachen, weil der Herr kommt. »Denn ihr selbst wisst genau, dass der Tag des Herrn so kommt wie ein Dieb in der Nacht. ... Also lasst uns nun nicht schlafen wie die übrigen, sondern wachen und nüchtern sein.« (1. Thess. 5, 2.6).

Die Jungfrauen dürfen nicht schlafen, wenn der Bräutigam vor der Tür steht. Warum mussten die törichten Jungfrauen zurückbleiben, warum wurde für sie die Tür verschlossen? Sie haben geschlafen, bis der Ruf ertönte: »Der Bräutigam kommt!« Und als dieser kam, waren sie nicht bereit; ihnen fehlte die Hauptsache: das Öl.

In diesen Tagen will uns Gott mehr als zuvor Öl schenken für unsere Gefäße. Christus will Seine Herrlichkeit offenbaren. Deshalb: »Wache auf, der du schläfst, und stehe auf von den Toten und der Christus wird dir leuchten.«

3. Kinder Gottes müssen aufwachen, es gibt eine Menge Arbeit für Gott. Es gibt viel Arbeit zu tun; Arbeit im Kämmerlein, Arbeit in der Werkstatt, Arbeit auf dem Markt, Arbeit auf der Straße, Arbeit in der Familie, Arbeit bei den Freunden, Arbeit im Gebet und Flehen, Arbeit im Reden mit Sündern. Diese Arbeit muss getan werden. Auf, lasst sie uns tun! Bummler und Träumer kann Gott nicht gebrauchen. 50.000 Schläfer tun viel weniger als ein Mann, der ganz für Gott da ist. »Wache auf, der du schläfst, und stehe auf von den Toten!«

4. Was heißt aufwachen? Aufwachen heißt Gott gehorsam werden. Denke über dein bisheriges Leben nach. Ist es ein Leben der Liebe, des Gehorsams und der Zucht gewesen? O, welch ein großes Defizit ist da vorhanden! Wache auf, Christus wird dir aufleuchten. Er wird dich erfüllen mit dem Geist der Buße und der Erweckung, mit dem Geist der Gnade und des Gebets, mit dem Geist der Liebe und der Zucht. Geschieht das, dann ist eine Erweckung da.

Die Erweckungen fangen meist bei den Kindern Gottes an und nicht bei der Welt. Brüder lasst mich das Wort der Ermahnung sprechen: Wachet auf und lebet für Gott!

III. Ein Wort an die Unbekehrten

Ihr lieben Freunde, ihr seid noch fremd dem göttlichen Leben, gelöst von dem Ewigen, tot in Sünden und Übertretungen. Ihr seid in einem furchtbaren Zustand. Da sitzt einer, dem sind diese Worte lächerlich. Damit beweist er, dass er tot ist und keine Ahnung hat von der Gefahr, in der er lebt. Du brauchst nicht mehr verloren zu gehen, du bist verloren; mit einem Fuß stehst du schon in der Hölle. Du glaubst nicht und meinst, das Evangelium sei eine Komödie und die Knechte Gottes seien Komödianten. Hört aber noch einen Augenblick zu. Vor Jahren brannte in Südfrankreich ein Theater ab. Als das Feuer im Theaterraum zuerst bemerkt wurde, trat ein Schauspieler auf die Bühne und rief mit Donnerstimme in die Versammlung hinein: »Feuer, Feuer!« Da glaubten die Zuhörer, es beginne ein neuer Akt, schrieen Bravo und klatschten Beifall. Als er dies sah, rief der Schauspieler noch einmal, so laut er konnte: »Feuer! Feuer!« Wieder applaudierte das Publikum. Nun verschwand der Schauspieler hinter dem Vorhang. Der Direktor trat jetzt auf die Rampe und sagte: »Meine Damen und Herren, es ist wahr, das Theater brennt.« Dabei schlug er den Vorhang zurück und man konnte sehen, wie auf der Bühne die Flammen aufloderten. Eiserne Vorhänge gab es damals noch nicht. Es entstand eine große Panik, und viele Leute mussten elend in den Flammen umkommen, weil sie der ersten Botschaft nicht geglaubt hatten.

Freunde, ihr werdet gewiss umkommen, wenn ihr meiner Botschaft nicht glaubt! Als ich zum ersten Mal in einer solchen Versammlung war, begegnete mir Gott und rief mich für Seinen Dienst. Ich war damals erst elf Jahre alt, aber ich ließ meinen Gott nicht ohne Antwort; ich sagte Ihm: »Herr, hier hast Du mich, ich will Dein sein für die Ewigkeit.« Das war meine Gnadenstunde. Freund, heute ist für dich eine Gnadenstunde gekommen. Sieh auf den Mann am Kreuz mit Seinen durchbohrten Händen und Füßen! Sein Blut floss für dich, Jesus starb für dich. Du kannst Vergebung, Friede, Freude und Ruhe finden in Ihm, wenn du dich Jesus für Zeit und Ewigkeit auslieferst, Sein Sklave, Sein Eigentum wirst. Wer glaubt und getauft wird, der wird errettet werden; wer aber nicht glaubt, der wird verloren gehen! Komm aus deinem elenden Zustand heraus, bleibe nicht länger in der Hölle, in der du gelebt hast. »Wache auf, der du schläfst, stehe auf von den Toten! Und der Christus wird dir leuchten.« Ehre sei Gott dem Vater und dem Sohne und dem heiligen Geiste! Amen.

Der Triumph des Kreuzes

Rede, gehalten in Velbert in einer Gebetsstunde am 22. April 1903

»Mir aber sei es fern, mich zu rühmen
als nur des Kreuzes unseres Herrn
Jesus Christus, durch das mir die Welt
gekreuzigt ist und ich der Welt.« (Gal. 6,14)

In den vor uns liegenden Stunden werde ich mich besonders an Gottes Volk wenden. Letztes Jahr galt mein Dienst der Welt und dieses Jahr habe ich Botschaften an die Erwählten des Herrn. Meine Erfahrung ist, dass nur in den Gemeinschaften der Geist der Erweckung weht, wo das Volk Gottes in tiefere Erkenntnis des Kreuzes eindringt und die Lebensgebiete von Golgatha in Besitz nimmt. Ich war dieses letzte halbe Jahr an Orten, wo Gott tiefgehende Segnungen und Erweckungen geschenkt hat. Ursache war: das Volk Gottes lernte den Geist verstehen und war gehorsam. Nimmt eine ganze Gemeinschaft diese Stellung ein, dann bleiben die Segnungen nicht aus. Wir erwarten das Beste von euch, Geliebte, und Gott wird uns gewiss segnen. Ich möchte nun einige Gedanken aussprechen über den

Triumph des Kreuzes

Die Hauptsache im Christentum ist das Kreuz. Ich war kürzlich bei dem teuren Bruder Elias Schrenk. Der sagte: »Das Kreuz ist der Ausgangspunkt unserer Rechtfertigung, Heilung und Erlösung. Ohne Kreuz kein Christentum.« Das ist wahr. Fehlt in deinem Christentum das Kreuz, dann fehlt dir alles. Der Feind müht sich sehr ab, uns das Kreuz zu verschleiern. Daher kommt es, dass viele so unwissend sind über das Wort von Kreuz. In Württemberg sagte ein Stundenhalter zu seinem Pfarrer:

»Herr Pfarrer, Sie predigen nie über das Kreuz; möchten Sie uns das Wort vom Kreuz nicht diesen Karfreitag predigen?« Da antwortete der Pfarrer: »Wissen Sie, das Kreuz ist ein Geheimnis, und über dieses Geheimnis will und kann ich nicht predigen.« Ist das wahr? Ja, für die Weisen und Klugen, aber nicht für die Törichten. Diesen offenbart der Heilige Geist das Geheimnis des Kreuzes.

Worin besteht der Triumph des Kreuzes?

1. Durch das Kreuz macht Gott jeden Menschen zu einem Sünder. Du selbstgerechter Pharisäer, du Tugendkrämer, du stolzer Heiliger, du rühmst dich deines edlen Lebens und tugendhaften Charakters und meinst, Gott müsse sich noch bei dir bedanken, wenn es dir beliebt, den Wunsch zu äußern, in den Himmel zu kommen. Warum bist du so aufgeblasen? Woher dein Hochmut und deine Prahlerei? Du bist noch kein armer Sünder geworden und noch nicht unter das Kreuz und an das Kreuz gekommen. Deshalb lebst du in der Einbildung, du seiest brav, recht und für Gott und den Himmel gut, ja sehr gut!

Du eingebildeter Heiliger, schau einmal das Kreuz an. Was bedeutet das sterbende Lamm? Das sterbende Lamm, das nichts von Sünde wusste, wurde für dich zur Sünde gemacht. Jesus starb für dich, und du hast Ihn getötet. Du bist der Mörder Jesu. Durch deine Sünde hast du den Fürsten des Lebens hingeschlachtet. Du schaust so erstaunt. Ist es nicht wahr? Ja, du hast gedacht, die Juden und Römer seien die Mörder, und du, der achtungsvolle Mann, und du, die brave Frau, seien die, die ihre Hände in Unschuld waschen können! Lass es dir nochmals sagen: Du bist der Mörder! Deine Augenlust, von der du als einer Kleinigkeit sprichst, deine Fleischeslust, die du als Naturtrieb entschuldigst, dein hoffärtiges, selbstsüchtiges Leben haben Jesus ermordet. Vor Gottes Richterstuhl klage ich dich als Mörder an. Hast du es verstanden? Gelobt sei Gott, du verstehst´s! Merke, jetzt kannst du nicht mehr beten: »O Gott, ich danke dir, dass ich nicht bin wie die übrigen der Menschen«, und wie die Melodie weiter heißt. Du bist der Mörder Jesu. Und zwischen dir und einem Verbrecher im Zuchthaus ist nicht viel Unterschied. Du bist ein Sünder und das Kreuz hat dich zum Sünder gemacht. Das ist ein Triumph des Kreuzes.

2. Das Kreuz ist das Mittel, das Gott gebraucht, um mit der Sünde aufzuräumen.. Du bist ein Sünder. Etliche von uns wissen das schon lange aus trauriger Erfahrung. Das Kreuz hat uns zu Sündern gemacht. O die Sünde! Fast jede Woche bekomme ich Briefe, aus denen der Seufzer Dringt: »Meine Sünde, meine Sünde!« Nun, was ist mit deiner Sünde? Schau das Kreuz an. Er hat den Schuldschein gegen uns gelöscht ... und ihn aus unserer Mitte fortgeschafft, indem Er ihn ans Kreuz nagelte (Kol. 2, 14). Was ist mit deiner Sünde? Wo ist dein Schuldbrief? Deine Sünde ist weggetan, dein Schuldschein an das Kreuz geheftet. Da frohlockt mein Herz und es fehlen mir die Worte, um auszusprechen, was ich fühle. Meine Sünde ist fort, meine Schuld gebüßt – ich bin erlöst! Meine Sünde ist verurteilt (Röm. 8, 3), meine Schuld am Kreuz, ich bin frei. Halleluja, Halleluja, singet Halleluja – immer Halleluja! Glaubst du dieser Botschaft, dann singe mit, denn du bist erlöst – Halleluja!

»Die Handschrift ist zerrissen, die Zahlung ist vollbracht.
Er hat mich's lassen wissen, dass ich bin frei gemacht,
Er, der versank in bitter'n Tod,
Und der für meine Seele Sein Blut zum Opfer bot.«

Ich frage dich nochmals, glaubst du dieser Botschaft? Wenn du glaubst, bist du gerechtfertigt von deiner Sünde. Ach, wie einfach und doch wie kostbar! »Denn mit dem Herzen wird geglaubt zur Gerechtigkeit, und mit dem Mund wird bekannt zum Heil« (Röm. 10, 10). Das ist ein Triumph des Kreuzes!

3. Gott hat auch die Macht der Finsternis besiegt durch das Kreuz. Die furchtbare Geschichte der Menschheit bleibt uns ein unlösbares Rätsel, bis wir uns von der Schrift belehren lassen, dass es ein Reich gibt, welches seine Herrschaft über die Menschen ausüben will – das Reich des Teufels, das uns in Finsternis und Rebellion gegen Jesus Christus gebracht hat. Hört den frohen Ruf: »Dieses Reich ist durch das Kreuz überwunden worden!« Wir denken an die Nacht in jener feierlichen Karfreitagsstunde. Woher die Finsternis? Woher das Erdbeben? Woher der Schmerzensschrei: »Mein Gott, mein Gott, warum hast du mich verlassen?« Hört, was Jesus prophetisch von Seinem Leiden sprach: »Jetzt ist das Gericht dieser Welt; jetzt wird der Fürst dieser Welt hinausgeworfen werden« (Joh. 12, 31); »... denn der Fürst der Welt kommt und hat nichts in mir« (Joh. 14, 30); »... aber dies ist eure Stunde und die Macht der Finsternis« (Luk. 22, 53). Die Worte lüften den Schleier und zeigen uns den dunklen Hintergrund, woher der Kampf seine Wehen, Heftigkeit und Schrecken hat. Jesus hat die Finsternis überwunden. »Er hat die Gewalten und die Mächte völlig entwaffnet und sie öffentlich zur Schau gestellt. In ihm hat Er den Triumph über sie gehalten«, d. h. am Kreuz (Kol. 2, 15). In der Finsternis des Kreuzes waren die Mächte der Finsternis über Ihn hergefallen. Vereint drangen sie auf Ihn ein mit allen Schrecknissen, die in ihrer Macht standen. Das war keine *ägyptische,* dafür eine *höllische* Finsternis. Sie bildete eine Wolke, dick und dunkel, dass selbst das Licht aus Gottes Angesicht Ihn verließ. Aber »Er hat sie entwaffnet«, Er schlug die Feinde. Er hat sie »öffentlich zur Schau gestellt«. In der ganzen Geisterwelt, vor Engeln und Teufeln, war es bekannt, dass Er gesiegt hatte. Das Grab gab seinen Toten wieder. Und so hat Er einen Triumph aus ihnen gemacht. In der unsichtbaren Welt ist das Kreuz das Symbol des Sieges. Er führte sie im Triumph als Gefangene; ihre Macht ist ewig gebrochen. Das Tor des Gefängnisses, worin sie die Menschen gefangen hatten, ist aufgebrochen und allen Gefangenen Freiheit verkündet. Der Fürst der Welt hat nicht länger Macht, die Gefangenen in ihren Banden zu halten. Er herrscht jetzt nur über die, welche einwilligen, seine Sklaven zu sein. Es gibt jetzt eine vollkommene Erlösung für alle. Das Kreuz ist ein Triumph, in welchem Christus in verborgener Herrlichkeit durch die Welt zieht, in dem Er das Gefängnis gefangen führt und Seinen Erlösten die Freiheit bringt. Gläubiger, du kannst jetzt frohlocken. Die Hölle ist überwunden! Dem Lamm sei Ehre! Halleluja! Doch noch eines:

4. Das Kreuz ist der Triumph auch über uns. Was im Kolosserbrief über die Macht der Finsternis gesagt wird, sagt der zweite Korintherbrief über uns. »Gott aber sei Dank, der uns allezeit im Triumphzug umherführt in Christus!« (2. Kor. 2, 14). Was heißt das, im Triumph umhergeführt zu werden? Ein Bruder hat gemeint, dass Christen auf dem Triumphwagen sitzen und mit Christus verherrlicht werden. Ja, so wollt ihr es haben. Auf dem Triumphwagen sitzen und vor Engeln und Teufeln ein Schauspiel sein. Ja, ein Schauspiel sollt ihr werden – aber nicht auf dem Triumphwagen, sondern hinter dem Wagen.

Ich will das besser erklären. In London sah ich im Britischen Museum eine Nachbildung vom Titusbogen in Rom. Titus kehrte als Sieger aus Jerusalem zurück. Er hielt einen Triumphzug. Auf einem Siegeswagen hatte er Platz genommen. An den Siegeswagen waren die gefangenen Juden gebunden. Auf dem Siegswagen sitzend, führte er triumphierend seine Gefangenen vor. Das ist das Bild, das Paulus für uns braucht. Bist du ein Christ, der erlöst ist von der Hölle, so bist du der Gefangene Jesu. Er sitzt auf dem Triumphwagen und führt dich als Besiegten vor. Kannst du jetzt verstehen, weshalb es noch Schmach, Spott und Verfolgung gibt? Du bist noch nicht im Himmel, sondern auf Erden an den Siegeswagen Christi, d. h. an Sein Kreuz gebunden. Das behagt dir nicht, weil dein Leben sein Existenzrecht verloren hat und du nicht mehr für dich, sondern für Christus lebst. Das ist aber ein Triumph des Kreuzes. Doch ich muss schließen, wir brauchen die Zeit zum Gebet. Nur noch einige

Bemerkungen:

Jede Verkündigung des Kreuzes sollte geschehen im Ton eines göttlichen Triumphes. Der Tod ist verschlungen in den Sieg! Gott sei Dank, der uns den Sieg gibt durch unsern Herrn Jesus Christus!

Geliebte, das müssen wir verstehen, sonst bleibt unsere Erfahrung von der Macht des Kreuzes mangelhaft. In unserem persönlichem Leben werden wir dieses finden. Kennen wir nicht den Triumph des Kreuzes, so werden wir das Kreuz als eine Last ansehen und den Ruf, es zu tragen als ein Gesetz, dem schwer zu folgen ist. Der Versuch, ein Kreuzigungsleben zu führen, wird ein Misserfolg, der Gedanke an ein tägliches Sterben eine Beschwernis. Viele meinen, das Kreuzigen des Fleisches erfordere viel unaufhörliche Wachsamkeit und Selbstverleugnung. Gott hat sie darin zuschanden werden lassen und so haben sie alles als eine hoffnungslose und fruchtlose Aufgabe aufgegeben. So muss es kommen. Wir haben nicht das Fleisch zu kreuzigen, das ist in Christus geschehen. Der Akt der Kreuzigung auf Golgatha ist eine vollendete Tatsache. Das Leben und der Geist, welche davon ausgehen, wirken in unauflöslicher Macht. Christi Kreuzestod steht uns zur Verfügung. Glaube und nimm, und du wirst leben. »Gott aber sei Dank, der uns allezeit im Triumphzug umherführt in Christus!«

Ähnlich steht es mit unserem *Dienst in dieser Welt.* Wir glauben an den Triumph des Kreuzes über die Macht der Finsternis. Wir haben es mit einem überwundenen Feind zu tun. Der Schlange ist der Kopf zertreten. Wir haben einen siegenden König, der die ganze Höllenmacht entwaffnet und im Triumph umhergeführt hat. Wir werden gewiss siegen und unsere Arbeit wird gekrönt mit einer tiefgehenden Erweckung, wenn wir an den Triumph des Kreuzes glauben. Das Kreuz mit seiner Torheit und Schande ist das Wahrzeichen unseres Sieges. Konstantin kämpfte hart gegen seine Feinde. Fast schien es, als ob er die Schlacht verliere, da rief er Christus um Hilfe an. Bald darauf sah er am Himmel in einem Strom von Licht die Gestalt des Kreuzes mit einer Aufschrift darüber: »In diesem Zeichen wirst du siegen!« Als er über die Vision nachdachte, erschien ihm Christus im Traum mit einem Kreuz und befahl ihm, das Zeichen auf sein Banner zu setzen. Dieses Zeichen erfüllte die Soldaten mit Mut und Begeisterung und er führte sie zum Sieg. Geliebte, es gibt für uns kein anderes Zeichen zum Sieg, als das Kreuz. Wollen wir Sieg haben über Unglauben und Aberglauben und über den Leichtsinn der Welt und über alles Fleischeswesen, so können wir ihn nur erlangen in dem Zeichen des Kreuzes. Wenn wir in diesen Tagen einen besonderen Angriff machen und aggressiv den Mächten der Finsternis gegenüberstehen, dann lasst uns aufschauen und unseren Blick fest auf das himmlische Gesicht richten. In diesem Zeichen wirst du siegen! O Kinder Gottes, gebt euch selbst auf und lasst in eurem Herzen und Leben nichts anderes mehr sein als Christus, den Gekreuzigten. Als Geschiedene von Sünde und Welt, Gott hingegeben, werden wir ein heiliges Leben führen und der Sieg wird sicherlich kommen. Unter dem Banner des Kreuzes ist der Sieg gewiss. Wir wollen den Herrn bitten, dass Er uns in Seinem Lichte ein Gesicht des Kreuzes an unseren Himmel gebe. Wir wollen Ihn bitten, dass Er uns das Zeichen des Kreuzes aufdrücken möge, mit Seinem Fluch und Seinem Segen, mit Seinem Tod und Seinem Leben, mit Seiner Schande und mit Seiner Herrlichkeit. Gott und dem Lamm sei Ehre von Ewigkeit zu Ewigkeit! Amen.

Warum starb Christus?

Evangelisationsrede, gehalten in Velbert am 1. September 1902

»Christus ist einmal geopfert worden,
um vieler Sünden zu tragen.« (Hebr. 9, 28).

»Und für alle ist Er gestorben, damit die,
welche leben, nicht mehr sich selbst leben,
sondern dem, der für sie gestorben und
auferweckt worden ist.« (2. Kor. 5, 15)

»... dass Jesus für die Nation sterben sollte; und nicht für die Nation allein, sondern dass Er auch die zerstreuten Kinder Gottes in eins versammelte.« (Joh. 11, 51.52).

»Denn hierzu ist Christus gestorben und wieder lebendig geworden, dass Er herrsche sowohl über Tote als über Lebende.« (Röm. 14, 9).

Meine vielgeliebten Freunde! Wenn wir uns jetzt mit der Frage beschäftigen, warum Christus gestorben ist, so tun wir es deshalb, weil wir aus der Seelsorge heraus wissen, dass die meisten Christen darüber keine Wahrheit haben.

Warum ist Christus gestorben?

I. Christus starb, um unsere Sünden hinwegzutragen

»Christus ist einmal geopfert worden, um vieler Sünden zu tragen.« Was ist Sünde? Eine Kleinigkeit, eine Dummheit, ein Rechenfehler, ein theologischer Begriff, ein wenig Rauch, den der Wind zerstreut? Ja, wenn das Sünde wäre, dann hätte der eingeborene Sohn Gottes, Jesus Christus, nicht zu sterben brauchen. Ach, wie leichtsinnig spricht unser loses Geschlecht von der Sünde. Da kam eine erweckte Frau zu einem gewissen Mann und klagte ihm ihre Sündennot mit der Frage: »Wie kann ich von meiner Schuld loskommen?« Wisst ihr, was jener Mann, der irgendein Amt im Reiche Gottes bekleidet, ihr als Antwort auf die Frage gibt? Der Mann in Amt und Würde gibt der Frau die Antwort: »Ach was, Sie mit Ihrer Sünde. Sünde ist ja nur ein theologischer Begriff.« Ein anderer sagte in einer Neujahrspredigt, die Sünde sei wie der Schaum des Meeres, der dadurch verschwindet, dass ihn der Wind ans Ufer treibt. Wenn das die Sünde wäre, meine Freunde, dann hätte Gott für diese kein Opfer fordern brauchen. Für Begriffe und für Schaum braucht es kein Blut. Wie spricht der Herr? »Ohne Blutvergießen gibt es keine Vergebung« (Hebr. 9, 22). Gibt es nur ein Mittel, nämlich das Blut, um die Sünde aus der Welt zu schaffen, dann muss die Sünde etwas furchtbares sein. – Was ist Sünde? Sünde ist eine schauerliche Rebellion gegen Gott; ein Majestätsverbrechen, das den Heiligen tief beleidigt; der Explosionsstoff, der uns von der Quelle ewigen Lebens losgerissen und zu einem Triumph der Hölle und des Todes gemacht hat. Sünde ist die schreckliche Scheidewand, die den Sünder von seinem Gott trennt. Sünde ist die höllische Großmacht, die uns mit elementarer Gewalt in den Abgrund ewigen Verderbens hinabzieht. Freunde, das ist Sünde. Seht die Edelsten des heiligen Gottes an. Wie haben sie Bußtränen geweint über ihren Sündenschmutz! Wie haben sie sich geschämt über jeden Fall! Wie haben sie geklagt über ihre innere Verdorbenheit! In ihrem Bett schwammen sie in Tränen oder lagen im Sack und in der Asche vor ihrem Gott und demütigten sich wegen der Schande ihrer Sünde. Sie wagten nicht leichtsinnig und frivol über ihre Sünde zu reden. Sie haben die ganze Bitterkeit der Sünde geschmeckt und haben gelernt: ohne das Blut Jesu gibt es keine Befreiung aus ihr heraus. Ja, versuche du es nur einmal, ohne Golgatha aus der Sünde herauszukommen. Du wirst ewig nicht herauskommen. Arbeite dich müde, arbeite dich tot, arbeite dich in Verzweiflung hinein im Kampf mit der Sünde – du bleibst doch ihr gefesselter Sklave. Der Sklave der Sünde rasselt an seiner Kette, aber lösen kann er sie nicht. O, welch einen Jammer haben unsere Augen gesehen bei Sündern, die in eigener Kraft die Ketten zersprengen wollten, und es gelang ihnen nicht. Sünder, so wahr Gott lebt, ohne das Blut Jesu gibt es für dich keine Befreiung aus der Sünde heraus.

Lang genug hast du gerungen,
Stets gebunden, stets beengt,
Hast den Feind doch nicht bezwungen
Und die Kette nicht gesprengt.

Du brauchst das Blut! Das Blut löst dich von der Sündenmacht. Gebrauche das Blut, damit du herauskommst aus der Sünde Macht und Gebundenheit. Sage nicht wie Lot von Zoar: »Sie ist ja klein.« In deinem Auge mag die Sünde klein sein, aber in Gottes Augen ist sie etwas furchtbares. Es ist wahr, klein fängt sie an, aber ihre Macht wird größer und macht dich zu einem Klumpen von Schlechtigkeit und zu einem Haufen von Elend. Im Glarner Land ging ich einmal mit einem Freund spazieren. Plötzlich wurden wir durch ein donnerartiges Krachen erschreckt. Wir blickten uns um und sahen eine mächtige Lawine mit großer Schnelligkeit in einen Abgrund stürzen. Der Absturz geschah in einigen Sekunden. Wie entstand diese Lawine? Sie war zuerst ein Schneeflöckchen, das sich mit anderen Schneeflöckchen verband. Es wurde ein Schneeball, und dann bildete sich eine Lawine, die mit rasender Geschwindigkeit in den Abgrund hinabstürzte. So ist es mit der Sünde. Klein fängt sie an und vermehrt sich riesengroß und zieht die Sünder mit rasender Schnelligkeit in den bodenlosen Abgrund, den Schwefelpfuhl, hinein. Wir saßen heute bei einem solchen Hoffnungslosen, der sein Leben im Dienste der Sünde ruiniert hat und jetzt vor den Pforten der Ewigkeit steht. Als wir ihm das Evangelium verkündigten und sagten, dass Jesus auch für seine Sünden gestorben sei, und er jetzt noch Gelegenheit habe, sich Jesus auszuliefern, da sagte er uns: »Ich bin kalt und gleichgültig für euer Wort, es berührt mich nicht mehr. Mit mir ist es zu spät. Es kommt mir vor wie Heuchelei, wenn ich mich jetzt Jesus hingeben und Ihn um Gnade anrufen würde. Ich habe von Jugend auf gesündigt und habe Jesus gehasst und gelästert, und jetzt soll ich um Gnade schreien? – Nein, das geht nicht. Für mich ist es zu spät!« Seht, das ist ein Mensch, den die Sünde hoffnungslos gemacht hat. Vielleicht sind in dieser Versammlung solche Hoffnungslosen. O, ihr erweckten, aber hoffnungslosen Sünder! – hört, ich habe gute Botschaft: Jesus ist gestorben, um eure Sünden hinwegzunehmen. Kommt mit nach Golgatha und schaut auf den blutenden Schmerzensmann. Sehet das Lamm Gottes, das der Welt Sünde trägt. Warum Seine Wunden? Warum Sein Blutvergießen? Warum Seine Dornenkrone? Warum Sein Schmerzensschrei »Es ist vollbracht«? Warum der Kampf, dass die Erde bebt und die Felsen zerspringen? Warum die Nacht? Warum verbirgt die Sonne ihr Angesicht? Dein Gott, Jesus Christus, starb und richtete durch Seinen Tod die Sünde hin. Es ist vollbracht! Was? Deine Sünde ist gerichtet und abgetan für immer. Jesus hat dich vollständig erlöst. Für dich gibt es Gnade auf Golgatha. Du kannst mit uns ohne Verdienst geschenkweise gerecht werden, aus Seiner Gnade, durch die Erlösung, die durch Jesus Christus geschehen ist (Röm. 3, 23). Das ist Evangelium! O, eine süße, heilige Botschaft für arme Sünder. Was hast Du zu tun? Du brauchst nur eine Bedingung zu erfüllen, und diese ist: Dich Jesus voll und ganz ausliefern. Aufgrund dieser rückhaltlosen Auslieferung an Jesus schenkt Er dir Gnade durch Sein Blut. Welche Gnade? Gnade, um deinen Sündenschmutz zuzudecken, damit du äußerlich rein wirst und innerlich wie ein Grab voll Totengebein bleibst? Nein! Gnade, die mit der Sünde aufräumt, die Sünde hinwegschafft; denn Christus starb, um unsere Sünden wegzunehmen. Wo die Sünde mächtig geworden ist, da ist die Gnade viel mächtiger geworden. Das ist Gnade, die mit der Sünde aufräumt und zwar für immer. Was gehört dazu, um diese Gnade zu erlangen? Glaube, und du hast sie. Glaube! Glaube jetzt und nimm die Gnade, die Jesus dir anbietet durch Sein Blut.

Und wie steht's mit dir, mein teures Herz? Du trägst den Namen »Christ«. Hast du Golgatha erfahren? Bist du auf Golgatha freigeworden von deiner Sünde? Ist Golgatha für dich ein Siegesplatz geworden, wo deine Sünde gerichtet und hinweggeschafft ist? Wenn du jetzt nicht im Sieg über die Sünde als Überwinder lebst, so lieferst du den Beweis, dass du noch nicht durch den Glauben in den herrlichen, glorreichen Sieg unseres verklärten Hauptes eingegangen bist. Wo fehlt es in deinem Leben? Du glaubst und glaubst auch nicht. Der Sieg auf Golgatha ist dir keine Wirklichkeit. Oder, wenn er dir keine Wirklichkeit ist, so bist du noch nicht in denselben eingegangen. Vielleicht hast du auch die Torheit begangen, wie jene Sklavin. Als Präsident Lincoln mit einem Federzug der Sklaverei ein Ende machte und in Amerika dies bekanntmachen ließ, geschah es, dass die Sklaven über diese Botschaft freudig erregt waren. »Alle Sklaven sind frei«, so triumphierten sie. Eine alte Negerin verwunderte sich über die Freude ihrer Landsleute und fragte nach der Ursache. Als sie hörte, dass alle Sklaven frei seien, ging sie mit großer Freude zu ihrem Herrn zurück und sagte: »Massa, ich nicht mehr deine Sklavin bin, ich ganz frei bin.« »Was,« sagte der Herr, »du willst frei sein? Wer hat das gesagt?« »Ja, Massa, ich frei bin, ich nicht mehr bei dir arbeite.« »Was, du willst nicht mehr arbeiten?« Dabei ergriff er die Peitsche, schwang sie durch die Luft und ließ sie auf ihren Rücken sausen. Er ließ damit nicht eher nach, bis sie wieder bei ihrer Arbeit saß und Baumwolle zupfte. »So, ich will dir deine Freiheitsideen aus dem Kopf treiben! Lass mich kein Wort mehr davon hören«, sagte der Tyrann. So sitzt sie und zupft weiter Baumwolle, ein Jahr, zwei Jahre und noch länger. Nach dieser Zeit kommt eine weiße Dame an diesen Ort und findet die arme Negerin sehr traurig vor. »Warum bist du denn so traurig?« fragte die Dame. »Ach, Missi, ich nicht traurig sein sollen? Arme Sklavin bin, ich viel arbeiten muss.« »Was? Du bist doch frei. Der große Präsident hat dich freigemacht«, erwiderte die Dame. »Missi nicht sagen, ich bin frei, ich immer arbeiten muss.« »Nein, armes Weib, du bist frei, komm mit.« Die Dame nahm diese arme Sklavin mit und der tyrannische Mensch musste sie sofort frei geben. – Sünder, Golgatha bedeutet, dass du frei bist. Jesus ist ein Sühnopfer, ein Bürge und Stellvertreter für dich geworden. Er hielt seinen Rücken der Geißel dar. Er öffnete Seine Brust dem Speer und starb, damit du Sünder leben kannst. Der Gerechte starb für dich Ungerechten, um dich zu Gott zu bringen.

O Lamm Gottes, all' Sünd' hast du getragen,
Sonst müssten wir verzagen!

Herr Jesus, öffne dem Sünder die Augen für deine Wunden und für dein kostbares Blut. – Sünder, sieh das Lamm Gottes an.

Wer Jesus im Glauben am Kreuze erblickt,
Wird heil zu derselbigen Stund'.

Sünder, hör den Posaunenton der freien Gnade: »Fürchte dich nicht, denn ich habe dich erlöst. Ich habe dich bei deinem Name gerufen, du bist mein« (Jes. 43, 1). Du bist erlöst von der furchtbaren Macht der Sünde. Du brauchst nicht mehr unter ihrer Herrschaft zu stehen. Entfliehe der Sünde und übergib dich Jesus. Du brauchst nicht zurückzukehren zur Sünde, mache nicht dieselbe Dummheit, wie jene arme Sklavin. Komm nach Golgatha. Golgatha bietet dir Freiheit von der Sünde. Komm, mein Freund, und lege deine Lasten nieder und übergib dich voll und ganz und rückhaltlos deinem Jesus; denn Jesus ist darum geopfert, dass Er deine Sünden wegnehme. –

Und nun einen Schritt weiter. Warum starb Christus?

II. Christus starb, damit wir nun nicht uns selbst leben, sondern dem, der für uns gestorben und auferstanden ist

Christus hat dich durch Seinen Tod erkauft. Er hat ein Recht an deinem Leben. Jetzt brauchst du weder dem Teufel noch der Sünde, weder der Welt noch dir selbst zu leben. Ist das nicht eine gute Botschaft? Du darfst für Jesus leben, weil Er für dich gestorben ist. O, es ist eine Schande und eine Gemeinheit, wenn Leute, die erkauft sind mit dem Blute Jesu, noch für einen anderen Herrn leben, als für den, der für sie gestorben und auferstanden ist. Findest du es nicht ganz natürlich, dass man sein Leben dem gibt, der es mit Seinem Blute erkauft und erlöst hat? Ist es nicht eine vernünftige Weltanschauung, wenn ein Christ ganz für Jesus da ist? Für Christus leben – ich gehe noch weiter – ist nicht bloß vernünftig. Nein, es ist ganz natürlich. In der Tatsache, dass Jesus für mich gestorben ist, finde ich das unerbittliche Weltgesetz, dass ich auch für Ihn lebe. Wer ein wenig denkt, der wird das vollkommen verständlich finden. Geht mit mir für einen Augenblick auf einen Sklavenmarkt in Amerika. Hunderte von armen Sklaven und Sklavinnen stehen dort zum Verkauf. Wir gehen durch die Reihen der Jammergestalten, die teils in stiller Resignation, teils in großer Traurigkeit abwarten, was man mit ihnen zu tun gedenkt. Da steht so eine arme schwarze Jungfrau. Eine Träne nach der anderen perlt aus ihren großen schwarzen Augen. Sie hat einen starken Körberbau und findet viele vor sich stehen, die sie kaufen wollen. Der Sklavenhändler fordert einen sehr hohen Preis für sie. Ein Missionar sieht das arme Kind in seiner Traurigkeit stehen und denkt in seinem Herzen: »Die will ich loskaufen und frei machen.« Er verhandelt mit dem Sklavenhändler, bezahlt den Preis und nimmt sie mit in seine Wohnung. Dort übergibt er ihr einen Freibrief mit den Worten: »Nimm diesen Freibrief und gehe fort, du bist frei. Ich hab' dich losgekauft, geh'. Niemand hat ein Recht, dich weiterhin zu einer Sklavin zu machen. Du bist frei, auf ewig frei.« Was tut die Sklavin? Geht sie fort? Nein, sie fällt dem Missionar zu Füßen mit den Worten: »Massa, ich bleiben will, ich nicht gehe, ich dir dienen will.« Der Missionar sagt ihr, sie sei frei, sie solle doch gehen; aber sie weicht keinen Fußbreit von ihm fort. Sie weiß: »Der Mann hat mich losgekauft, ich will ihm dienen.« – Genauso ist es mit uns. O, haben wir das einmal verstanden: Jesus hat uns losgekauft mit Seinem teuren Blut, dann haben wir nicht mehr das Recht, uns selbst zu leben, weder für die Sünde und Finsternis noch für irgendeine Kreatur. Freiwillig haben wir uns Ihm zur Verfügung gestellt. Wir sind Seine Gefangenen, ja, mehr noch, wir sind Seine Sklaven. Sklave Jesu zu sein, das ist unsere königliche Stellung. Wie gelangen wir zu diesem göttlichen Adel? Durch nichts anderes, als dass wir für Jesus leben dürfen, für Jesus da sind und Ihm zur Verfügung stehen dürfen. Durch unser ganzes Leben soll es klingen:

»Dir zur Verfügung, mein Gott und mein Herr!
Dir zur Verfügung, je länger, je mehr,
Dir zur Verfügung in Freud und in Leid,
Täglich und stündlich für Jesus bereit.

Dir zur Verfügung was mein und ich bin,
Liebe und Arbeit, Gedanken und Sinn,
Wünsche und Pläne, die Zeit und das Geld,
Glieder und Gaben, wie es dir gefällt.«

Christen, die Jesus ganz zur Verfügung stehen, sind die Auserkorenen, Hochgeborenen, der göttliche Adel, die himmlische Aristokratie, mit denen das Lamm Seinen Thron und Seine Herrschaft in den Welten des

Lichts teilen wird. Solche Leute verfügen nicht mehr über ihr Leben, über ihre Zeit und Kraft, sondern alles ist Jesus geheiligt, alles Ihm hingegeben. Sie sind Sklaven Jesu. Pastor F. B. Meyer erzählte einmal, dass es ihm ganz sonderlich zu Mute gewesen sei, als er zum ersten Mal in Afrika Sklaven gesehen habe. Da merkte er, welche Stellung ein Sklave einnimmt. Wille, Leib, Seele, Gut und Blut und alles, was ein Sklave hat, gehört nicht mehr ihm, sondern seinem Herrn. »So ist die Sache mit einem Sklaven«, sagte Meyer. Nun gut, ich will diese Stellung Jesu gegenüber einnehmen. Wer ein Sklave Jesu ist, der verschwindet vom Schauplatz. Er dreht sich nicht mehr um sein eigenes Ich, sondern sein Denken, Fühlen und Wollen konzentriert sich auf Jesus. In unsrer Zeit gibt es viele Schwätzer, die über Heiligung gut zu schwatzen verstehen. Sie haben eine Heiligungstheorie erfasst, aber mit ihrem Leben sind sie nicht praktisch in die Heiligung eingetreten. Wahre Heiligung heißt für Gott da sein. Warum ist Christus gestorben? Er ist gestorben, damit du aufhörst, für dich selbst zu leben und anfängst, für Jesus zu leben und für deinen Gott da zu sein.

O, das miserable Selbstleben, wo Eltern nur für ihre Kinder und Kinder nur für ihre Eltern, der Gatte nur für die Gattin und die Gattin nur für den Gatten da ist. Da kann man schon fromm, sogar sehr fromm sein und lebt doch nicht für seinen Gott, sondern in den Eltern, Kindern, Gatten lebt man für sich selbst. Das ist Gemeinheit und *gottlose Frömmigkeit.* Meine heimgegangene mütterliche Freundin, Schwester Emilie von Hauptweil, hat mir einmal gesagt, dass sie fünfzehn Jahre lang für den König gelebt habe und dass nie ein Misston zwischen ihn und sie gekommen sei. »Ich war für den König da, und der König war für mich da.« Das war praktische Heiligung. Ich wollte, meine lieben Freunde, ihr würdet in dieses herrliche Leben eingehen, um nur für Gott da zu sein. Hudson Taylor, der treue Knecht Gottes, erzählt, dass, wenn er morgens aufstände und sich wüsche, er es für den Herrn tue. Schreibe er einen Brief, so sei es für seinen großen König. Und so gehe es mit allem, was auch immer er an diesem Tag tue. Wenn man alles für Jesus tut, ist einem keine Arbeit mehr zu gering. Da schämt man sich nicht, wenn man die Straße kehren muss. Man tut es eben für den König. Man springt auch nicht aus seiner Stellung heraus, in die Gott einen hineingesetzt hat und flieht mit dem Expresszug an das andere Ende der Welt. Nein, man ist und bleibt zufrieden in seiner Stellung. Einem solchen Edlen ist's genug, dass er für Jesus leben darf. Nicht wahr, meine Freunde, bei einem solchen Leben kommt Himmelsmusik ins Erdenleiden hinein. Da wird die Prosa zur Poesie und das Tränental zu einem Himmel. Willst du in ein solches Leben eingehen, da wird es dann bald heißen: »Höher hinauf!«

»Näher mein Gott zu dir,
Näher zu dir.«

III. Christus starb, um die Kinder Gottes, die zerstreut sind, in eins zusammenzubringen

Das ist eine neue Antwort, warum Christus starb. Die auserwählten Kinder Gottes sollen nicht zerstreut sein, sondern in eins zusammengebracht werden. Wie oft haben Kinder Gottes versucht, alle zerstreuten Kinder Gottes zusammenzubringen – und es ist ihnen nicht gelungen. Viele Allianzbestrebungen haben kein anderes Resultat zustandegebracht, als dass ein Ismael geboren wurde! Es gab größere Verwirrung. Wir sollten ein wenig mehr Zeit haben, dann würde ich dieses mit Beweisen aus der Kirchengeschichte belegen. Da starb ein Knecht Gottes in Schwermut und Nacht. Er hatte sich als Lebensaufgabe gestellt, das Volk Gottes in eins zusammenzubringen. Etliche Jahre vor seinem Tod brach sein Lebenswerk zusammen, und das machte ihn schwermütig. Vereinigung des Volkes Gottes gibt es nicht aufgrund von Statuten und Gesetzen. Die Heilige Schrift enthält die Nahrung der Kinder Gottes, aber sie ist uns nicht gegeben, um aus ihr Paragraphen und Statuten zu machen und durch diese eine gewisse Organisation, einen Zaun, in dem alle Kinder Gottes Platz haben, zu errichten. Was ist die Grundlage gesunder Vereinigung der Gotteskinder? Die Grundlage ist das Kreuz Jesu Christi. Lasst mich,s erklären. Schaut her und betrachtet ein Dreieck. Denkt euch oben an der Spitze das Kreuz von Golgatha, an den beiden unteren Ecken zwei Brüder stehend. Wir wollen sagen, der eine sei kirchlich, ja hochkirchlich, der andere dagegen sei freikirchlich. Jeder schwört auf seinen Katechismus, jeder meint, er sei biblisch; und einer denkt von dem anderen, jener bewege sich in einer falschen Linie. Kommen diese Brüder, wenn sie auch äußerlich eine Allianz schließen, zusammen? Jawohl, für etliche Stunden, vielleicht auch für eine Woche, so lange man eine Allianzkonferenz hat. Und dann, wenn sie wieder in ihr Lager zurückgekehrt sind, merkt man nichts mehr von ihrer Allianz. Man erkennt: einer will nichts vom anderen. Jeder bleibt auf vorgefassten Meinungen und Ideen festsitzen. Wie kommen diese zwei zusammen? Schaut noch einmal her. Sie machen jetzt eine

Aufwärtsbewegung nach Golgatha. Sie kommen dem Kreuze näher. Gottlob, sie kommen immer näher zusammen. Und seht, jetzt wo sie auf Golgatha angekommen sind und sich im Kreuz verbergen, sind sie zusammen. Im Geheimnis des Kreuzes haben sie die Arche gefunden, in der sie sich, vereint anbetend, die Hände reichen und für Jesus leben. Wo kommt das Volk Gottes zusammen? Nur auf Golgatha, denn Christus starb, damit Er die zerstreuten Kinder Gottes in eins zusammenbrächte. Dort hat Jesus die Zäune abgebrochen und aus zweien einen neuen Menschen gemacht (Eph. 2, 14.15). Viele sagen: »Wir sind eins; nur gewisse Zäune sind noch vorhanden. Aber über die Zäune reichen wir uns die Hand.« Wo Zäune sind, da ist nicht Golgatha. Golgatha hat keine Zäune, da reicht man sich die Hand ohne einen Zaun zwischen sich zu haben. Wer auf Golgatha seinen Ruheplatz gefunden hat, ist mit jedem Kind Gottes eins, denn er hat alle eigenen Pläne und Wünsche dem Tod und dem Grab übergeben. Wer Bergung im Kreuze gefunden hat, ist abgetreten vom Schauplatz. Abgedankte stehen anderen nicht mehr im Wege. Da entsteht Einigkeit, die Wert hat im Lichte der Ewigkeit. Geliebte, das ist mehr als Allianzflickerei. Auf Golgatha ist der Baptist kein Baptist mehr, der Methodist kein Methodist mehr und der Landeskirchliche kein Landeskirchlicher mehr. Da hat man seine Flagge eingezogen. Auf Golgatha liebt der Landeskirchliche den Freikirchlichen, der Methodist den Baptist und umgekehrt. Alle haben ihre Sonderinteressen verloren und leben nur für den, der für sie gestorben ist. Woher kommen die vielen Zersplitterungen und Zerspaltungen, dass einem das Herz blutet, wenn man in das Volk Gottes hineinsieht? Ach es kommt nur daher, dass das Volk Gottes es noch nicht verstanden hat, warum Christus starb. Zersplitterung, Zerspaltung und traurige Trennung hören erst dann auf, wenn das Volk Gottes merkt und erfasst, dass am Kreuz alles Trennende und Störende aufgehoben ist. Du kennst noch nicht das selige Geheimnis des Kreuzes und hast es noch nicht verstanden, wenn du noch Spaltungen anrichtest. –

Wir kommen nun zur letzten Antwort.

IV. Christus starb, damit Er ein Heiland sei über Tote und Lebendige

Der Vater hat unserem Herrn Jesus alles unter die Füße getan. Er hat Macht im Himmel und auf Erden. Sein ist das Reich und die Kraft und die Herrlichkeit. Er ist gestorben und hat losgekauft alle Kreatur von dem

Fluch und von der Strafe der Sünde. Ja, weil Er gehorsam war bis zum Tode, bis zum Tode am Kreuz, »darum hat Gott Ihn auch hoch erhoben und Ihm den Namen verliehen, der über jeden Namen ist, damit in dem Namen Jesu jedes Knie sich beuge, der Himmlischen und Irdischen und Unterirdischen, und jede Zunge bekenne, dass Jesus Christus Herr ist, zur Ehre Gottes, des Vaters« (Phil. 2, 9-11). Ja, alles, was in der Hölle und in der Totenwelt ist, wird sich beugen vor Jesus. Er ist Herr über »jede Gewalt und Macht und Kraft und Herrschaft und jeden Namen, der nicht nur in diesem Zeitalter, sondern auch in dem zukünftigen genannt werden wird« (Eph. 1, 21). Er trägt den Schlüssel der Hölle und des Totenreichs. Wenn Er zuschließt, kann niemand mehr aufschließen und wenn Er aufschließt, kann niemand mehr zuschließen. Er ist Herr und souveräner Monarch über alle Welten des Lichts und der Finsternis. Alles fällt vor Ihm nieder und huldigt Ihm. Was mich betrifft, so kann ich sagen, Er ist schon lange mein Herr geworden. Ich freue mich in diesem Augenblick, dass ich Sein Sklave sein darf. Ich bin Sein und Er ist mein. Jesus ist mein König. Sollte ich mich meines Königs schämen?

»Es wisse, wer es wissen kann,
Ich bin des Heilands Untertan.«

Und ich will allezeit nur Sein Untertan bleiben, bis in die Ewigkeit hinein. Ja, Jesus ist der Herr, hochgelobt in Ewigkeit. Ist er auch dein Herr geworden? Glücklich, wenn du mit freudigem Herzen sagen kannst: »Mein Freund ist mein, und ich bin sein!« Was soll ich euch sagen, wenn ihr mit niedergeschlagenen Augen dasitzt? Schon euer Angesicht bezeugt, dass ihr Jesus nicht als euren Herrn anerkannt habt. Willst du nicht heute diese heilige Stunde nutzen, dich Ihm mit allem rückhaltlos zu übergeben und Ihn als deinen Herrn anzuerkennen und zu bekennen? Schau den gekreuzigten Jesus an, Er starb für dich. Kannst und willst du diesen deinen Herrn heute ohne Antwort lassen? O, das wäre ja furchtbar! Dieses Verhalten eines Sünders ist aufs Äußerste tadelnswert und verdient ewigen Tod. Es gibt keine tiefere und verdammlichere Missetat, als diejenige von Sündern, denen die Augen geöffnet wurden für Golgatha und die trotzdem die sterbende Liebe Jesu Christi verwerfen. Solche Sünder sündigen unter eigentümlichen Umständen, so dass ihre Schuld schlimmer ist, als die des Teufels und seiner Dämonen. Der Teufel hat das Gesetz übertreten, und dasselbe hast du, Sünder, auch getan. Aber für die Teufel gab es kein Golgatha, deswegen konnten sie niemals das Evangelium verwerfen. Der

Teufel ist ein Rebell – und du auch. Den Teufeln wurde niemals Gnade angeboten, deshalb konnten sie die Gnade auch nicht verwerfen und das teure Blut Jesu mit Füßen treten. Wenn du, Sünder, die herrliche Gnadenbotschaft von Jesus verwirfst, was soll ich da sagen? Wenn du nicht den ewigen Tod, die Hölle verdient hast, so kann ich nicht fassen, das ein Dämon in der Hölle ist, der ihn verdient hat. Engel und Heilige erkennen die Gerechtigkeit Gottes an, die dich, den Verwerfer des Evangeliums in die Hölle bringt. Sie sind von der gerechten Strafe Gottes, die in dein Leben tritt, völlig überzeugt, und du selbst wirst es in den Ewigkeiten noch bekennen lernen: der Herr ist gerecht, Sein Name sei gelobt! Die Auserwählten Gottes werden sicher nie Wohlgefallen an deinem Elend und deiner Verdammnis haben, aber an der Entfaltung der Gerechtigkeit Gottes, an der Rechtfertigung Seiner beschimpften Majestät und beleidigten Ehre werden sie sich freuen. Sie werden sehen, dass das Offenbarwerden Seiner Gerechtigkeit herrlich ist und Halleluja rufen, während du im gerechten Gericht Gottes den Gehorsam lernst. Jesus sei gelobt! Amen.

Auf zur Wahl!

Rede, gehalten in Mülheim/Ruhr am Mittwoch, 16. Juni 1903 – am Tag der Reichstagswahlen. Sie trägt deshalb einen speziellen Charakter

»... erwählt euch heute, wem ihr dienen wollt ...« (Josua 24, 15)

Wir haben hier ein Wort der Entscheidung. Josua, der General über das Heer Gottes, legt dieses Wort in das Herz seines Volkes hinein. Bei welcher Gelegenheit, aus welchen Ursachen geschah das? Josua war alt und wohlbetagt, ein Greis mit silbernen Haaren. Sein Leben war von Jugend an seinem Gott geweiht. In dem Dienst des Herrn der Heerscharen verbrauchte er seine Kraft. Seine Tage waren gezählt, die Zeit seines Abscheidens war gekommen. Er hatte einen guten Kampf gekämpft, er hatte den Lauf vollendet, er hatte den Glauben bewahrt. Nun stand er vor den Toren des neuen Jerusalem. Doch ehe er durch dasselbe hineintrat in die Welt des Lichts, wollte er noch einmal seinem Volke von Angesicht zu Angesicht begegnen. Zu diesem Zweck berief er einen großen Reichstag nach Sichem zusammen. Zu diesem Reichstag kamen alle Ältesten aus Israel, die Häupter, Richter und Amtleute. Da kamen die Männer aus Juda und Issaschar, aus Gath und Sebulon, aus Dan und Naphtali, aus Asser und Manasse, auch das Priestervolk aus Levi fehlte nicht. Alle traten vor Gott. Josua hielt eine Reichstagsrede. In einer Zentralschau zeigte er seinem Volk, was Gott an ihnen getan, wie Er sie erwählt und mit hoher Hand aus der Sklaverei Ägyptens herausgeführt hatte. Er strafte sie wegen ihrer Sünde und ermahnte sie, den Herrn, ihren Gott zu fürchten und Ihm treu und rechtschaffen zu dienen. »So fürchtet nun den Herrn und dient Ihm in Aufrichtigkeit und Treue! Und tut die Götter weg, denen eure Väter jenseits des Stroms und in Ägypten gedient haben, und dient dem Herrn! Ist es aber übel in euren Augen, dem Herrn zu dienen, dann erwählt euch heute, wem ihr dienen wollt: entweder den Göttern, denen eure Väter gedient haben, als sie noch jenseits des Stroms waren, oder den Göttern der Amoriter, in deren Land ihr wohnt! Ich aber und mein Haus, wir wollen dem Herrn dienen!« (Josua 24, 14.15). Das Ergebnis der Wahl war sehr erfreulich, denn das Volk antwortete: »Auch wir wollen dem Herrn dienen, denn Er ist unser Gott!« (Josua 24, 18). Etliche Jahrhunderte später, als Elia, der Tischbiter, dem götzendienerischen Volke auf dem Gipfel des Karmel entgegentrat, forderte er sie auf, sich zu entscheiden: »Wie lange hinkt ihr auf beiden Seiten? Wenn der Herr der wahre Gott ist, dann folgt Ihm nach; wenn aber der Baal, dann folgt ihm nach!« (1. Kön. 18, 21). Das Volk jedoch blieb stumm, bis Gott auf das Gebet seines Knechtes mit Feuer antwortete. Als das ganze Volk das sah, fiel es auf sein Angesicht und sprach: »Der Herr, Er ist Gott! Der Herr, Er ist Gott!« (1. Kön. 18, 39).

Die letzte Wahl, bei der sich das alttestamentliche Bundesvolk zu entscheiden hatte und seinen Bankrott und seine Unfähigkeit offenbarte, wurde durch Pilatus einberufen. Es handelte sich um Christus oder Barabbas. Da stand Christus, bedeckt mit Schmach uns Schande, als ein Verschmähter und Ausgestoßener, als der Verachtetste und Unwerteste. Ecce homo! Sehet den Menschen, den König Israels! – Dort stand Barabbas, ein Mörder, ein Rebell, ein Auswurf der Menschheit. Pilatus fragte das Volk. »Wen wollt ihr, dass ich euch losgeben soll, Barabbas oder Jesus, der Christus genannt wird?« (Matth. 27, 17). Was tat das Volk? Ach, die Sonne musste ihren Schein verlieren, die Felsen mussten erbeben, die ganze Erde erzitterte wegen der Tat des Volkes Gottes! Sie wählten statt Jesus den Mörder! Und damit erwählten sie für sich Tod und Verderben.

Die Zeit dieser Wahl war eine der schauerlichsten und unseligsten Stunden in der Geschichte Israels. Pilatus fragte: »Was soll ich denn mit Jesus tun, der Christus genannt wird?« (Matth. 27, 22). Sie aber schrieen: »Kreuzige, kreuzige ihn!« (Luk. 23, 21). Der feige Pilatus wäscht seine Hände vor dem Volke und spricht: »Ich bin schuldlos an dem Blute diese Gerechten. Sehet ihr zu!« Das Volk aber schrie: »Sein Blut komme über uns und über unsere Kinder!« (Matth. 27, 24.25). Was der Mensch sät, das wird er auch ernten. Die Juden haben bei dieser Wahl Wind gesät und Sturm geerntet. Durch die Verwerfung Jesu Christi gruben sie sich ihr Grab. Die Römer kamen, nahmen ihnen Land und Leute und machten ihre Stadt zu einem Schutthaufen.

Unser deutsches Volk hatte heute einen ernsten Tag. Der Schlachtruf »Auf zur Wahl!« tönte heute durch unsere Straßen. Nun ist die Wahl geschehen, die Schlacht geschlagen. Welche Partei hat gesiegt? Die Zeitungen werden uns morgen die Berichte bringen, wir ahnen Unerhörtes. Der Kampf war heiß, es stritten sich Himmel und Hölle. Es wurde nicht bloß gewählt, sondern viel gewühlt. Gottlob, unser Herr lebt und weiß Sein Schifflein mit geschickter Hand durch Sturm und Wetter hindurchzuführen in den Hafen der ewigen Sabbatruhe. Ich möchte diesen Tag der Reichstagswahl nicht vorübergehen lassen, ohne heute Abend jeden Einzelnen in dieser großen Versammlung ebenfalls vor eine Wahl, vor eine Entscheidung gestellt zu haben.

Zuerst schaut die Kandidaten eurer Wahl ein wenig an. Wen habt ihr nun zu wählen, wen wollt ihr wählen? Bei dieser Wahl handelt es sich nicht um eine Partei oder um einen Abgeordnetensitz im Reichstag oder überhaupt um irdische Interessen, sondern um Christus oder Belial, um Leben oder Tod, um Fluch oder Segen, um Himmel oder Hölle. Wählet, wem ihr dienen wollt:

Christus oder Belial!

Wer ist Christus? Christus ist die himmlische Majestät, der Abglanz der Herrlichkeit Gottes, das Ebenbild Seines Wesens, der König der Könige, der Herr der Herren. Er ist der, von dem Thomas sagt: »Mein Herr und mein Gott!«

In ungeahnter Herrlichkeit sitzt Er zur Rechten Gottes, vor Ihm beugt sich der Himmel und zittert die Hölle; und bald kommt die Stunde, wo das ganze Weltall sich vor Ihm beugt und Ihn anerkennt als seinen Herrn, denn vor Ihm wird sich beugen jedes Knie der Himmlischen und Irdischen und Unterirdischen, und jede Zunge wird bekennen, dass Jesus Christus der Herr ist, zur Ehre Gottes, des Vaters. Christus, den ewigen Monarchen, stelle ich euch heute Abend vor mit der Bitte: »Wählet Ihn und dienet Ihm!«

Dieser Jesus verließ für eine Zeitlang freiwillig die Herrlichkeit Gottes und kam zu uns herab ins Erdental, entäußerte sich Seiner Gottheit, nahm Knechtsgestalt an und wurde gehorsam, ja, gehorsam bis zum Tode am Kreuz. Schau das Wunder an!

> Wie tief ließ Jesus sich herunter –
> Kein Mensch, kein Engel ward so klein.
> Vor unsern Augen ist's ein Wunder,
> Der Sohn soll so erniedrigt sein?

Ja, erniedrigt bis zum Schandpfahl. Warum? »Christus hat uns losgekauft von dem Fluch des Gesetzes, indem Er ein Fluch für uns geworden ist – denn es steht geschrieben: Verflucht ist jeder, der am Holz hängt!« (Gal. 3, 13). Sein Liebesherz jammert deiner in deiner Sündennot. »Ich muss mich über dich erbarmen«, so tönt es aus Seinem Munde. Er wurde ein Fluch für dich, um dich zu erlösen von dem Fluch. Und Gott sei Lob, Er hat's getan, Er hat's vollbracht! Dort am Marterholz auf Golgatha hat Er Sein Leben für dich gelassen. Er starb für die Gottlosen. Und alle, die Ihn erwählen, werden erlöst von Sünde, Teufel und Hölle. O wunderbares Geheimnis der Erlösung: dein Jesus trat für dich in den Riss! Die Unschuld wird verurteilt, der Schuldige freigesprochen; der Gesegnete wird verflucht, der Verfluchte gesegnet; das Leben stirbt, der Tod erhält das Leben; der Geehrte ist mit Schmach bedeckt, der Geschmähte wird geehrt. Wer fasst das Geheimnis der Stellvertretung? Nur der, der sich Jesus freiwillig in die Arme wirft und Ihn erwählt als seinen Herrn und Erlöser. Jesus trat für dich in den Riss; Sein Blut hat dich erlöst; Er hat dich bei deinem Namen gerufen, du bist Sein. Ich fordere dich deshalb auf, um deiner Seele willen: Wähle Christus, den Gekreuzigten!

Wählst du Jesus, den Gekreuzigten, der, obwohl Er von keiner Sünde wusste, für uns zur Sünde gemacht ist, auf dass wir würden in Ihm die Gerechtigkeit Gottes, so wird diese himmlische Majestät dein Freund und Bruder. Er nimmt dich in Seine Gemächer und erquickt deine Seele um Seines Namens willen; Er küsst dich mit dem Kuss Seines Mundes. Seine Liebe ist lieblicher als Wein, du aber bist Sein Erwählter, »eine Blume zu

Saron«, »eine Rose im Tal«. Er führt dich in den Weinkeller und die Liebe ist Sein Panier über dir. Gutes und Barmherzigkeit werden dir folgen dein Leben lang, und du wirst bleiben im Hause des Herrn immerdar. Dein Leben wird ein Leben der Gnade, der Freude und des Friedens sein. Herausgerissen aus dem Verderben wirst du wandeln in den Vorhöfen des Himmels, in den Sphären des Lichts. Kein Menschenmund kann aussprechen und kein Menschenherz kann ahnen, was das ist, von Jesus Freund genannt zu werden. Willst du es erfahren, so wähle Jesus und Sein Licht, alles andre hilft dir nicht.

Noch etwas: Verwirfst du diese himmlische Majestät, so wisse, du kannst vor Ihm nicht entfliehen. Er wird dich verfolgen und einholen. Fahre gen Himmel – Er ist da; versenke dich in die Hölle – Er ist auch da; nimm Flügel der Morgenröte – Er wird durch Seine Rechte dich fassen! Er wird offenbar werden zu Seiner Zeit, du kannst Jesus nicht entfliehen. Hebet eure Augen auf, was seht ihr? Die Welt vergeht mit ihrer Lust. Vor deinen Augen steht ein großer weißer Thron; auf demselben sitzt der, dessen Leib ist wie ein Türkis, Sein Antlitz wie der Blitz, Seine Augen wie feurige Fackeln, Seine Arme und Füße hell und glatt wie Erz und Seine Stimme wie gewaltiges Wasserrauschen. Vor diesem Thron versammeln sich alle Toten, klein und groß, die Bücher werden aufgeschlagen und die Toten werden gerichtet nach den Schriften. Wer ist der auf dem weißen Thron? Alle Toten zittern vor dieser Majestät, es ist Jesus Christus, der Herr Zebaoth, der Richter der Lebenden und der Toten. Vor diesem weißen Thron wirst du cinmal stehen und zittern, wenn du heute nicht Jesus, deinen Erlöser, als deinen Herrn erwählst. Vielleicht sind jetzt schon deine Stunden gezählt. Deshalb: Auf zur Wahl, wähle Jesus Christus, hochgelobt in Ewigkeit!

Wählst du nicht deinen Herrn und Gott, so ist es ebenso gewiss, dass du dich zu dem Feind Gottes schlägst und Stellung nimmst zu Satan, der in der Schrift Belial genannt wird. O wie schauerlich! Man darf kaum daran denken, dass in dieser Versammlung Leute sind, die dieses Wagnis eingehen, Belial erwählen und sich mit dem Teufel verbinden! Doch ich fürchte, es sind etliche Gottlose, Leichtsinnige, unreine Bösewichter auf diesen Plätzen, die den Heiligen verhöhnen und mit dem Tod, der Hölle und dem Teufel einen Bund machen. Diesen Erzschelmen, diesen Höllenkindern, diesen unverbesserlichen Taugenichtsen, dieser Schlangen- und Otternbrut will ich klarzumachen versuchen, was sie an Belial haben, wenn sie Belial erwählen:

Wer ist Belial? Belial ist der furchtbare Rebell, der sich gegen den Sohn Gottes aufgelehnt und als Lichtsfürst gegen Gott erhoben hat. Er ist der Feind Gottes, der die erste Dissonanz, die erste Revolution ins Weltall hineingebracht hat, und den Gott wegen dieser Tat zum Gericht des großen Tages mit ewigen Fesseln in Finsternis verwahrt (Judas 6). Wer Belial erwählt, macht offenbar, dass er seine Rechte erhoben hat gegen den Thron Jahwes! Und ich möchte heute Abend einem solchen Menschen sagen: Wenn du solches tust, wird Gott dir den Krieg erklären und mit dir streiten von Generation zu Generation, bis auch das letzte Glied deines Hauses ausgerottet ist aus den Lebenden. Mache dir deshalb heute Abend klar, wen du erwählst und – wähle recht!

Jesus, die ewige Wahrheit, nennt den Teufel den Vater der Lüge: »Jener war ein Menschenmörder von Anfang an und stand nicht in der Wahrheit, weil keine Wahrheit in ihm ist. Wenn er die Lüge redet, so redet er aus seinem Eigenen, denn er ist ein Lügner und der Vater derselben.« (Joh. 8, 44). Dieser Mörder von Anfang hat seine Mordtaten im Paradies begonnen. Er hat unsere ersten Eltern zu Rebellen gemacht und sie in den Tod und ins Verderben gebracht. Millionen von unserem Geschlechte hat er gemordet, Millionen wird er noch morden, und solange du nicht auf der Seite Jesu bist, schaut sein feuriges Auge nach dir aus, und seine Dämonen stellen dir Fallen und Schlingen, um dich umzubringen und den letzten Funken, der seine Quelle aus Gott hat, in dir auszulöschen und dich zu einem mit Satans Geist durchdrungenen Höllenkind zu machen. O, bei vielen hat er schon sein Werk begonnen. Da ist ein Jüngling, dessen Weib ist zerrüttet durch den Sündendienst – dort ist eine Jungfrau, hysterisch und schwermütig, reif für das Irrenhaus. Dort hinten sitzt ein Mann, sein Angesicht zeigt uns, dass er ein Trunkenbold ist; und die Trunkenbolde werden nicht in das Reich Gottes kommen. Dort drüben am Rande des Zeltes sitzt eine Frau, ihren Kopf in die Hände gestützt, voll Gram und Schmerz, Kummer und Not. Sie ist unglücklich verheiratet, ihr Eheleben ist ein Weheleben. Der Mörder von Anfang hat an alle seine höllische Hand gelegt und sucht sie umzubringen für Zeit und Ewigkeit. Was soll ich sagen von den Spitälern, Irrenhäusern, Zuchthäusern und Erziehungsanstalten? Geht nur einmal hinein und ihr seht die Erschlagenen von Israel, niedergestreckt durch des Mörders Hand. Und viele aus dieser Versammlung brauchen nur noch einen Schritt zu tun und liegen ebenso unter den Erschlagenen und Niedergeschmetterten. O, dass ihr entfliehen möget, indem ihr Christus und Seine freie Gnade in dieser Abendstunde erwählen möchtet!

Noch eines von Belial. Sein Ende wird sein in dem Pfuhl, der mit Feuer und Schwefel brennt, und das Ende all derer, die ihn erwählt haben, wird sein in der Hölle, wo der Rauch ihrer Qual aufsteigt von Ewigkeit zu Ewigkeit. Warum will Belial nichts wissen von der Offenbarung, warum sucht er sie aus der Welt zu schaffen, das Buch, von dem Jesus sagt: »Glückselig, der liest und die hören die Worte der Weissagung«? Die Sache ist einfach: Seine Endgeschichte steht darin, und er will nicht haben, dass diese unter den Menschenkindern bekannt wird. Deswegen hasst er die Offenbarung. O, ihr Unglückseligen, die ihr Jesu Lockruf nicht beachtet, denkt daran: euer Teil wird sein im Pfuhl, der mit Feuer und Schwefel brennt, das ist der zweite Tod.

Was gibt Christus, was gibt Belial?

Unsere Reichstagskandidaten haben unserem Volk große Versprechungen gemacht. Werden sie ihre Versprechungen halten oder war es bei vielen nur Lug und Trug, Schein und Heuchelei? Wir wollen das Beste hoffen, die Zukunft wird es lehren. Von Lügnern kann man nicht viel erwarten, das ist gewiss; aber von den Aufrichtigen, Treuen und Ehrlichen kann und darf man etwas erwarten. Wenn ich euch heute abend vor die Wahl stelle und auffordere Christus oder Belial zu wählen, so ist es meine Pflicht, dass ich euch zuerst klar mache, was Christus und was Belial euch geben wird in Zeit und Ewigkcit.

Was gibt Christus? Diese Frage kann nur ein Gotteskind beantworten. Christus hat gegeben, Christus gibt, Christus wird geben. Christus hat um unserer Erlösung willen Sein ganzes Leben gegeben! Jeden Blutstropfen, der in Seinen Adern rollt, vergoss Er für uns. Er hat Thron und Herrlichkeiten für eine Zeitlang im Stich gelassen, um Sein Leben für uns einzusetzen, dass wir Verlorene gerettet, wir Tote lebendig, wir in Teufelsknechtschaft Geratene zu Gotteskindern würden. Jesus gibt allen, die zu Ihm kommen, Vergebung ihrer Sünden, Friede, Freude, Leben und Seligkeit. Ja, der Herr hält Sein Wort, und die Kinder Gottes haben es erfahren und bezeugen es, dass Christus uns gegeben hat über Bitten und Verstehen. Ich könnte euch jetzt herumführen in Häusern von Gotteskindern und euch zeigen, was der König Seinen Heiligen gibt, denn Taten reden mehr als Worte; ich könnte mit euch durch die Schrift gehen und euch alle Verheißungen vorlesen und erklären und ihr würdet euch wundern über den

Reichtum Seiner Herrlichkeit, den Jesus Seinem Volk verheißen hat. Lasst uns einen Augenblick hineingehen durch die Tore der Ewigkeit in die Stadt, deren Mauern von Diamant, deren Bogen und Pfeiler von Saphir, deren Gänge von Smaragd und deren Tore von Perlen gebaut sind. Welche Herrlichkeit tut sich unserem Auge auf! Hört den Harfenton, hört die Himmelsmusik. Welche Myriaden von Gottesverehrern mit weißen Kleidern und Kronen auf ihrem Haupt! Welcher Trompetenschall, Harfen- und Zimbelton, welches Licht, welche Herrlichkeit! – verzeiht mir, ich kann nicht weiter beschreiben, es fehlen mir die Worte. Im Geist aber sehe ich unaussprechliche Dinge! Was kein Auge gesehen und kein Ohr gehört hat und was in keines Menschen Herz gekommen ist, das hat Gott denen bereitet hat, die Ihn lieben. All diese Herrlichkeit gibt Jesus Seinen Kindern, die Ihn für Zeit und Ewigkeit erwählt haben!

Was gibt Belial? Er zaubert euch Herrlichkeiten vor euren Geist und gibt euch nichts. Wagt doch dieser alte böse Feind, dem Herrn Jesus die ganze Welt mit ihrer Herrlichkeit anzubieten – und dabei gehört ihm doch kein Stäublein im Universum! O, dieser Lügner von Anfang! Sünder, Belial verspricht dir viel und gibt dir nichts als Ach und Weh, Leid und Tränen, Krankheit und Schmerzen, Tod und Hölle. Er gibt dir die Welt und was in der Welt ist, Fleischeslust, Augenlust und hoffärtiges Leben, aber dieses alles ist Gift für dich, es ist das Gift, mit dem er dich hinmordet für Zeit und für Ewigkeit. Diene du nur Belial und du wirst bald sehen, wie weit du kommst und wohin du kommst! Ich will dir's mit Donnerstimme sagen: Dein Ende wird sein der bodenlose Abgrund, der Feuersee, die äußerste Finsternis, Heulen und Zähneknirschen!

Rowland Hill, auf einem Marktplatz predigend, sah, dass eine vornehme Dame vorbeifahren wollte, aber wegen der Volksmenge kam ihre Kutsche nicht so schnell vorwärts. Diese Dame war noch keine Christin, sie stand mit einem Fuß im Reiche Gottes und mit dem anderen Fuß in der Welt. Sie hatte nach den Eitelkeiten der Welt geschielt wie ein Chamäleon, das nach beiden Seiten gleichzeitig sehen kann. Der Prediger rief: »Gräfin Eriskin, halt! Hier sind zwei, unter welchen du wählen sollst! Der eine ist Christus, der andere Belial. Wem willst du dienen? Da ist Belial, der gibt dir Ehre und Vergnügen, aber auch Tod und Hölle. Gräfin, willst du den wählen? Und siehe, dort steht Christus. Herr, sprich, was willst du ihr geben? ›Ich habe ihr ja schon mein Leben auf Golgatha gegeben!‹« Da stand die Gräfin auf und sagte: »Mein Leben sei Gott, in Christo Jesu, geweiht!«

Was steht bei der Wahl auf dem Spiel?

Himmel und Hölle, Fluch und Segen, Leben und Tod steht auf dem Spiel. Wählst du Belial, so hast du den Tod, Fluch und ewiges Verderben erwählt; wählst du Christus, so hast du das ewige Leben mit all seiner Herrlichkeit erwählt. Bei Christus oder Belial scheidet sich Leben oder Tod. Denke daran und wähle recht!

Deine Annahme oder Verwerfung bei Gott hängt von deiner Wahl ab. Wählst du Belial, so wird dich Gott verwerfen. Wählst du Christus, so wirst du angenehm gemacht beim Vater durch den Geliebten. Denke nicht, deine ewige Bestimmung hänge in erster Linie von deinem Charakter und deinem Leben ab. Nein, dein Charakter mag edel und dein Leben nicht mit großen Lastern befleckt sein, vielleicht nimmst du eine angenehme und achtbare Stelle in den Augen deiner Mitmenschen ein – und gehst doch verloren, weil du Belial erwählt hast. Da ist ein Sünder, ein höllenschwarzer Sünder, ein verfluchter Sünder, den die ganze Welt als einen Auswurf betrachtet, der fast dem Teufel zu schlecht ist; er steht vor der Entscheidung und wählt Christus, den Lebensfürsten. Und was tut Christus? Diesen verachteten und ausgestoßenen Sünder nimmt Er an und macht ihn selig, »denn der Sohn des Menschen ist gekommen, zu suchen und zu erretten, was verloren ist« (Luk. 19, 10). Und »wenn eure Sünden rot wie Karmesin sind, wie Schnee sollen sie weiß werden. Wenn sie rot sind wie Purpur, wie Wolle sollen sie werden« (Jes. 1, 18). Bist du ein großer Sünder gewesen und hast Christus erwählt, so hat Er dich gerechtfertigt und geheiligt, und am Tage der Offenbarung wirst du ohne Makel und ohne Flecken vor den Thron Gottes treten dürfen. Bist du ein Tugendmensch, ein Adeliger, ein Aristokrat, ein Gentleman und verwirfst Jesus, so wirst du als ein Unseliger ewig in der Gottesferne dein Leben fristen müssen. Von dieser Wahl hängt auch die Gotteskindschaft oder die Knechtschaft des Teufels ab. Wählst du Christus, so wirst du durch Christus ein Kind und Erbe der Seligkeit: »So viele Ihn aber aufnahmen, denen gab Er das Recht, Kinder Gottes zu werden, denen, die an Seinen Namen glauben« (Joh. 1, 12). Verachtest du aber Jesus, so hast du dich auf die Seite Belials gestellt und der Jammer ist unbeschreiblich, der deiner wartet in der anderen Welt. O, es kostet viel, Jesus zu verwerfen und sich auf die Seite der Unterwelt zu stellen. Da kommt die ganze Bosheit eines Menschen zur Offenbarung!

Noch ein paar Minuten, und wir sind am Schluss.

Bemerkungen

Ich muss auf etwas aufmerksam machen, an das man vielleicht nie gedacht hat. Wenn ich zur Wahl auffordere, so könnte es den Gedanken wachrufen, dass viele von euch noch nie gewählt hätten. Dem ist aber nicht so. Viele sind in der Hölle, die vielleicht schon ähnliche Versammlungen mitgemacht haben und vor eine Wahl gestellt worden sind. Und was haben sie gesagt? »Belial werde ich nicht wählen; aber ich will doch, ehe ich mich bekehre, noch ein wenig Vergnügen haben.« Jeder, der hier ist, sagt vielleicht jetzt in seinem Herzen: »Ich möchte den Herrn wählen.« Doch bitte bedenke dieses: mit jeder Sünde hast du schon gewählt, und dein ganzes Leben von Jugend auf ist Teufelsdienst! Lies deine Bibel, und du findest bereits auf den ersten Seiten derselben das furchtbare, verklagende Wort, dass alles Sinnen des menschlichen Herzens böse ist von Jugend an (1. Mose 8, 21). Lebe als Gleichgültiger, lebe als Leichtsinniger, lebe als einer, der sich nicht um Christus kümmert, und der Ort der Qual wird der Ort sein, wo du deine Ewigkeit zubringst. Also, Tatsache ist, dass viele von euch schon lange gewählt haben. Und die traurige Tatsache erfüllt sich in ihrem Leben: sie wollen nichts wissen von Jesus. Mein Gastwirt hatte in diesen Tagen eine Waschfrau in seinem Hause. Als man sie bat und einlud, doch einmal ins Zelt zu kommen, sagte sie kurz und bestimmt: »Ich bin nicht für so etwas.« Was ist mit dieser Frau? Sie hat gewählt, sie hat Belial erwählt und deshalb ist sie nicht für Christus. O wie furchtbar!

Geliebte, ihr habt euch heute zu entscheiden für Christus oder Belial. Es geht nicht, dass man Christus und Belial gemeinsam dient. Jesus sagt: »Ihr könnt nicht zwei Herren dienen.« Und Paulus fragt: »Wie stimmt Christus mit Belial?« Jener heidnische König, der sich ein Schild malen ließ mit dem lieben Gott und dem Teufel und darunter schrieb: »Ich bin für beide bereit«, hat nie dem wahren Gott, sondern sein ganzes Leben hindurch dem Teufel gedient. Ein wenig Götzendienst verunreinigt deinen Gottesdienst, ein wenig Sünde vergiftet dein inneres Leben, ein wenig mit der Welt gehen ist Gottesfeindschaft, und alles dieses bringt dir die Hölle ein. Also wähle du Christus und stehe entschieden auf Seiner Seite.

Die Wahl ist nicht immer möglich. Zwei- oder dreimal tritt uns Gott entgegen und dann hat man sich zu entscheiden. Es ist wie mit der Reichstagswahl, nur alle paar Jahre kommt diese Gelegenheit zur Wahl. Heute haben tausende von deutschen Männern gewählt, die bei der nächsten

Reichstagswahl nicht mehr unter den Lebenden weilen werden. Denke nicht, du könntest dich zu einer anderen Zeit besser entscheiden. Heute ist der Tag des Heils, heute die angenehme Zeit, heute, so ihr Seine Stimme hört, verstockt eure Herzen nicht! Wähle Christus und Seine Gnade! Zwei junge Männer kamen an einer Kirche vorbei, und da ging es so zu, wie ich es draußen am Zelt beobachtet habe. Da standen zwei Mädchen, die eine sagte zur anderen: »Komm ins Zelt.« Diese aber entgegnete: »Nein, ich will nicht.« Da sagte die andere: »Dann gehe ich allein ins Zelt.« So war es mit den jungen Männern, als sie vor der Kirche standen. Der eine sagte: »Komm, die Glocken läuten, wir wollen hineingehen.« Der eine ging in die Kirche hinein und der andere ging spottend fort. Wisst ihr, was aus den beiden jungen Männern geworden ist? Der eine ging hinein, das Wort Gottes kam in sein Herz, er bekehrte sich und wurde ein Missionar. Da sollte in diesem Land ein Verbrecher, ein Europäer, hingerichtet werden. Man sah sich nach jemandem um, der den armen Verbrecher auf sein letztes Stündlein vorbereiten sollte. Als man keinen Pastor finden konnte, wurde dieser Missionar damit beauftragt. Er kam zu dem Verurteilten und – wen fand er da? Seinen Freund, der damals nicht mit in die Kirche wollte. Wen hatte dieser junge Mann gewählt? Den Teufel! Der Teufel lässt den Sünder stufenweise abwärts marschieren. Da geht es erst eine Stufe hinab und so weiter, bis die Zeit vorbei ist und du nicht mehr wählen kannst. Es gibt aber Dinge, die kann man jetzt noch wählen.

Neulich kam ein Hauptmann ganz gesund aus seinem Hause heraus. Sein Bursche hält ihm das Pferd, er steigt auf und reitet zum Exerzierplatz. Das konnte er noch wählen. Er reitet die Front ab und fällt plötzlich tot vom Pferd, vom Schlag getroffen. Das konnte er nicht mehr wählen. Wähle jetzt Christus und seine freie Gnade!

Die Wahl ist kein Geheimnis. Du brauchst deinen Wahlzettel nicht in ein Kuvert zu legen, brauchst dich auch nicht hinter der spanischen Wand im geheimen Kabinett zu entscheiden. Du darfst heute Abend offen und frei wählen. Wer von ganzem Herzen glaubt, der wird gerecht, und wer mit dem Munde bekennt, der wird gerettet. Bekenne frei: »Ich habe Christus gewählt.«

»Es wisse, wer es wissen kann,
Ich bin des Heilands Untertan.«

Sei offen und lasse die ganze Versammlung wissen, für wen du dich entscheidest. Ich möchte es heute Abend aussprechen vor allen Anwesenden: »Ich habe mich entschieden, Christus ist mein Mann!«

»Mein Gott, ich bin entschieden,
Auf ewig bin ich dein.
Ich kann ja ohne Frieden
Und ohne dich nicht sein.«

Handle in derselben Weise, bekenne dich offen und ehrlich zu Christus – oder wähle Belial und mache damit kund, dass du ein verlorenes Kind bist. Wähle offen, wähle jetzt! Bei dieser Wahl haben alle das Recht zu wählen, Männer und Frauen, Jünglinge und Jungfrauen; auch das Militär darf herzutreten und sich für Christus entscheiden. Alle Schranken sind gefallen, ob du über 25 Jahre oder unter 25 Jahre alt bist, du darfst kommen und wählen. Auch die dem Herrn abtrünnig wurden und sich in das Lager des Feindes Immanuels zurückgezogen haben bitte ich heute Abend zu bedenken, was sie getan haben, zurückzugehen und Buße zu tun und erneut Christus zu erwählen.

Ach, da sind etliche, die werden sagen müssen, wie jene Margaretha in Frankreich:

»Ich ließ von dir und folgte meiner Gier,
Ich ließ von dir und wählte Schlechtes mir,
Ich ließ von dir, wo bin ich hingeraten?
An einen Ort, wo Fluch nur unser harrt.
Ich ließ von dir, o Freund von echter Art,
Ich ließ von dir, und mich von meinem Heil
Ganz abzuzieh'n, wählt ich das Gegenteil.«

Kommt ihr Abtrünnigen, entscheidet euch aufs neue für Jesus. Komm Vater, mit deinen silbernen Haaren; komm Jüngling. mit deiner Jugendkraft; komm mein Kind, mit deinem hellen Lockenkopf; kommt und erwählt heute Christus.

Noch eines: Erwählt Christus in Buße und Glauben. Buße tun heißt, sich scheiden von der Welt und von allem, was zur Welt gehört. Glauben heißt, sich absolut dem Herrn Jesus auszuliefern, Ihm zu vertrauen und für Ihn zu leben in Zeit und Ewigkeit. Ach bitte, lasst diesen Wahltag nicht vorübergehen, ehe ihr euch entschieden habt für meinen König Jesus Christus!

Wir haben jetzt im Anschluss noch eine Nachversammlung, wozu wir folgende Gruppen herzlich einladen:

1. Die Kinder Gottes, die sich entschieden haben für Christus und Sein Heil;

2. Die Neubekehrten, die in diesen Tagen zum Frieden gelangt sind und sich jetzt Gottes, ihres Heilandes, freuen; und

3. Diejenigen, die sich hier und jetzt entscheiden wollen für den Mann der Schmerzen und allen Sünden entsagen möchten, um von heute an ein Leben der Nachfolge in den Fußstapfen des Lammes zu beginnen. Diese sind herzlich eingeladen, zurückzubleiben.

O ihr Unbekehrten, denkt daran: ehe ihr dieses Zelt verlasst, müsst ihr euch mit eurem Willen entschieden haben – für Christus oder für Belial. Wählet recht! Ehre sei dem Vater und dem Sohne und dem heiligen Geist in Ewigkeit. Amen.

Marsch retour! – oder: Buße zu Gott

Evangelisationsrede, gehalten in Wuppertal-Barmen im Juni 1902

»... da ich sowohl Juden als auch Griechen die Buße
zu Gott und den Glauben an unseren Herrn
Jesus Christus bezeugte.« (Apg. 20, 21)

Wenn wir uns fragen, was der Apostel Paulus den Juden und Griechen gepredigt hat, so gibt unser Text eine klare und kurze Antwort: Die Buße zu Gott und den Glauben an unsern Herrn Jesus Christus.

Heute ist die Predigt von Buße und Glauben vielen Menschen nicht mehr interessant und angenehm. Man will etwas gepredigt haben, das die Ohren kitzelt, den falschen Frieden aufrecht hält und das Herz mit einem falschen Trost beruhigt. So verstand Paulus nicht zu predigen. Er hatte keine Psalter für das aufgewachte Gewissen. Sein Gebet und Flehen, sein Reden und Schreiben, sein Reisen und Arbeiten dienten dem hohen Zweck, den entfremdeten Sünder mit seinem Gott zu versöhnen. Dies geschieht durch die Gnade. Die Gnade ist der Kitt, der den durch Sünden und Übertretungen toten Mensch mit seinem Gott verbindet. Den verlorenen Menschen kann man nicht mit einer zuckersüßen Trostpredigt, die ihn in falschem Frieden und Sicherheit wiegt, zu seinem Gott bringen. Das hat Paulus wohl gewusst. Deshalb hat er die honigsüßen Reden, schönen

Worte, lieblichen Tröstungen, Gnadenberauschungen, falschen Beschönigungen und Besiegelungen allesamt für Dreck und Kot geachtet und Buße zu Gott und den Glauben an den Herrn Jesus Christus gepredigt. Buße und Glauben sind kein Opium und kein Morphium, das den sicheren Sünder schlafen lässt – Buße und Glauben sind Trompetenstöße, die die Mauern des falschen Friedens und frechen Unglaubens zu Fall bringen. Durch die Predigt von Buße und Glauben werden dem Sünder die Hüllen und Decken von seinen Herzensaugen heruntergerissen und sein eigenes Kleid, das Kleid der Selbstgerechtigkeit, wird in Fetzen zerrissen, sodass er die Schande seiner Blöße sehen kann. Ist dies geschehen, so merkt der Mensch sein Getrenntsein von Gott. Er erkennt sich als ein solcher, der Tod und Hölle verdient hat. Aus seinem Innern tönt die Herzensfrage: »Was soll ich tun, dass ich gerettet werde?« O, in solchen Stunden ist Buße und Glaube köstlicher als Gold und angenehmer als Balsam.

Ist die Verbindung zwischen uns Sündern und Gott hergestellt, dann ist Buße zu Gott und der Glaube an unsern Herrn Jesus Christus das Mittel, das uns in dieser Verbindung hält. Buße und Glaube sind die zwei Angeln, in denen sich unser ganzes Leben dreht. Werden wir von dem Fürsten der Finsternis überlistet, von einer Sünde gefangen, dann gehören wir nicht zu den Ach- und Wehschreiern, die in ihrer Sünde steckenbleiben und ein jammervolles Dasein fristen – nein, wir steigen durch Buße und Glauben in die purpurne Flut des Blutes Jesu, waschen unsere Kleider und machen sie hell und vertrauen der Gnade, die uns ohne Straucheln bewahren kann und vor Seine Herrlichkeit tadellos mit Jubel hinzustellen vermag (Judas 24).

Mein Wunsch ist, dass alle in dieser Versammlung in eine reale Lebensverbindung mit Gott kommen, denn darauf kommt es an. Es kommt bei Gott nicht darauf an, ob wir viel oder wenig von Religion wissen, ob wir viel oder wenig christliche Versammlungen besuchen, ob wir viel oder wenig von Glück oder Freude oder Friede oder Liebe sprechen können – nein auf das kommt es wahrlich nicht an –, sondern es kommt darauf an, ob wir mit Gott in Lebensverbindung getreten sind, ob wir Ihn als Person für uns haben. Wie die Ehe ja auch nicht aus schönen Briefen oder seligen Gefühlen besteht, sondern in einer sehr persönlichen Verbindung, so besteht wahres Christentum nur darin, dass wir in Liebe mit Gott verbunden sind. Durch Buße und Glauben wird der ehemalige Sündendiener durch die Gnade mit seinen Gott verbunden. Keiner von euch braucht ein Gottloser zu bleiben, wenn er Buße tut und an den Herrn Jesus Christus glaubt. Mögen in dieser Stunde möglichst viele mit ihrem Gott in Verbindung kommen.

Soviel zur Einleitung zu diesem Thema. Ich werde nun auf die Sache näher eingehen und Folgendes aufzeigen:

1. Was ist Buße zu Gott?
2. Was ist Glaube an den Herrn Jesus Christus?

Achten wir heute Abend zuerst auf den Ausdruck *»Buße zu Gott«*. Was ist Buße zu Gott? Man hat den Begriff so kompliziert gemacht, dass viele unserer Christenleute nicht mehr wissen, was biblische Buße ist. Lasst uns deshalb zuerst ein wenig Schutt aus dem Wege räumen, indem wir sagen, was Buße *nicht* ist. Haben wir darüber Klarheit, wollen wir festhalten, was biblische Buße ist.

Was ist Buße nicht?

1. Buße ist nicht gleichbedeutend mit Büßen. Wenn einer im Zuchthaus sitzt, sagt man: »Der büßt seine Strafe ab.« Ein andere muss vielleicht eine Geldbuße bezahlen. Unsere katholischen Freunde bekommen nach ihrer Absolution verschiedene Werke offeriert, die sie tun müssen. Das nennt man eine »Kirchenbuße«. Solche Sachen überträgt man dann auf das Geistliche und denkt: Wenn einer sehr gesündigt und Gott beleidigt hat, so muss er anschließend viel Reue und Leid haben und muss sein böses Leben durch Fasten und Kasteien büßen. Man denkt von einem Menschen, der viel gesündigt hat, dass er nur dann Gnade bei Gott bekommen könne, wenn er durch viel Plagen und Wehen, Kreuz und Unglück seine Sünden abbüßen würde, wie's in jenem Liede heißt:

Soll's ja so sein,
Dass Straf und Pein
Auf Sünden folgen müssen,
So fahr' hier fort
Uns schone dort
Und lass mich hier wohl büßen.

Einen mir sehr teuren Herrn Pfarrer fand ich in sehr großer äußerer und innerer Not. Als ich ihn trösten wollte, sagte er unter Tränen: »Mein lieber Bruder Vetter, ich habe bei allen meinen Trübsalen noch den einen Trost, dass es Gottes Gnade bei mir zulässt, dass ich hier meine vielen

Sünden durch diese Trübsal abbüßen darf und ich dann frei bin von Trübsal und Gericht in der Ewigkeit.« Ich erschrak über dieses Wort und sagte ihm: »Mein teurer Bruder, Sie meinen, durch diese Trübsal Ihre Sünden abbüßen zu können – ich sage Ihnen im Namen des Herrn, dass Sie das nie und nimmer tun können! Bitte, nicht abbüßen, denn wer an den Herrn Jesus Christus glaubt, der *hat* abgebüßt!« So singen die böhmischen Brüder in ihrem Osterlied:

»Dir sei von dem himmlischen Heer,
Vom Erdreich und vom ganzen Meer,
In Ewigkeit Lob, Preis und Ehr,
Dass Du für uns *hast* Deinen Sohn
Am Kreuze *lassen* Buße tun.«

Ihr Sünder, biblische Buße ist etwas ganz anderes als Büßen. Du armer Wurm kannst nicht für deine Sünden büßen. Schau nach Golgatha, dort hat der Mann der Schmerzen gebüßt für deine Sünden; aber du kannst nicht tun, was der Sohn Gotte tat. Es ist wahr: »Ich bin's, ich *sollte büßen,* an Händen und an Füßen gebunden in der Höll'« – aber ich brauch' es nicht mehr; mein Heiland hat für mich gebüßt. Du kannst über Wochen, Monate und Jahre durch Selbstpeinigung wie die Fakire in Indien deinen Leib martern und quälen und hast noch keine einzige Sünde abgebüßt. Ich habe jahrelang diese Dummheit begangen, die ich jetzt tief bereue. Was hat mir mein Fasten und Kasteien eingebracht? Einen gebrochenen Leib, eine zerrüttete Gesundheit. Buße aber habe ich damals keine getan, und frei von der Sünde bin ich auch nicht geworden. Lasst das Büßen, denn ihr könnt durch eure Anstrengungen Gottes Forderungen nicht befriedigen! Buße ist mehr, als all die Mittel, mit denen ihr euren Leib auf die Folterbank spannt. Um Buße tun zu wollen, braucht man nicht ins Kloster zu gehen. Weg mit diesen Dingen! Büßen führt nie zum Ziel, sondern macht den Menschen nur hochmütig und selbstgerecht.

2. Buße tun ist auch nicht: Schrecken und Furcht haben. Schau, wie blass Belsazar wurde, als er die Finger einer Menschenhand sah, die über den Leuchter, auf die getünchte Wand in dem königlichen Saal schrieben. Furcht und Schrecken erfüllten seine Gedanken, sodass ihm die Hüftgelenke erschlafften und seine Beine zitterten (Dan. 5, 6). Hat er Buße getan? – Nun, wenn er Buße getan hätte, dann hätte er nicht am selben Tag noch sterben müssen. Dass er sterben musste, liefert den Beweis, dass er keine Buße getan hat. Furcht und Schrecken haben ist noch lange keine Buße. Ich habe Erweckte sagen hören: »Wenn einmal ein furchtbarer Schrecken der Hölle über mich kommen würde, dann glaubte ich, könnte ich Buße tun.« Das ist eine Ausflucht. Wir haben in unseren Versammlungen Sünder mit großer Körperkraft auf ihren Sitzen zusammenbrechen sehen, als wir ihnen das zukünftige Gericht verkündigten. Da lagen sie zitternd am ganzen Leibe und hegten die Hoffnung, dass sie jetzt, wo sie niedergestreckt wurden vom Zorne Gottes, Buße tun würden. Doch nein, als die Schrecken vorüber waren, taten sie keine Buße.

Ich sage nicht, die Sünder sollen nicht erschrecken vor ihrem Gott – nein, wir freuen uns, wenn der gottlose Sünder zittert und bebt vor seinem Gott. Aber Zittern und Beben, Furcht und Schrecken ist noch keine Buße.

Das lehrt die Erfahrung. Wenn Furcht und Schrecken Buße wären, dann hätte auch Pharao Buße getan, als die Blitze zuckten, die Donner rollten und das Feuer vom Himmel auf die Ägypter fiel. Pharao mit seinem steinharten Herzen zitterte vor Jahwe. Die Schrecken Gottes waren über ihn gekommen, aber Buße tat er nicht.

3. Gewissensbisse und Überzeugung von Sünde ist auch keine Buße. Kain hatte große Gewissensbisse und war sehr überzeugt von seinen Sünden, doch Buße tat er nicht. Unvergesslich bleibt mir die Kainsgruppe, die ich im Kristall-Palast in London sah. Da sitzt Kain umringt von seiner Frau und seinen Kindern, die ihn zu trösten suchen. Aus jedem Zug seines Angesichts kann man lesen: »Meine Sünde ist größer, als dass sie mir vergeben werden möge« (1. Mose 4, 13). Kain hatte Sündenerkenntnis und furchtbare Gewissensbisse. In seiner Brust wütete eine Hölle. In seinem Gewissen nagte der Wurm, der nicht stirbt, und doch – Buße tat Kain nicht. Das letzte, was wir von Kain lesen, ist: »Er ging weg von dem Angesicht des Herrn und wohnte im Lande Nod.« Nod aber bedeutet Verbannung.

Seht den Judas an. Verzweifelt stellt er sich den Priestern und bekennt: »Ich habe unschuldiges Blut verraten.« Er nimmt den Verräterlohn, der ihm in Herz und Hand wie Feuer geworden ist und wirft ihn ins Heiligtum. Seine Herz war tief überzeugt von seiner schrecklichen Sünde. Was tut er? Tut er Buße, geht er zu Jesus und weint bitterlich über seine furchtbare Tat? O nein, er geht vom Heiligtum weg und erhängt sich. Selbstmord ist keine Buße. Warum greifen so viele zum Revolver oder Strick? Warum nehmen so viele Gift oder stürzen sich ins Wasser? Fast jeden Tag kann man in der Zeitung lesen: »Wieder hat sich einer das Leben genommen.«

Warum nehmen sie sich das Leben? In einem Krankenhaus sah ich einen jungen Mann, den man an einem Sonntag in seinem Blute liegend fand. Er wollte sich eine Kugel durch das Herz jagen, schoss aber 2 cm zu tief und trug innere Verletzungen davon. Als ich ihn fragte, wie er dazu komme, eine solch gräuliche Tat zu tun, sagte er: »Das Leben war mir zu viel. Ich wurde Tag und Nacht von Unruhe gequält und wollte meinem Jammer ein Ende machen.« Schuldbewusstsein und Gewissensbisse haben ist ein Jammer, doch niemals kann diesem Jammer durch Selbstmord ein Ende gemacht werden. Die Qualen dauern fort und sind noch viel intensiver in der Hölle. Es ist fast unglaublich, wie viele Menschen mit einem geschlagenen Gewissen herumlaufen, mit großer Überzeugung ihrer Sünde, mit Höllenqualen, die sie fast verzehren, und – tun doch keine Buße. An dem Krankenbett eines Mannes habe ich gesehen, wie hart und unbußfertig das Herz eines Sünders sein kann. Der Mann, der zu einem Pietistenkreis gehörte und selbst das Evangelium predigte, erklärte mir, dass in seinem Innern ein Feuer wüte, das ihn fast auffresse. Der Mann schrie vor Qual. Woher kam das Feuer? Er war so ein gottloser Frommer, dessen Leben voll Geiz und Betrug war. Er hatte solch frechen Mut, die Witwen und Waisen um ihre Barschaft zu bringen und sie dem Hungertode preiszugeben. Diese Sünden wachten in ihm auf und offenbarten in ihm die Feuerqual. Doch Buße tat er nicht und erstattete auch das durch Wucher an sich gerissene Geld nicht zurück. Er starb in seinen Sünden und fuhr unbußfertig zur Hölle. Freund, merke dir: überzeugt zu sein von deinen Sünden und Gewissensbisse haben, ist noch keine Buße. Ist dein Gewissen aufgewacht und hast du dein Sündenelend erkannt, so tue Buße, sonst wirst du sterben in deinen Sünden und die Qual dauert von Ewigkeit zu Ewigkeit.

4. Seine Sünden beklagen heißt auch nicht Buße tun; das klingt wunderlich, aber es ist wahr. Gehe doch einmal in die Krankenhäuser, dort findest du in gewissen Räumen Leute, die durch ihre furchtbare Krankheit ernten, was sie in ihrem Leichtsinn gesät haben. Da liegen sie, Kopf an Kopf, Schulter an Schulter, seufzend und klagend: »Der Freund oder die schlechte Freundin hat mich verführt. Der oder die ist schuld an meinem Leiden.« Sie verklagen und verfluchen ihr vergangenes Leben. Dadurch bezeugen sie, dass sie ihr Unrecht und ihre begangenen Sünden einsehen;

doch Leben und Frieden schenkt diese Erkenntnis noch nicht – nein, sie verbittert lediglich das Herz gegenüber ihren Verführern. Das ist eine Art von Buße, aber nicht Buße zu Gott. Ihr mit eurer verpfuschten Laufbahn, mit eurem vergeudeten Vermögen, ihr mit eurem durch die Sünde kranken Leib und zerrütteten Nervensystem, ihr murrt und klagt gegen eure Verführer und euer Herz ist bitter gegen die ganze Menschheit. Wisset: Das ist keine Buße! »Was beklagt sich der Mensch, der noch am Leben ist, was beklagt sich der Mann über seine Sündenstrafe?« (Klagel. 3, 39). Wer Buße tut, geht mit sich selbst ins Gericht und sucht die Schuld bei sich und nicht bei anderen. Da fängt Buße an.

5. *Sich von einer Sünde trennen* ist auch keine Buße. Da gibt es viele, die meinen, sie hätten Buße getan, wenn sie eine Sünde ablegen. Diese Leute sind in einem gewaltigen Irrtum! – Da war eine Temperenzversammlung (d. h. eine Versammlung von Alkoholgegnern; Anm. Bearb.), zu der sich ein notorischer Trinker verlaufen hatte. Die geretteten Trinker zeugten von dem, was Gott an ihnen und ihren Familien dadurch getan hatte, indem Er sie aus der elenden Knechtschaft der Trunksucht erlöste. Sie erzählten von ihrem Glück in der Familie, im Geschäft usw., und das gefiel dem Trinker, der ja versehentlich diese Versammlung besuchte. Er sagte sich: »Mit mir muss es anders werden! Ich will auch frei werden, damit ich auch so reden kann wie diese Männer.« Gesagt, getan. Er wurde frei vom Alkohol. Drei Wochen später kam die Frau des neuen Mitgliedes und sagte zu dem Leiter der Versammlung: »Warum haben Sie meinen Mann dem Alkohol entsagen lassen? Er hat mich jetzt noch viel unglücklicher gemacht!« Der Leiter fragte: »Bitte, Frau, erklären Sie mir das, was Sie eben sagten.« »Das ist ganz einfach«, sagte die Frau, »früher war mein Mann ein Trinker; und jetzt ist er ein Geizhals, der mich und meine Kinder verhungern lassen will.« Seht, liebe Freunde, *mit* einer Sünde zu brechen ist längst keine Buße! Wenn man eine Eiterbeule zupflastert, bricht bald eine neue aus, die noch viel größer und schlimmer wird. Und wenn man auch die zuschmiert, dann geht alles zugrunde. Der alte Mensch darf nicht zugepflastert und therapiert, er muss gekreuzigt und begraben werden! Er hat im Reiche Gottes keine Existenzberechtigung. Wir haben jetzt gesagt, was Buße nicht ist. Ich hoffe, dass mancher Irrtum und manche falsche Anschauung beseitigt wurde.

Wir fragen nun:

Was ist Buße?

Ein Soldat wurde gefragt, wie er zu seinem göttlichen Leben gelangt sei. Er gab die kurze Antwort: »Mein himmlische König befahl: Stillgestanden! Achtung! Kehrt marsch! Marsch, marsch!« Der hat den Nagel auf den Kopf getroffen. Stillgestanden, wenn dir Gott zuruft, sonst rennst du den Abgrund hinunter. Achtung! Schaue die Situation an, in der du dich befindest: Gebunden in Sünde, Welt und Teufel! Verdorben durch und durch, jeder Atem vergiftet, arm, blind, jämmerlich und bloß, ohne Frieden, ohne Ruhe, ein Herz voller Qual, Furcht, Feuer! Habe acht auf dein Elend und auf dein Verlorensein, höre auf die Stimme deines Retters: »Kehrt marsch!« Das ist Buße. Dreh' dich herum, ganz herum, weg vom Weg des Verderbens und der Hölle hin auf den Weg, der dich zu Gott führt. Und dann marsch, marsch, ohne Rast und Ruh' zu deinem Gott zurück. Wie weit kam der verlorene Sohn in seiner Sünde? Vom Vaterhaus hinweg in die Ferne, in Sünde und Schande bis zum Sauplatz hinab. Dort hätte er gerne gegessen, was die Schweine fraßen, aber niemand gab es ihm. Da kam er zu sich selbst und wachte auf von seinem Sündenpfuhl. Heimweh nach dem Vaterhaus erfüllte sein Herz. Die Tatsache war ihm klar: Kehre ich nicht um, so werde ich auf dem Sauplatz untergehen. Da machte er sich auf, verließ seine Schweine und sein altes Leben und kehrte zurück ins Vaterhaus. Er hatte nicht eher Ruhe, bis er in den Armen des Vaters ruhen und seine Schuld bekennen konnte. Das war Buße. Was also ist Buße? Buße ist eine Änderung des Sinnes, eine Änderung des Gefühls, eine Änderung des Willens. Diese Änderung wird offenbar, wenn der Sünder sein altes Schandleben verlässt und zu seinem Gott zurückkehrt. Der Sünder, der sich heute noch in seiner Sünde wälzt, wird Buße tun, wenn er sein Sündenleben verlässt und mit einem zerknirschten und zerschlagenen Herzen zu Gott kommt und wie der Zöllner im Tempel an seine Brust schlägt und betet: »Gott, sei mir Sünder gnädig!« Ich glaube nicht, dass du Buße tust, wenn du nicht dein ganzes Sündenleben aufgibst und in Reue und Schmerz mit göttlicher Traurigkeit dich deinem Gott auslieferst.

Beachte die Worte: Buße zu Gott. Warum heißt es nicht einfach »Buße«? Warum heißt es »Buße zu Gott?« Die Sache hat ihren Grund. Der Heilige Geist macht nicht zuviel Worte; er will uns aber etwas sagen: Was ist die Ursache? Die Ursache liegt darin: Gott will den Menschen zur Erkenntnis bringen, dass er sich allein gegen seinen Gott versündigt hat.

Darum hat er sich auch seinem Gott allein zu stellen. Deshalb »Buße zu Gott«. Nehmen wir zur Erklärung David, den Mann nach dem Herzen Gottes. Statt in den Krieg zu ziehen, bleibt er zu Hause; statt zu arbeiten, schläft er am Tage und steht am Abend auf – kehrt also Gottes Ordnung um. Dann sieht er ein Weib von der Zinne des Palastes und fällt in Ehebruch. Das muss zugedeckt werden. Er schreibt an Joab: »Stellt Uria dahin, wo die Kampffront am härtesten ist, und zieht euch hinter ihm zurück, dass er getroffen wird und stirbt!« (2. Sam. 11, 15). Das ist eine entsetzliche Geschichte. Da hat sich David versündigt gegen sein eigenes Weib, gegen seine Kinder, gegen seinen Freund Uria, gegen Bathseba, gegen sein Volk, gegen die Feinde Gottes, die er lästern macht, gegen Joab und gegen sich selbst. Acht verschiedene Personen hat er in seine Sünde hineingezogen. Bei wem stellt er sich, bei wem tut er Buße? Im Psalm 51 schreit er: »Gegen dich, gegen dich allein habe ich gesündigt und getan, was böse ist in deinen Augen!«

David hat erkannt, dass seine Sünde ein Majestätsverbrechen gegen seinen Gott war. Von Natur sind wir alle Majestätsverbrecher. Wer glaubt, dass jede Sünde, die er getan hat, ein Verbrechen gegen Gott ist, der tut Buße, wenn er in seiner Erkenntnis zu Gott geht und sich da niederwirft und um Erbarmen schreit. Jede Lüge, jede Verleumdung, jede Unredlichkeit gegen unsern Nächsten ist eine Sünde gegen Gott; es sind Dolchstiche, die Sein liebendes Herz verletzen, denn der Mensch, den wir beleidigen, ist Gottes Ebenbild.

Da war eine Kirche, die musste repariert werden. Als die Arbeiter sich anschickten nach Hause zu gehen, war auch ein Maler unter ihnen, der einen Pinsel an einer langen Stange trug. Als er das Bild des Gekreuzigten wahrnimmt, kehrt er seinen Pinsel um und versetzt mit seiner Stange dem Kruzifix einen Stoß mit den Frevelworten: »Da hast du noch eins dazu!« Die andern lachten darüber. Am andern Morgen sind die Maurer wieder in der Kirche an ihrer Arbeit, der Maler aber liegt mit Schüttelfrost im Bett. »Was fehlt dir, was ist los?« fragt man ihn. »O, was habe ich getan? Ich habe gefrevelt, ich leide Höllenqual! O, tragt mich in die Kirche, dass ich das Bild um Vergebung bitten kann!« – Ja, irret euch nicht, Gott lässt sich nicht spotten. Wer gegen das Abbild sündigt, der sündigt auch gegen das Urbild. Der im Himmel wohnt, wird einst mit ihnen reden in Seinem Zorn und mit Seinem Grimm wird Er sie erschrecken. Was man an seinem Mitmenschen tut, das tut man Gott, sei es gut oder böse. O, was stehen da für Sünden in den Büchern Gottes aufgeschrieben! Sünden gegen unsere Freunde, Sünden gegen unsere Geschwister, Sünden gegen die Umgebung – zahllose Sünden. Warum hast Du keinen Zutritt zu dem Gnadenthron? Deine Sünden gegen deine Frau und deine Kinder stehen auf den Hörnern des Altars angeschrieben. Warum hast du keinen Zutritt zum Heiligtum, liebe Mutter? Deine großen Sünden gegen deinen Mann und deine Hausgenossen scheiden dich vom Heiligtum. Du wirst keinen Frieden, keinen Zutritt zum Heiligtum Haben, bis du sagst: »An meinem Gott habe ich gefrevelt; ich will zu meinem Gott gehen und sagen: Gegen dich allein habe ich gesündigt und getan was böse ist in deinen Augen!« – Hast du dich so bei deinem Gott eingestellt, dann hast du Buße zu Gott getan. Wenn nun so eine arme Seele zu Gott kommt, wie geht es ihr da? O, sie erschrickt vor dem heiligen Gott! Sie erkennt sich in Seinem Lichte als Kreatur, die nichts vor dem Angesicht des Heiligen taugt, sie sieht ihren Sündenwust, sie sieht ihre schwarzen Flecken, sie sieht, dass kein Atom an ihr rein ist. Sie kommt zu der Erkenntnis: »Ich bin 10.000 Pfund schuldig und habe nichts zu zahlen.« Die Schuld umringt den Sünder so, dass er keinen Ausweg findet. Schrecken, Finsternis und Verzweiflung erfüllt sein Inneres. In dieser Not offenbart sich ihm Gott in Christus Jesus. Das ist Buße zu Gott.

Kennzeichen der Buße zu Gott

Johannes der Täufer ruft den zur Taufe kommenden Pharisäern und Sadduzäern zu: »Otternbrut! Wer hat euch gewiesen, dem kommenden Zorn zu entfliehen? Bringt nun der Buße würdige Frucht!« (Matth. 3, 7.8). Johannes wollte an diesen Heuchlern rechtschaffene Früchte sehen. Von diesen Heuchlern, die sich gerne von einem strahlenden Licht bescheinen lassen und die eine Form der Gottseligkeit haben, deren Kraft aber verleugnen, gibt es heute noch genug. Jesus will an ihnen rechtschaffene Früchte der Buße sehen. Mein Freund, Jesus glaubt nicht an deine Ehrlichkeit und Aufrichtigkeit, bis du rechtschaffene Früchte der Buße wirkst. Welches sind die rechtschaffenen Früchte der Buße? Ich will dir etliche aufzählen, und du kannst dich prüfen, ob du sie hast. Wenn du diese Früchte nicht hast, so hast du noch nie wahre Buße getan.

1. Wahre Buße bringt eine große Veränderung des Menschen in seiner Stellung zur Sünde mit sich.

Der Mensch, der Buße getan hat, weiß von einem »damals« und

»jetzt« zu erzählen. Damals tot in Sünden und Übertretung – jetzt der Sünde gestorben und Christus lebend. Damals gewandelt nach dem Lauf dieser Welt, jetzt ein Glied der himmlischen Aristokratie. Damals gelebt in den Lüsten und Begierden des Fleisches, den Willen des Fleisches und der Vernunft tuend, jetzt lebend in der Gnade. Das Blut Jesu macht uns rein von aller Sünde, es tilgt alles unreine Feuer der Lust aus. Damals Kinder des Zorns – jetzt geliebte Kinder des Vaters, Erben Gottes und Miterben Christi. Damals ein Trinker, ein Spieler, ein Hurer, ein Geizhals voll Selbstgerechtigkeit – jetzt aber ein Heiliger und Geliebter Gottes. Damals ein Sklave der Sünde – jetzt freigemacht von der Sünde. Der Mensch, der wahre Buße getan hat, hat eine bewusste Veränderung der Sünde gegenüber erfahren. Der von Jesus geheilte Blindgeborene sagte zu den Pharisäern: »... eins weiß ich, dass ich blind war und jetzt sehe.« (Joh. 9, 25). Er hatte eine bewusste und große Änderung an seinen Augen erfahren. Wenn du wahre Buße getan hast, so hast du auch eine Änderung gegenüber der Sünde erfahren. Du tust nicht mehr die Sünde, du bist kein Knecht mehr, der den Willen der Sünde tut, sondern du bist frei gemacht. Nun Freund, kannst du dies sagen? Brauchst du nicht mehr der Sünde zu dienen? Wenn du mir sagen musst: »Ich bin noch ein Sklave der Sünde«, so hast du noch keine Buße getan. Du gleichst noch Moab, von dem der Herr spricht: »Sorglos war Moab von seiner Jugend an. Und still lag es auf seinen Weinhefen und wurde nie umgegossen von Fass zu Fass, und in die Gefangenschaft ist es nie gezogen. Daher ist sein Geschmack ihm geblieben, und sein Geruch hat sich nicht verändert.« (Jer. 48, 11). Du hast noch keine Buße getan, du bist ein unbußfertiger Sünder.

2. Durch wahre Buße wird die Lust zur Sünde getötet

Ein Mensch, der wahre Buße getan hat, dem ist die Lust zum Sündigen vergangen. Wenn du wahre Buße getan hast, dann liebst du die Sünde nicht mehr. Du hasst und verabscheust die Sünde. Wenn du noch Lust und Liebe zur Sünde hast, dann hast du noch keine Buße getan. Es gibt viele, die sind wie jene Jungfrau, die erweckt war und an welche die Aufforderung erging, sich ihrem Jesus hinzugeben. Sie wusste wohl sehr gut von ihrer Stellung und dass sie verlorengehen würde, wenn sie sich nicht bekehrte, aber sie wollte es doch nicht tun. Warum nicht? Sie war ehrlich und sagte: »Ich möchte mich gern Jesus hingeben, aber ich kann nicht, denn die Sünde ist mir so süß, ich kann sie nicht lassen.« Eine andere bat den Herrn: »Nimm deinen Heiligen Geist, der mich nun schon drei Monate beunruhigt hat, von mir hinweg; ich kann die Sünde nicht lassen.« Der Herr sagte »Amen« und nahm Seinen Heiligen Geist hinweg; sie aber starb eines plötzlichen Todes.

Wer die Sünde liebt, der hat noch nie Buße getan. Wahre Buße tötet die Liebe zur Sünde. Du kannst erweckt sein, aber solange bei dir nicht die Lust zum Sündigen vergangen ist, hast du noch nicht Buße getan. Wie steht es mit dir in dieser Sache? Hast du Buße getan oder gehörst du noch zu den unbußfertigen Sündern? Gib Gott Antwort!

3. Ein Kennzeichen wahrer Buße ist göttliche Traurigkeit

Wo wahre Buße getan wurde, da findet man einen zerschlagenen Geist und ein gebrochenes Herz. Mit Reue und Schmerz über sein verlorenes Sündenleben steht der Bußfertige zerknirscht vor seinem Gott. Da gibt es auch Bußtränen und man lernt die Bußpsalmen beten. Das Herz ist voll göttlicher Traurigkeit, so dass es vorkommen kann, dass ein solcher sein Bett mit Tränen benetzt und seine Speise ein großes Maß an Tränen wird. Wo diese Kennzeichen fehlt, da muss man sich prüfen, ob die Buße echt war. Wenn sich ein Kind gegen die Eltern versündigt hat und Buße tut, so wird es nicht in Gleichgültigkeit und Leichtsinn mit einem ungebrochenen Sinn um Vergebung der Sünden bitten. Wenn das Kind sich aufrichtig vor den Eltern beugt, so merkt man es an seinem ganzen Verhalten. In jedem Zug seines Angesichts offenbart sich etwas von Reue und Schmerz. So ist es auch mit dem Sünder, der Buße tut. Seine Seele ist betrübt bis in den Tod über seine Sündenschuld, die er gehäuft hat gegen seinen liebevollen Gott. Es ist Hohn und Spott, wenn Seelsorger einem Sünder die Absolution erteilen, der noch nie ein Leid getragen hat über seine Sündenschuld. Solche unwürdigen Seelsorger freveln mit dem Heiligtum Gottes. Sie spielen mit Menschenseelen und verpfuschen das Werk des Heiligen Geistes. Sünder, das sollst du wissen: wenn dir deine Sünden noch nicht leid tun und du noch nicht mit einem zerbrochenen und zerschlagenen Herzen zu Gott gekommen bist, so war deine Buße nicht echt und wir rufen dir im Namen Gottes zu: Tue Buße wegen deiner Sünden!

4. Wahre Buße leitet den Menschen zum Sündenbekenntnis und lässt ihn nicht zur Ruhe kommen, bis er alles gestohlene und durch Betrug an sich gerissene Gut zurückerstattet hat

Der Ehebrecher, der seine Sünde nicht bekennt, kann erweckt sein, aber er tut nicht eher Buße, bis er seine Sünden bekennt. Der Dieb und

Betrüger kann sehr erweckt sein und in große Not kommen, aber er tut nicht eher Buße, bis er den letzten Pfennig des gestohlenen und betrogenen Gutes zurückerstattet. Warum kommen so viele nicht zur Ruhe? Es kommt daher, dass sie ihren Schutt nicht abladen. Sie bekennen ihre Sünden nicht und werden deshalb nicht frei. Das Gewissen ist mit Sünden belastet. Da lagert das durch Fälschung und Geschäftskniffe gestohlene Geld und drückt und drückt auf das Gewissen, bis die Schuld bekannt und alles zurückerstattet ist. Da lastet bei dem andern ein durch Betrug an sich gerissenes Erbteil oder die letzten Schulden, die noch nicht bezahlt, Beleidigungen die noch nicht vergeben wurden, Tränen, die noch nicht getrocknet sind. Mein Freund, solange dieser Sündenschutt nicht abgeladen wird, stehst du unter dem Fluch. In der Hölle wird er dir zu einem ewigen Feuer; deshalb bekenne deine Sünde. »Wenn wir unsere Sünden bekennen, ist Er treu und gerecht, dass Er uns die Sünden vergibt und uns reinigt von jeder Ungerechtigkeit« (1. Joh. 1, 9). »Bekennt einander die Vergehungen und betet füreinander, damit ihr geheilt werdet ...« (Jak. 5, 16). Tust du es nicht, so bleibst du ein Sünder und lieferst den Beweis, dass du niemals Buße getan hast.

Ich bin gleich am Schluss, erlaubt mir nur noch einige

Bemerkungen:

1. Schiebt eure Buße zu Gott nicht auf! Dieser Augenblick gehört noch dir, der nächst gehört der Ewigkeit. Denke nicht: »Morgen will ich Buße tun«, sondern tue jetzt sofort Buße. Da ist eine Dame, an die der Ruf erging: »Bekehre dich zu Gott und glaube an Jesus!« »Ich will es tun«, war ihre Antwort, »aber zuerst will ich noch einmal recht viel Spaß haben auf einem Ball.« Die Stunde, da sie zum Ball gehen wollte, kam. Sie stand vor ihrem Spiegel und betrachtete sich in ihrem weißen Ballkleid. Plötzlich erfasste sie der Schreckenskönig mit seiner Knochenhand – sie fiel um und war tot. Die Zeit, die köstliche Gnadenzeit war vorbei. Sie hatte keine Buße mehr getan und hat das Lamm Gottes nicht mehr gefunden. O, ich bitte dich jetzt um deiner Seligkeit willen: Wenn du noch keine Buße getan hast, so tue jetzt Buße, glaube an Jesus und du bist gerettet!

Viele wenden ein: »Kann der Mensch sofort Buße tun und sich Jesus zukehren?« Jawohl, das kann er! Bekehrung ist nicht ein allmähliches Werk und Buße ist nicht ein Zustand, sondern ein Akt, den der Sünder sofort, wenn der Geist Gottes ihn beruft, zu vollbringen hat. In der Bibel steht nicht geschrieben, dass Buße ein langer Prozess sei und einen Kampf auf Leben und Tod erfordere. Nein, Buße ist die Entscheidung des Willens für Gott, ein Werk des Augenblicks. Da ist ein Kurierzug. Es ist Nacht. Er nähert sich einer Brücke. Der Maschinist bemerkt, dass die Brücke zerstört ist und im selben Augenblick gibt er Konterdampf. Einen Meter vor der schwindelnden Tiefe steht der Zug. Er ist gerettet mit all seinen Insassen!

Siehst du einen Abgrund, so springe nicht hinein. Halte still, dreh dich um zu Gott, und du bist gerettet.

2. Lasst euch nicht wegen eurer Verbindung mit der Welt abhalten, Buße zu tun. Da heißt es einfach brechen! Man wendet mir ein: Wie ist das möglich, mein ganzes Leben ist ja durch Freundschafts-, Gesellschafts- und Geschäftsverbindungen verknüpft. Ich bin überzeugt, dem Aufrichtigen lässt Gott es gelingen. Brich um jeden Preis durch, du wirst aus diesem Netz herauskommen, die Gnade steht dir bei. Es ist wahr, manche Banden und Fesseln gehen so tief ins Leben hinein, dass bei ihrer Lösung ein Stück Leben mitgerissen wird. Was macht's? Schneide ab, reiße aus! Es ist besser, dass du als Krüppel in das Leben eingehst, als dass du in die Hölle geworfen wirst. Da war ein reicher Mann, ein leidenschaftlicher Spieler. Als er sich bekehrte, konnte er nicht vom Spiel lassen. Es war ihm zu einer zweiten Natur geworden. Der Heilige Geist aber sprach: »Gib es dran – gib es dran – gib es dran!« Was tat der Mann? Er schwor seinem Gott, von nun an nicht mehr zu spielen. Er blieb den Gesellschaften und Freundschaften fern und fing an, mit seiner Frau Schach zu spielen und wurde so mit seiner Frau wieder zu einem leidenschaftlichen Spieler. Da sagte der Heilige Geist wieder: »Gib es dran – gib es dran!« Er wollte es lassen, aber er konnte es nicht. Da schwor er abermals seinem Gott und ließ es. Jetzt machte ihm der Teufel Gewissensnot und sprach: »Du hast einen Schwur getan – das kann dir nicht vergeben werden!« In seiner Not schrieb er an einen bekannten Knecht Gottes und fragte ihn um Rat. Der Knecht Gottes sagte: »Du hast Recht getan, denn das ist, was Jesus von uns verlangt: ›Wenn aber dein rechtes Auge dir Anlass zur Sünde gibt, so reiß es aus und wirf es von dir ... Und wenn deine rechte Hand dir Anlass zur Sünde gibt, so hau sie ab und wirf sie von dir! Denn es ist dir besser, dass eins deiner Glieder umkommt, und nicht dein ganzer Leib in die Hölle geworfen wird‹ (Matth. 5, 29.30).« Das ist rechte Buße und echter Glauben. Da war der Mann getröstet. O mache es auch so, wo du noch gebunden bist! Brich, scheide dich! Wo du dich scheidest, da macht Gott etwas Neues.

3. Was willst du tun? Willst du dich sofort vor deinem Gott beugen, deine Waffen strecken und dein Leben Ihm ausliefern? Wir bitten dich an Christi Statt: Lass dich doch versöhnen mit deinem Gott! Tue heute noch Buße und sage nicht: »Ich kann nicht Buße tun.« Wenn du willst, kannst du Buße tun. Sage nicht, ich kann nicht Buße tun, wenn Gott von dir gebieterisch verlangt, Buße zu tun (Apg. 17, 30). Sobald du Buße tust und an den Herrn Jesus glaubst, wird dir Gnade geschenkt werden. Verachte diese Gnade nicht. Jesus Christus aber, dem über alles seienden Gott sei Ehre und Anbetung in die Zeitalter der Zeitalter. Amen.

Der Glaube an unsern Herrn Jesus Christus

Evangelisationsrede, gehalten in Barmen im Juni 1902

»Glaube an den Herrn Jesus, und du wirst errettet werden, du und dein Haus.« (Apg. 16, 31)

Wir haben uns in der letzten Stunde mit der Buße zu Gott beschäftigt und werden heute von dem Glauben an den Herrn Jesus Christus reden. Warum heißt es: »Glaube an den Herrn Jesus Christus«? Warum heißt es nicht: »Glaube an Gott«, so wie es gestern hieß: »Buße zu Gott«? Ach, wir armen Sünder können nicht vor den treten, der Augen hat wie Feuerflammen! »Wer von uns kann sich bei verzehrendem Feuer aufhalten? Wer von uns kann sich bei ewigen Gluten aufhalten?« (Jes. 33, 14). »Wehe mir, denn ich bin verloren. Denn ein Mann mit unreinen Lippen bin ich, und mitten in einem Volk mit unreinen Lippen wohne ich. Denn meine Augen haben den König, den Herrn der Heerscharen gesehen« (Jes. 6, 5). So ruft der Prophet Jesaja aus, als er den Heiligen auf Seinem Thron sitzen sah. Ohne Versöhnung und Vergebung seiner Sünden darf sich kein Sünder dem Heiligen in Israel nahen. Unser Gott ist ein verzehrendes Feuer. Für den Sünder gibt es keinen Zugang; er braucht einen Mittler, ein Opfer, einen Hohenpriester. Unser Hoherpriester, der uns mit Seinem heiligen Blut bedeckt, ist Jesus Christus, hochgelobt in Ewigkeit! Wollen wir zu Gott kommen, so müssen wir zuerst zu Christus kommen! Er steht in der Kraft unauflöslichen Lebens als unser Hoherpriester vor dem Gnadenthron und hat die Macht, diejenigen völlig zu erretten, die durch Ihn Gott nahen, weil Er immer lebt, um sich für sie zu verwenden (Hebr. 7, 25). Ihr versteht, was ich meine: Der Sünder kann ohne Jesus nicht an Gott glauben. Ja, er kann glauben, aber wie der Teufel – und der zittert. Hat der Sünder aber Jesus gefunden, ist seine Schuld gesühnt er auf dem Weg, der zum Vaterherz führt.

Christus spricht: »Ich bin der Weg und die Wahrheit und das Leben. Niemand kommt zum Vater als nur durch mich« (Joh. 14, 6). Ein griechischer Philosoph und Volksredner wurde von den Athenern verbannt. Wohin sollte er fliehen? In Griechenland war er seines Lebens nicht mehr sicher, in Persien lebte der König, der sein Todfeind war. Er dachte: »Ich will lieber in die Hände des Perserkönigs fallen, als ein Opfer meiner Landsleute werden« und macht sich deshalb auf und floh nach Persien. Er begab sich sofort zur Hauptstadt des Landes, nahte sich dem Schloss des Königs und fand dort den Sohn des Königs spielend. Er ergriff ihn, herzte und küsste ihn und ging mit ihm hinein zu dem feindlichen König mit den Worten: »Lieber König, habe Erbarmen, habe Erbarmen um deines Sohnes willen!« Das Kind selbst fing an, für ihn um Gnade zu bitten und das rührte den König so, dass er dem Griechen Gnade und Sicherheit schenkte und ihm eine Stadt zum Wohnsitz anbot. Armer Sünder, willst du zu Gott kommen, so musst du es genauso machen. Ergreife Jesus, suche Vergebung durch Sein Blut, und Er selbst bringt dich zum Vaterherzen hin, wo du sicher ruhen kannst. Willst du das tun, so wirst du und dein Haus errettet.

Was ist Glauben an Jesus Christus?

1. Psychologisch betrachtet ist das Glauben ein *»Denken«,* ein *göttliches Erkennen und Fürwahrhalten,* eine feste zuversichtliche *Überzeugung,* die auf den bestimmten, durch die Verkündigung des göttlichen Wortes gewonnenen Begriffen, Urteilen und Schlüssen sicher ruht. Der Gläubige ist daher noch immer der allein Weise, der weiß, was er will und soll und ist und hat für Zeit und Ewigkeit. Glauben an den Herrn Jesus Christus wäre deshalb vor allem: Groß und wahr denken von dieser ewigen Majestät. Es gibt viele, die denken klein von Ihm. Jesus ist ihnen sehr wenig, eine Wurzel aus dürrem Erdreich, ohne Gestalt und Schönheit.

Wie sie von Ihm denken, so behandeln sie Ihn auch. Er ist ihnen eine Nebensache, ein Mittelding, mit dem sie nichts anzufangen wissen. Vielen ist er der Herr dann gut genug und nehmen Ihn nur dann in Anspruch, wenn man sich in Not, Krankheit oder tiefem Elend befindet. Wer klein von Jesus denkt, der denkt falsch. Ein Mensch, dem Jesus eine Nebensache ist, hat sich selbst zur Hauptsache gemacht. Christus ist nicht der Mittelpunkt in seinem Leben, sondern bei einem solchen Menschen thront das eigene Ich und seine ganze Frömmigkeit und Religiosität besteht in seinem großen Ich-Kultus, seinem Egoismus. Kein Wunder, dass sie nicht biblisch und wahr von Jesus denken. Betrachtet diese Menschen, wie sie groß von sich denken. In der Eisenbahn erjagen sie schnell den besten Platz und stellen ihre sieben Sachen noch neben sich auf die Bank, damit die andern möglichst wenig Platz haben. Machen sie ein Geschäft, gehen sie einen Handel ein. Tun sie eine Arbeit, so merkt man, dass sie sehr viel von sich halten, kurz: ihr eigenes Leben spielt die große Rolle. Da heißt es: Ich zuerst, dann du!

Wann lernt man groß und wahr und biblisch von Christus denken? Ich denke, wenn man lernt, klein von sich selbst zu denken und anfängt vom Herrn zu denken, wie die Schrift denkt. Wie denkt die Schrift von Christus? In Römer 9, 5 lesen wir, dass Christus der über allem seiende Gott ist, gepriesen in Ewigkeit! Denkst du wahr und groß von Christus, so hast du aufgehört, Seine Gottheit zu leugnen. Jesus Christus ist »Gott von Gott, Licht vom Lichte, wahrer Gott vom wahren Gott, gezeugt, nicht geschaffen, gleichen Wesens mit dem Vater«. Das heißt groß und wahr vom Herrn Jesus zu denken.

Der über allem seiende Gott ist dein Schöpfer. Kol. 1, 15.16 lesen wir von Christus: »Er ist das Bild des unsichtbaren Gottes, der Erstgeborene aller Schöpfung. Denn in Ihm ist alles in den Himmeln und auf der Erde geschaffen worden, das Sichtbare und das Unsichtbare, es seien Throne oder Herrschaften oder Gewalten oder Mächte: alles ist durch Ihn und zu Ihm hin geschaffen.«

Was dein Auge sieht, ist aus der Hand dieses mächtigen Gottes herausgeflossen. Du selbst bist ein Werk Seiner Hände, Sein Geschöpf, durch dessen Willen du Leben und Existenz hast. Nicht wahr, wenn man das bedenkt, dann lernt man groß denken von dem Herrn Jesus.

Doch was nützt es, wenn ich weiß, ich bin das Machwerk Seiner Hand, kann Ihm aber nicht dienen, wie es Ihm wohlgefällig ist, weil ich ein Sünder bin? Wenn wir weiter in die Bibel blicken, lernen wir, dass

Jesus Christus, der Gott und Schöpfer ist, zugleich auch unser Heiland ist. Als Johannes Ihn aus der Wüste kommen sieht, weist er seine Jünger zu ihm mit den Worten: »Siehe, das Lamm Gottes, das die Sünde der Welt wegnimmt« (Joh. 1, 29). Ja, Jesus Christus ist der, welcher uns von Gott gemacht ist zur Weisheit, zur Gerechtigkeit, zur Heilung und zur Erlösung.

Siehe den Mann der Schmerzen an, die sterbende Liebe, den, der unsere Sünden an Seinem Leib selbst an das Holz hinaufgetragen hat, damit wir, den Sünden abgestorben, der Gerechtigkeit leben, durch dessen Striemen auch ihr geheilt worden seid« (1. Petrus 2, 24). Durch unseren Fall in die Sünde stehen wir unter der Knechtschaft des Teufels als Rebellen da vor Gott. Aus dieser Knechtschaft heraus können wir uns nicht selbst erlösen. Keine Kreatur, ja nicht einmal ein Erzengel kann einen sündigen Menschen aus seinem Verderben erretten. Das kann nur unser Gott und Schöpfer tun. Gottlob, Er hat's getan auf Golgatha! Er hat uns erlöst und frei gemacht, auf ewig frei! Wir brauchen nicht mehr unter der Herrschaft des Teufels zu stehen, keine Sünde darf uns festhalten, keine unreine Lust und Begierde knechten, wir sind frei. Dies lehrt uns die Schrift. Wer so von Jesus denkt, der denkt biblisch und wahr. Gelobt sei Gott der Vater, der mir in dieser Weise durch Sein Wort Seinen Sohn geoffenbart hat! Hoffnungslos irrte ich in der Welt umher unter der Last meiner Sünden, bis mir Gott Licht gab über Seinen Sohn und die wunderbare Stellvertretung: der Gottesmensch Christus starb für mich. Gerechtigkeit, eine heilige und vollkommene Gerechtigkeit, musste ich haben, doch aus eigenen Kräften konnte ich sie nicht hervorbringen. Da fand ich, was mir fehlte in Jesus. Ach, da lernt man groß denken von seinem Herrn und Gott, wenn einem die Sündenschuld abgenommen wird und man aus der Sklaverei in die Freiheit der Kinder Gottes kommt. Wenn wir noch weiter in die Schrift hineingehen, dann merken wir, dass Jesus Christus unser Herr, König und Richter ist.

»... damit in dem Namen Jesu jedes Knie sich beuge, der Himmlischen und Irdischen und Unterirdischen, und jede Zunge bekenne, dass Jesus Christus Herr ist, zur Ehre Gottes des Vaters« (Phil. 2, 10.11). Alle Knie werden sich vor Ihm beugen, im Himmel, auf Erden und in der Hölle. Vor Seinem weißen Thron müssen erscheinen alle Toten, und sie werden gerichtet werden von Ihm nach der Schrift. Er wird die Gottlosen verderben mit ewigem Feuer, Seine Heiligen aber versammeln zu ewiger Freude in der Welt des Lichts. So denkt die Schrift von unserm Herrn.

Willst du biblisch wahr und groß denken lernen von Jesus? Doch ich weiß, viele können nicht mehr denken, und weil sie nicht mehr denken können, können sie auch nicht glauben. Es sind »Menschen, verdorben in der Gesinnung, im Blick auf den Glauben unbewährt« (2. Tim. 3, 8). Durch gräuliche Sünden haben sie ihr Denkvermögen zerstört; und weil sie nicht mehr groß und wahr und biblisch von Christus denken können, glauben sie nicht an Ihn. Das ist ein schrecklicher Zustand. Aber auch für solche Leute gäbe es Hoffnung, wenn sie gerettet werden wollten, denn des Menschen Sohn ist gekommen, zu suchen und selig zu machen den Sünder. Ach Menschenkind, hast du jetzt eine Ahnung von der Größe und Herrlichkeit Jesu bekommen, dann bitte, gib dein falsches Denken auf und lerne recht von Ihm denken!

2. Glauben an den Herrn Jesus Christus ist, *sich Ihm rückhaltlos und ganz zu unterwerfen, sich Ihm auf Gnade und Ungnade zu übergeben.* Was hilft viel Wissen über den Herrn Jesus, wenn man noch in Rebellion gegen Ihn lebt? Wir kennen solche, die viel wissen von Christus und doch in offenen und geheimen Sünden gegen Ihn leben. Sie denken groß vom Herrn, aber verherrlichen Seinen Namen nicht durch ein heiliges Leben. Was hilft es diesen Leuten, wenn sie auch groß denken von Jesus, aber Seinen Willen nicht tun, Seine Gebote nicht halten und ihr Leben nicht nach Seinem Wort einrichten? Hat ein Sünder Licht bekommen über seinen Erlöser, so ist das erste, dass er sich Ihm völlig unterwirft und ausliefert, d. h. Geist, Seele und Leib, Kraft und Gesundheit, Vermögen, Haus und Familie, sowie Vergangenheit, Gegenwart und Zukunft – kurz: sein ganzes Leben Ihm ausliefert!

Eine rückhaltlose Übergabe an den Herrn Jesus ist der beste Beweis, dass man an Ihn glaubt. Kürzlich kam nach einer ernsten Predigt ein Pastor mit der Erklärung: »Ich habe bis zu dieser Stunde ein verlorenes Leben geführt. Ich habe für mich selbst, aber nicht für den Herrn Jesus gelebt und komme jetzt, um zu kapitulieren.« Nach einer gründlichen Aussprache streckte er seine Waffen, mit denen er im Fanatismus und falscher Kirchlichkeit gegen seinen Herrn gekämpft hatte und unterwarf sich Jesus Christus bedingungslos. Als das geschehen war, wurde sein Herz mit großem Frieden, großer Siegesgewissheit erfüllt, sein Leben war wie umgewandelt. Vorher war er ein Mann, vor dem man sich fürchtete, seicht und voller Streitfragen – und jetzt ein glückliches Gotteskind, stille und tiefernst seinem Gott ergeben! Das ist Glaube an den Herrn Jesus. Hunderte haben wir gesehen, die sich Jesus auslieferten und unterwarfen, und sie sind zur höchsten Glückseligkeit, die ein Menschenkind erreichen kann, gelangt. Meine Freunde, wenn ihr nicht dem Herrn Jesus gehorsam werdet, Ihm euch völlig unterwerft und ausliefert, so sagt nicht, dass ihr an den Herrn Jesus glaubt. Euer Glaube ist ein Schwindelglaube, mit dem ihr nicht bestehen könnt vor eurem Gott! Mit einem Schwindelglauben erhält man nichts, weder Vergebung der Sünden noch Leben und Seligkeit. Glaubt an Jesus, unterwerft euch Jesus!

3. Glauben heißt *»Nehmen«.* Hat ein Sünder sich rückhaltlos Jesus ausgeliefert, so hat er die Bedingung erfüllt, die erfüllt sein muss, um die Gnade zu nehmen. Tatsache ist, dass Gott keinen begnadigt, der sein Leben nicht rückhaltlos dem Herrn Jesus ausgeliefert hat. Wir wissen wohl, dass es eine Menge von Sündern gibt, die möchten die Gnade wie einen Raub an sich reißen. Dass sie ihr altes Leben dabei verlieren müssen, um das wahre, göttliche, ewige Leben zu erhalten, daran denken sie nicht. Solche Leute sollen nie denken, dass sie etwas vom Herrn erhalten! Hast du dich aber rückhaltlos dem Herrn Jesus ausgeliefert, so steht die Gnadentür offen für dich. Aus dem Reichtum Seiner Herrlichkeit darfst du nehmen Gnade um Gnade. Gnade zur Vergebung deiner Sünden, Gnade zur Reinigung von Sünden, Gnade zum Leben, Gnade zur Heiligung, zur Erlösung, zur Vollendung, Gnade zur Umgestaltung in das Bild des Lammes hinein. Nimm Christus auf, denn so viele ihn aufnehmen, denen gibt er Macht, Gottes Kinder zu heißen. Ziehe Christus, den ganzen Christus an, tauche dich in Sein kostbares Blut. Der ganze Christus ist dein für Zeit und Ewigkeit, du aber bist Sein Eigentum. Diese Gnade und göttliche Kraft, die dir zufließt im Blute des Lammes, kannst du dir aber nicht verdienen, denn Rennen und Laufen reicht nicht aus. Gnade wird dem Sünder immer nur geschenkt. Bitte bleibe nicht zurück, die Gnadenpforte steht dem Sünder offen, der sich dem Herrn Jesus anvertraut. Lege deine schwachen, zitternden Hände in Seine durchgrabene Hand, lass dich vom Herrn Jesus ergreifen, vertraue Ihm ganz und fürchte dich nicht, Er will dir gnädig sein und dich hindurchretten durch Gefahr und Trübsal und Not und Ungemach. Vertraue Ihm, wie ein Kind sich dem Vater anvertraut, und Er wird dich bewahren und tadellos mit Jubel vor Seine Herrlichkeit hinstellen (Judas 24)!

4. Glauben heißt, *sich dem König Jesu für Zeit und Ewigkeit zu überlassen.* Wer sich dem Herrn unterworfen und aus der Fülle des Reichtums

Gnade um Gnade genommen hat, der will und kann nicht mehr anders, als sich seinem Herrn zu überlassen. Zitternd hat er seine schwache Hand in die durchgrabene Allmachtshand seines Herrn hineingelegt und derselbe hat sie ergriffen. Nun kann er keinen einzigen Schritt mehr ohne Ihn gehen; wo Jesus ist, da ist er auch, und wo Jesus fehlt, da will er auch nicht sein. Sich zu überlassen ist etwas anderes als sich zu verlassen. Du sagst, ich verlasse mich auf Jesus und tue, was ich kann. Das klingt sehr schön, aber Christus will mehr haben. Er will nicht nur haben, dass du dich auf Ihn verlässt, nein, sondern dass du dich Ihm *überlässt*. Wer sich nur auf Christus verlässt, der kann noch allerhand neben Ihm treiben. Er kann noch eigene Pläne schmieden, eigene Wege gehen, eigene Interessen haben und seinen eigenen Willen geltend machen. Das hört alles auf, wenn man sich Christus überlässt. Da hast du keinen eigenen Willen mehr und das eigene Rechnen und Pläneschmieden hört auf; du lebst nunmehr verborgen im Geheimnis des Kreuzes. Durch das Kreuz wird dir alles durchkreuzt, jeder Weg, jeder Plan, jeder Gedanke. Jesus erzieht dich zur Abhängigkeit von Seinem Geist; du bist ein Kind, das in Seinen Armen ruhen darf und von Seinem Geist geleitet wird. Jesus aber ist dein Herr und König, der über deinem Leben regiert und die Verantwortung übernommen hat. Du hast nichts weiter zu tun, als dich Ihm zu überlassen. Potiphar hatte Josef lieb. Wie offenbarte er seine Liebe? Er übergab Joseph alles und nahm sich in seinem Hause keines Dinges an, außer dem, was er aß und trank. Die volle Verwaltung und Besorgung des Hauses übergab und überließ er Joseph. Genauso müssen wir es machen. Das Haus, die Wirtschaft, das Geschäft, die Verwaltung, unsere Kinder, unsere Geschwister, unsere Gegenwart und Zukunft, unsere Krankheit und Gesundheit müssen wir Jesus übergeben und überlassen. *»Überlassen« ist vollendetes Vertrauen.* Ein Kind überlässt sich dem Vater, weil es ihm vollkommen vertraut. Unser Überlassen an den Herrn Jesus ist der Prüfstein unseres Vertrauens zu Ihm. Ach, wie steht's da bei manchen Christen? Sehr, sehr schlecht! Menschen, Eisenbahnen, Häusern und Schiffen und vielen wechselvollen Dingen können sie vertrauen und sich überlassen, nur dem Unsichtbaren vertrauen sie sich nicht an. Das ist der Grund, warum so viele in der Stickluft des Sorgengeistes leben; sie schleppen ihre Lasten und Bürden mit sich herum, obwohl der Herr in der Schrift spricht: »Seid um nichts besorgt, sondern in allem sollen durch Gebet und Flehen mit Danksagung eure Gebete vor Gott kundwerden« (Phil. 4, 6). Alle eure Sorgen werft auf Ihn, Er sorgt für euch. Warum nicht dem gnadenvollen

Herrn vertrauen und Seine Lasten auf Ihn legen, wenn Er es doch geboten hat? Wenn ich dich anschaue, so kommst du mir vor wie jene Frau im Berner Land, die mühsam und gebückt unter einer schweren Last ihre Straße dahin ging. Ein Fuhrmann, der an ihr vorbeifuhr, hielt an und lud sie ein, aufzusteigen. Mit Freuden gehorchte sie, stieg ein, behielt aber ihre Last auf dem Rücken. Das bemerkte der Bauer und bat sie, sie solle doch ihre Last in den Wagen legen, da sei Platz genug! »Nein, lieber Mann, das tue ich nicht, ihr Pferd hat mit mir genug zu tun, deshalb will ich meine Last selber tragen.« Es kostete dem redlichen Fuhrmann viel Mühe, ihr klar zu machen, dass das Pferd sie und ihre Last zu tragen habe, ob die Last auf ihrem Rücken oder im Wagen liege.

Es gibt viele Christen, die es genauso machen wie die Bauersfrau; sie haben noch nie gelernt, dem Herrn alles zu übergeben und zu überlassen. Vertraue Ihm doch, überlasse dich Ihm, lass Ihn schalten und walten, und es wird alles Licht werden in deinem Leben. Potiphar ist nicht zu kurz gekommen, als er Joseph alles überließ, denn Gott segnete sein Haus um Joseph willen. Du bist ein kurioses Menschenkind; der Teufel hat dir die Philosophie beigebracht, die in dir bereits zu Fleisch und Blut geworden ist: »Hilf dir selbst, so hilft dir Gott«, »Selbst ist der Mann«! Ja, selbst ist der Mann ... – Wenn ein Hauch, ein kalter Luftzug, ein Fliegenstich an ihn kommt, da liegt er und ist eine Beute des Todes geworden. Ach wie schnell ist doch das Leben entflohen! Ein Rauch, eine Wolke, eine Welt, von der man nie mehr etwas sieht, das bist du. Ach, da ist es doppelt nötig, sich Jesus zu überlassen! Und wer dem Herrn vertraut, der wird nie zuschanden. Wieviele Blitzschläge, die mein Leben ins Grab geschmettert hätten, sind von Ihm abgelenkt worden durch Seine starke Jesushand, seitdem ich gelernt habe, mich Ihm zu überlassen. Ach, welch glückliches Menschenkind könntest du werden, wenn du heute den Anfang machen und lernen würdest, dich dem König für Zeit und Ewigkeit zu überlassen!

Resultat des Glaubens

Das Resultat des Glaubens ist Errettung. Wer glaubt, soll errettet werden; glaube an den Herrn Jesus Christus, und du und dein Haus sollen errettet werden. Es gibt keine Rettung ohne den Glauben. Die Sünde der Sünden ist der Unglaube. Der Mensch geht eben nicht verloren, weil er ein großer Sünder ist, sondern weil er nicht glauben will. Mögen seiner Sünden so viele sein wie Sand am Meer, wenn der Sünder glaubt, wird er

Vergebung aller seiner Sünden finden. Der Gerechte wird aus Glauben leben! Und es ist noch keiner ist zuschanden geworden, der an den Herrn geglaubt hat.

»Wahrlich, wahrlich, ich sage euch: Wer mein Wort hört und glaubt dem, der mich gesandt hat, der hat ewiges Leben und kommt nicht ins Gericht, sondern ist aus dem Tod in das Leben übergegangen»« (Joh. 5, 24). Sobald der Sünder glaubt, darf er Errettung von allen seinen Sünden und jeder Gebundenheit erfahren. Diese Tatsache nötigt mich, noch etliche Einwendungen zu wiederlegen.

Da ist einer der sagt*: »Ich darf nicht an Jesus glauben, denn meine begangenen Sünden sind zu groß, als dass sie mir vergeben werden.* Ich bin ein Ungeheuer von einem Sünder gewesen und habe dem Teufel mit jeder Faser meines Lebens gedient.« Was du sagst, das glaube ich. Ich wage nichts zu entschuldigen. Es ist wahr, du bist ein Auswurf der Schlechtigkeit. Deine Sünden gegen Gott und Menschen sind pechschwarz. Aus deinem Munde quoll es wie ein Schwefelstrom von Flüchen und Lästerungen, von Worten des Leichtsinns und der Liederlichkeit. Du hast dich betragen wie ein Kind Belials, deine Sünden sind furchtbar. Fern sei es von mir, dir zu sagen, es sei nicht so; und dennoch sage ich dir im Namen des Herrn: Glaube an den Herrn Jesus Christus und deine Sünden werden ausgetilgt! Frage nicht: »darf ich glauben?«, sondern ich befehle dir: glaube! Wirf dich in den purpurnen Strom des Blutes Jesu! »Wenn deine Sünden rot wie Karmesin sind, wie Schnee sollen sie weiß werden. Wenn sie rot sind wic Purpur, wie Wolle sollen sie werden« (Jes. 1, 18). Sünder, es ist dir befohlen durch den Heiligen Geist, zu glauben – sei diesem Befehl gehorsam! Nicht die Größe deiner Sünde ist die Schwierigkeit, sondern dein Unglaube. Deswegen hinweg mit dem Unglauben! Der Unglaube ist die größte Sünde der Welt. Solange du nicht glaubst, vermehrst du deine Sünden und widerstehst dem Heiligen Geist; deswegen höre auf zu sündigen, glaube und lebe!

»O dass du würdest glauben,
Du würdest Wunder seh'n,
Es würde dir dein Jesus
Allzeit zur Seite steh'n.«

Eine andere Einwendung, die viele von euch machen, ist: *»Ich möchte gerne glauben, aber ich fühle nichts von meinen Sünden.* Mein Herz ist so hart, so kalt, so tot; nicht eine Spur von Reue offenbart es!« – Lass dir sagen, mein Freund, dass glauben und fühlen zwei verschiedene Dinge sind. Es mag sein, dass du dein Sündenverderben nicht fühlst, es mag sein, dass du klagst wie jener:

> »Wie ist mein Herz so schrecklich hart,
> Wie liegt's so schwer in mir,
> So kalt und träg in meiner Brust
> Als läg ein Eisblock hier.«

Ich kenne diesen Zustand; und willst du von dieser Gefühllosigkeit erlöst werden, so musst du zuerst glauben. Du kannst noch lange umhergehen und seufzen wegen deines harten Herzens und deiner Gefühllosigkeit, und dein Herz wird doch nicht verändert. Fängst du an zu glauben, so wird dein Herz sofort verändert. Es ist nicht die Regel, zuerst zu fühlen und dann zu glauben, sondern glaube zuerst, dann kannst du auch fühlen. Alle, die an Ihn glauben, sollen nicht zuschanden werden! Durch den Glauben bekommst du ein neues Herz und einen neuen Geist. Deine Sache ist jetzt nicht, dich bei deinen Gefühlen aufzuhalten, sondern deine Pflicht ist, zu glauben. Wer mit dem Gefühl rechnet, begeht eine Untreue gegen Gott. Glaube jetzt, glaube mit deinem ganzen Herzen und du wirst errettet! Es ist ein Jammer, wenn man sich mit seinen Gefühlen herumschlägt. Höre auf mit deinem Spielen, dir ist befohlen zu glauben – blind zu glauben – nackt zu glauben – einfältig zu glauben – jetzt zu glauben!

»Kann ich auch glauben, bevor ich weiß, dass ich ein Erwählter bin?« Diese Einwendung macht der Sünder aus dem reformierten Lager. Sünder, lass mich dir da sagen: Dein Gott befiehlt dir nicht, über die Erwählung nachzugrübeln, sondern Er befiehlt dir zu glauben! Die Erwählung ist Sache der geförderten Heiligen. Du bist so naseweis und suchst, ohne dass du deine Pflichten Gott gegenüber getan hast, in allen Geheimnissen Gottes herumzugrübeln. Lerne du erst einmal das »A«, dann wird das »B« und »C« folgen. Es ist ein Widerstreben gegen den Heiligen Geist, wenn man nicht das tut, was Gott befiehlt und statt dessen Lehren, wie die Erwählung, zu einem Schlupfwinkel seines Widerstrebens macht. Sünder, ich befehle dir zu glauben und deine Rebellion aufzugeben!

»Kann ich denn glauben, ehe mein Herz eine gründliche Änderung erfahren hat?« Dieser Einwurf wird von vielen gemacht. Du wartest auf Änderung deines Herzens. Wisse, dein Herz wird nicht eher verändert werden, bis du glaubst. Der Herr sagt nicht: »warte auf die Veränderung des Herzens«, sondern: »glaube an das Evangelium«! Dein Herz wird

nicht früher verändert werden, als bis du glaubst. Glaube sofort, und sofort erfährst du eine Änderung deines Herzens. Wie soll ich dir das erklären? Wann kann der Töpfer aus dem Ton ein Gefäß zur Ehre machen? Natürlich doch erst, wenn er den Ton in seinen Händen hat. So ist es gerade mit dir. Du bist der Ton, Jesus der Töpfer. Durch Glauben gib dich Ihm hin, und Er macht aus dir eine neue Schöpfung. Dein Herz, dein Charakter, dein Leben, alles wird verändert, wenn du durch Glauben in Seine Hand gegangen bist.

Da ist einer, der wendet mir ein: *»Ich kann nicht glauben; ich werde von gotteslästerlichen Gedanken furchtbar geplagt.«* Ich glaube, dass es so ist, wie du sagst. Gerade, weil dir solche Gedanken im Herzen aufsteigen, musst du glauben, damit sie vertrieben werden. Woher kommen diese Gedanken? Sie kommen vom Teufel. Gut, dann schicke sie durch Glauben wieder zurück, woher sie gekommen sind. Wenn ihr im völligen Glauben steht und euren Platz in eurer Festung eingenommen habt, d. h. in Christus, dann werdet ihr bewahrt, und der Böse wird euch nicht antasten. Aber in die Festung müsst ihr erst durch Glauben hineingekommen sein. Denkt euch einen Soldaten mitten auf dem Schlachtfeld stehend; der Feind verfolgt ihn mit furchtbaren Geschossen. Nicht weit von seinem Platz ist eine Festung. Will er sein Leben behalten, muss er in die Festung fliehen. Jetzt denkt euch, der Soldat setzt sein Leben dem Kugelhagel aus mit folgender Entschuldigung: »Ich kann nicht in die Festung gehen; der Feind verfolgt mich so sehr.« Wäre es ein Wunder, dass er sein Leben auf dem Felde lassen muss, obwohl die schützende Festung in seiner Nähe war? *Glauben heißt, in die Festung fliehen!* Sünder, fliehe, fliehe *jetzt* und suche *jetzt* Bergung im Blute Jesu! Satan weiß, dass du bald geborgen bist, wenn du nur einen Schritt tust, den Schritt des Glaubens. Mit viel List sucht er dich abzuhalten von diesem Schritt; er kann nicht leiden, wenn er einen Sündenknecht verliert. Entrinne ihm! Schaue Jesus an und sage: »Herr ich vertraue dir, ich vertraue dir jetzt.« Sünder, von dem Augenblick, wo du Jesus vertraust, bist du so geborgen und sicher wie ein Apostel oder Prophet oder Märtyrer! Weder Tod noch Hölle können den Menschen treffen, dessen Anker fest am Fuße des Kreuzes haftet. Wer glaubt, wird errettet werden, seien seiner Sünden auch noch so viele; wer nicht glaubt, wird verdammt werden, seien seiner Sünden auch noch so wenige und seiner Tugenden auch noch so viele. Deswegen Glaube und lebe!

Noch eine Frage, und dann bin ich fertig. Sünder hast du den Mut, noch lange dem Geist Gottes zu widerstreben? O, spiele nicht mit deinem

Gott, denn Er ist ein verzehrendes Feuer! Unterwirf dich Ihm sofort und glaube an den Herrn Jesus Christus! Willst du? Der Herr schenkt dir Gnade! Jesu Name sei Gepriesen in die Ewigkeit der Ewigkeiten! Amen.

Gott will es!

Weiherede, gehalten in Mülheim/Ruhr, Tersteegensruh, am 28. April 1902

»Gott will, dass alle Menschen errettet werden und zur Erkenntnis der Wahrheit kommen.« (1. Tim. 2, 4).

Das Zelt, das uns der Herr huldvoll anvertraut hat, geben wir in Seine Hände zurück für Seinen Dienst und zu Seiner Verherrlichung. Das Gnadengeschenk zurückgeben in die Hand dessen, der es zuerst gab und nichts von demselben in eigenem Besitz behalten – das war die Lektion, die Abraham auf Morija zu lernen hatte. Diese Lektion wollen wir in ihrer ganzen Tiefe erfassen und ausleben. Wir übergeben und überlassen dies Zelt dem König. Er soll der Herr, der Führer, der Versorger, der Anfänger und Vollender, das A und O dieses Zeltes sein. Es ist gebaut, den Ewigen zu verherrlichen; dem Allerhöchsten allein soll es dienen.

In verschiedenen Punkten hat dieses Missionszelt Ähnlichkeit mit der Stiftshütte. Jenes wunderbare Heiligtum war ein Wanderzelt und diente den in der Wüste wandernden Israeliten, die Gegenwart Jahwes darzustellen. Dieses Zelt ist auch ein Wanderzelt und soll dem Volk Gottes, den erwählten Fremdlingen hin und her (1. Petrus 1, 1) in Deutschland und in der Schweiz als Stätte der Anbetung, der Evangelisation und der Erbauung dienen. Es soll ein Ort sein, an dem jedes Kind Gottes, welcher evangelischen Richtung es auch angehören mag, einen Platz findet, den Herrn zu verherrlichen.

Die Stiftshütte war nach den Gedanken Gottes entworfen. Mose durfte jenes Heiligtum nicht nach seinen Gedanken und Plänen bauen, sondern Gott zeigte ihm das himmlische Original auf dem Berge, und nach diesem Muster baute Mose die Stifthütte und handelt so, wie ihm der Herr geboten hatte (2. Mose 40, 16) In aller Demut dürfen wir bekennen und dem Herrn die Ehre geben, dass nicht wir, sondern, wie wir unzweifelhaft glauben, der Herr den Plan dieses Zeltes gemacht und uns gezeigt hat. Als wir vor einigen Jahren in der Stille der Berge über das Werk des Herrn in der Evangelisation nachdachten und den Herrn fragten, wie man mit einem Mal allen Klassen des deutschen Volkes die Frohe Botschaft nahe bringen kann, auch denen, die nicht mehr in Kirchen und Kapellen, Vereinshäusern und Versammlungslokalen zu erreichen sind, da kam uns wie ein Blitzstrahl der Gedanke, dass diese durch ein Zelt, das mit der Stiftshütte Ähnlichkeit hat, erreicht werden könnten. Der Gedanke packte uns so, dass wir ihn nicht mehr loswurden. Tag und Nacht brannte es in uns wie ein Feuer und ließ und keine Ruhe; wir mussten uns ergeben und das Zelt bauen. Dass man in England und Amerika früher schon in solchen Zelten das Evangelium predigte, wussten wir nicht, freuten uns aber sehr, als wir dieses später erfuhren. Merkwürdig ist noch, dass unser teurer Bruder Paul denselben Gedanken in jener Zeit in seinem Herzen bewegte. Wir glauben, einen Gedanken Gottes erfüllt zu haben und sind voll Zuversicht, dass Gott dieses in der Welt bestätigen wird.

Wie die Stiftshütte aus freiwilligen Gaben der zwölf Stämme Israels erbaut wurde, so hat Gott viele Seiner Auserwählten willig gemacht, ihre Gaben zur Erbauung des Zeltes zu spenden. Mit tiefgefühltem Dank gegen den Herrn dürfen wir bezeugen, dass wir keinen Menschen um Gaben für das Zelt gebeten haben. Wir riefen den Herrn an, denn Er hat beides, Silber und Gold, Er lenkt die Herzen der Menschen wie Wasserbäche. Dies haben wir erfahren. Unser Glaube wurde sehr vermehrt. Die erste Gabe erhielten wir von einer armen Frau. Es waren 5 Mark. Dann folgten anderc. Dicses Zclt ist durch die Pfennige der Armen erbaut. Unsere Erfahrung bis heute ist die, dass sehr wenig Reiche ihre Hand öffnen ließen und eine Gabe für die Sache Gottes flüssig machten. Alles, was ihr hier im Zelt seht – Wagen, Bänke, Harmonium – ja, das ganze Zelt ist erbaut aus den Scherflein der armen Männer und Frauen, der Knechte und Dienstmädchen, die mit ihrer Hände Arbeit oft kärglich und sauer ihr Brot verdienen. Die Armen haben dieses Zelt erbaut, den Armen soll durch dieses Zelt das Evangelium gebracht werden. Denn aus ihrer Mitte hat sich Gott viele erwählt, die in der Lichtswelt als Priester und Könige mit dem Lamm auf dem Thron sitzen und mit Ihm herrschen werden von Ewigkeit zu Ewigkeit.

Wir wurden von verschiedenen Seiten gefragt, was wir eigentlich wollen. Ich habe auf diese Frage zwar bereits eine Antwort gegeben, doch ich will mich besser erklären.

Das Programm der Zeltmission ist, den Willen Gottes zu tun. Wir wollen nicht etwas tun, was *wir* gedacht und uns zurechtgelegt haben, nein – wir wollen nur tun, was unser Gott will und von uns fordert.

I. Was will Gott?

Wir finden diese Frage sehr klar und bestimmt in dem Eingangstext beantwortet. Gott will, dass alle Menschen errettet und zur Erkenntnis der Wahrheit kommen. Gott will nicht den Tod des Sünders, sondern dass er sich bekehre und lebe. Das ist das eine; das andere – Erkenntnis der Wahrheit – ist das Mittel, durch das Gott den Menschen rettet.

1. Gott will, dass alle Menschen errettet werden. Das ist ein gesegnetes Wort für arme Sünder. Ach, könnten wir dieses Wort mit aller Gewalt jeder Art von Sündern ins Herz hineinrufen als Lebenswort! Der Zweifel würden weniger und die Hölle müsste ihre Gefangenen losgeben, denn: Gott will, dass alle Menschen errettet werden. An einem Ort fand ich in der Nacht einen armen Mann. Er war sehr niedergeschlagen. Sein Antlitz offenbarte einen tiefen inneren Schmerz. Ich fragte ihn, was ihm fehle. Da gab er mir zur Antwort: »Mir fehlt alles. Ich bin für das Verderben, für die Hölle bestimmt.« Dieses sagte er mit solchem Ernst und solcher Wucht, dass ich erschrak. »Was, Sie sind für die Hölle bestimmt?« – Wo steht das geschrieben?« Er antwortete: »Mein Leben liefert den Beweis.« Und da fing er an, sein Herz auszuschütten. Das war gut. Als er fertig war, durfte ich ihm sagen: »Freund, Sie sind für den Himmel bestimmt, und Ihr ganzes Leben liefert den Beweis, dass Gott will, dass sie errettet werden.« Es ist furchtbar zu sagen, Gott habe etliche für die Hölle bestimmt. Wo steht das? Blättere die Bibel durch und suche dieses Wort. Nein, Sünder, die Sache ist nicht so. Gott hat niemand für die Hölle bestimmt! Alle Sünder müssen vor dem Richterstuhl bekennen: »Gott ist wahrhaftig und gerecht, und nicht Er, sondern wir haben uns für die Hölle bereitet«. Wer mit ein wenig Aufmerksamkeit seine Bibel liest, der findet diese Wahrheit in jedem Buch: Gott will, dass alle Menschen errettet werden. Ist dieses Wort nicht wahr, dann ist die ganze Bibel nicht wahr; aber es ist wahr: Gott will, dass alle Menschen errettet werden. Unterstreicht *»alle Menschen«*! Nicht nur eine bestimmte Klasse, Leute von einem Geschlecht, einer Sprache, einer Rasse – nein, Gott will, dass *alle* Menschen errettet werden, die großen und kleinen Sünder, reiche und arme Sünder, ebenso die Sünder, die im königlichen Rock mit Krone und Szepter geschmückt sind, als auch die, die im Bettelgewand und mit dem Bettelstab einhergehen. Sein Herz schlägt für die Kannibalen auf den Südseeinseln ebenso warm, wie für die gebildeten Europäer. Alle sind Sünder – alle will Er retten. Sünder, das ist eine Botschaft für dich, das sind Himmelstöne voll lieblicher Musik für dich. Du sollst nicht verloren gehen, Gott will, dass dir geholfen wird. Du sollst errettet werden aus allen deinen Sünden. O glaube dieser Botschaft und bete an! Deine Sünden mögen rot wie Blut und schwarz wie die Hölle sein – Gott will dich erretten. Du magst alle Sünden, die ein Mensch nur tun kann, vollbracht haben, du magst ein Auswurf der Welt sein, ja, ich sage mit Bedacht: du magst dem Teufel zu schlecht sein – Gott verachtet dich nicht, Gott will dir helfen. Komme mit Reue und Schmerz über deine Sünden, komme als einer, der Buße tut und dem Worte Gottes glaubt und Gott wird dir helfen. Viele von uns waren sehr große Sünder, viele hatten jahrelang in den schmutzigsten Sünden gelebt, dennoch – o Preis der göttlichen Gnade! – sind wir abgewaschen, sind wir geheiligt, sind wir gerecht geworden durch den Namen des Herrn Jesus und durch den Geist unseres Gottes (1. Kor. 6, 11). Droben vor dem Thron Gottes steht eine große Schar in fleckenlosem Glanz. Viele waren große Sünder, Lästerer und Verfolger wie Saulus, Verleugner wie Petrus, Unreine wie Maria Magdalena; aber Gott hat sie gerettet. Sie haben ihre Kleider gewaschen und hell gemacht im Blute des Lammes. Wie Gott mit Seiner freien Gnade jenen Verklärten geholfen hat, so will Er allen helfen, die sich zu Ihm wenden. Ihr vornehmsten Sünder, frohlocket! Gott will euch helfen! Kommt zu Gott zurück. Seine Gnade reicht aus für jeden Sünder.

2. Gott will den Menschen retten. Durch was? Gott hilft durch die »Erkenntnis der Wahrheit«. Das heilsame Mittel, das Gott gebraucht, ist Erkenntnis der Wahrheit. »Was ist Wahrheit?«, so fragt der stolze, selbstsüchtige Pilatus. Jesus gibt ihm keine Antwort. Schweigen ist auch eine Antwort. Pilatus geht weg, versichert seine Unschuld und gibt Jesus in die Hände der Mörder. Warum schweigt Jesus vor Pilatus? Er hat dem Pilatus zuvor gesagt: »Jeder, der aus der Wahrheit ist, hört meine Stimme« (Joh. 18, 37). Pilatus spricht nicht aus der Wahrheit. Er war nicht aufrichtig, sonst hätte er die Wahrheit erkannt, denn diese stand als Person vor ihm. Jesus ist die Wahrheit (Joh. 14, 6). Gott errettet die Menschen durch die Wahrheit, d. h. durch Christus. »Ich bin der Weg, die Wahrheit und das

Leben. Niemand kommt zum Vater als nur durch mich.« Erkenntnis der Wahrheit ist Erkenntnis Jesu. Wer den Herrn erkannt hat als seinen Stellvertreter, seinen Bürgen, seinen Erretter, seinen Hohenpriester, seinen Gott, hochgelobt in Ewigkeit, der hat Erkenntnis der Wahrheit empfangen. Diese Erkenntnis der Wahrheit finden wir in der Bibel. Jede Seite offenbart einen Strahl dieser Erkenntnis. Der Sünder, der den Mann der Schmerzen, den Gott für uns zur Sünde gemacht, als seinen Erlöser erkennt, sich Ihm ausliefert und für Ihn lebt, der wird errettet aus allen seinen Sünden. Dieses erleben wir fast alle Tage in der Evangelisation. Kürzlich arbeiteten wir in Süddeutschland. Zu einer Sprechstunde stellte sich ein sehr gebildeter Herr ein. Er erzählte seine traurige Lebensgeschichte. Auf dem Gymnasium, das er absolvierte, suchte er die Wahrheit und fand sie nicht. Auf fünf Universitäten suchte er die Wahrheit, fand sie aber nicht. Er studierte Schopenhauer und wurde ein Pessimist, der sich in alle Laster hineinstürzte. Doch das Gewissen ließ ihm keine Ruhe, er las die Schriften von Spinoza und die Werke von Nietzsche und sank noch tiefer in den Strudel der Sinnlichkeit, – doch Wahrheit fand er nicht. Man machte ihn mit den Werken Buddhas bekannt. Er las die Weisheiten dieses Heiden mit Entzücken, – aber die kostbare Perle fand er nicht. Er ließ sich in einen spiritistischen Zirkel aufnehmen und glaubte nun die Weisheit zu finden. Aber er fand nichts als Qual im Gewissen und durch sein vieles Suchen litten seine Nerven sehr. Äußerlich und innerlich war er ein zerrütteter Mensch, der mit Gott und der ganzen Welt zerfallen war. Ein Arzt gab ihm nach einer Untersuchung den Rat: »Nehmen Sie einen Revolver und schießen Sie sich eine Kugel durch den Kopf, das ist das Beste, was sie tun können.« Dieser arme Mann kam in die Versammlung und hörte die Botschaft von Jesus und Seinem kostbaren Blut, das rein macht von allen Sünden. Der Heilige Geist gebrauchte dieses Wort. Sein Inneres wurde erleuchtet. Er erkannte Jesus und Seine Gnade, tat Buße, glaubte, und wurde gerettet! – Da war eine Frau, die wollte sich gerade das Leben nehmen, als sie eine Einladung in unsere Versammlung erhielt. Sie dachte, sie wolle doch zuerst hören, was man da sagt und dann in den Tod gehen. Sie kommt, empfängt Erkenntnis der Wahrheit und wird vom Verderben errettet. – Da ist ein Mann, der war früher wie ein Tiger, und heute ist er wie ein Lamm. Wer hat solche Veränderung in ihm vollbracht? Erkenntnis der Wahrheit. – Da ist eine Person, deren Haus war ein Tor zum Tode. Es führte hinab zum Gefängnis der Verdammten. Manchem Jüngling hat sie die Schlinge um den Hals geworfen und wie einen Ochsen zur

Schlachtbank der Sünde geführt. Ihr Brot erwarb sie durch die Sünde der Unreinheit, und jetzt ist sie rein wie die Sonne und lauter wie der Mond. Was hat sie errettet? Erkenntnis der Wahrheit. – Wir haben Hunderte kennengelernt, die früher in vielen Sünden gebunden waren und jetzt nicht nur Vergebung ihrer Sünden haben, sondern aus ihren Sünden herausgerettet sind und als Denkmäler der freien Gnade Gott preisen. Durch was hat Gott sie errettet? Durch nichts anderes als Erkenntnis der Wahrheit. Ach, möchte es der Gnade gelingen, Lichtstrahlen in Herzen voll Nacht und Sünde fallen zu lassen, damit auch in dieser Stunde etliche zur Erkenntnis der Wahrheit kommen. Gott will es! Gott will es! Möchte dieser Ruf ein Echo in dir sein. Als Peter von Amiens in seiner Predigt den gewaltigen Ruf ausstieß: »Gott will es!«, wurde ein Feuer angezündet, das in der ganzen Christenheit brannte. Monarchen vertauschten ihre Kronen mit Helmen, die Handwerker warfen den Hammer weg und ergriffen die Waffen, man machte aus den Pflugscharen Schwerter. Jeder war von dem einen Gedanken erfüllt: Gott will es! Gott will es! Was? Das heilige Land erobern durch die Waffen der Christen. – Jener Einsiedler gebrauchte das Wort für einen fanatischen Zweck. Wir nehmen es aus unserem Text und benutzen es für die Sünder. Dieselben wollen wissen, dass ihre Rettung möglich ist. Gott will es, nämlich ihre Rettung. Wirf, Sünder, deine Waffen weg, mit denen du gegen Gott gekämpft hast. Beuge dich, verbrenne, was du angebetet hast und bete an, was du verachtest. Nimm Heil aus Christus. Er ist dein Herr, Sein Wille geschehe an dir. »Gott will, dass alle Menschen gerettet werden und zur Erkenntnis der Wahrheit kommen«, das ist das eine. Wir gehen jetzt einen Schritt weiter.

II. Was will die Zeltmission?

Das ist das andere. Ein berühmter General hielt des Abends mit seinen Offizieren einen Kriegsrat. Als sie wieder auseinander gingen, fragten die Soldaten: »Was will unser General?« Die Antwort lautete: »Er will in dieser Nacht die Festung im Sturm nehmen.« Was war die Antwort der Soldaten zu diesem Beschluss? »Wenn das unser General will, so wollen wir es tun.« Und sie taten es. Der Wille unseres Gottes ist, die Erkenntnis der Wahrheit zu verbreiten, damit Sünder gerettet werden. Dazu braucht es Werkzeuge. Wir sind Seine Werkzeuge. Nun, was unser Gott will, das wollen wir tun. Die Zeltmission will also nichts, als den Willen Gottes zu verwirklichen. Lasst uns euch sagen, wie wir den Willen Gottes in der Zeltmission zu verwirklichen gedenken:

1. Durch ein heiliges Leben mit Christus in Gott. Graf Zinzendorf wurde einmal gefragt, was die Brüdergemeinde für eine Methode habe, um Sünder zu bekehren. Er antwortete: »Wir leben den Menschen solange das Evangelium vor, bis sie fragen, was wir eigentlich für Leute seien und woher es komme, dass wir ein so frommes Leben führen können; dann verkündigen wir ihnen Christus.« Diese Methode werden wir zu unserer machen. Unsere Liebe, unser Friede, unsere Demut, unser Glaube, unsere Selbstlosigkeit soll der Welt Zeugnis geben, dass die Gnade eine neue Schöpfung aus uns gemacht hat. Wir werden nicht die Armut Christi predigen und aus der Evangeliumspredigt ein Geldgeschäft machen. Nein, die Welt soll wissen, dass wir arm, ganz arm sind. Wir werden nicht das Sterben mit Christus predigen und dabei unserer alten Natur Raum lassen. Wir werden nicht von der Erlösung reden und selbst noch gebunden sein. Wir werden nicht anderen predigen und selbst verwerflich leben. Es ist unser ernstes Flehen, dass jeder Mitarbeiter der Zeltmission ein heiliges Leben vor Gott und Menschen führe. Gott gebe, dass die Brüder der Zeltmission ein Feuer der Liebe seien, von denen Lichtstrahlen ausgehen in einer Welt voll Sünde und Schande, eine Brüderschar, auf die Gott mit Wohlwollen und Wohlgefallen blicken kann.

2. Durch eine klare, bestimmte und direkte Predigt von der Erkenntnis der Wahrheit. Erkenntnis der Wahrheit schöpfen wir aus der Schrift. Wir glauben, dass die Bibel Gottes Wort ist. Mose und die Propheten, Evangelien und Episteln – die Bibel vom ersten bis zum letzten Blatt wollen wir ausleben und predigen, wo immer der Herr uns Gelegenheit gibt. Wir werden den ganzen Rat Gottes verkündigen und keine Wahrheit verschweigen. »Alle Schrift ist von Gott eingegeben und nützlich zur Lehre, zur Überführung, zur Zurechtweisung, zur Unterweisung in der Gerechtigkeit« (2. Tim. 3, 16). Das Buch ist ein göttliches Erzeugnis, es ist vollkommen, und es ist der letzte Gerichtshof, der Richter, welcher allem Streit ein Ende macht. In ihm finden wir die Lehre der heiligen Dreieinigkeit. Wir können dieses Geheimnis nicht erklären, aber wir glauben an Gott, den Vater, Gott, den Sohn und Gott, den Heiligen Geist, und unser Herz ahnt etwas von diesem Geheimnis. Diese Lehre glauben wir, obwohl viele den Sohn und den heiligen Geist leugnen.

In der Bibel finden wir die Erlösung durch das teure Blut Christi. Wir haben die Macht des Blutes erfahren. Das Blut ist unser Element. Wir werden deshalb vor allem die Bluttheologie predigen.

Das Werk des Heiligen Geistes wollen wir nicht vergessen. Wir wollen es den Sündern und den Heiligen sagen, dass sie sündigen, wenn sie sich nicht ganz dem Heiligen Geist hingeben und in heiliger Scheu erfüllen, was er von ihnen fordert, nämlich dass sie zur Durchheiligung und Vollendung gelangen.

Dass jeder Mensch von Natur ein Sünder ist und als solcher unter der Herrschaft der Obrigkeit der Finsternis steht, ohne Gott, ohne Hoffnung, ohne Verheißung, tot in Sünden und Übertretungen, das sagt die Schrift sehr klar. Und weil sie diese Lehre klar bezeugt, werden wir sie klar und bestimmt lehren.

Dass der Mensch sich selbst nicht retten kann, auch nicht durch irgendeine Zeremonie gerettet werden kann, sondern dass der Herr Jesus Sünder rettet durch Seine Gnade, ist eine klare Aussage der Schrift. Wir werden dem Sünder Christus, den Gekreuzigten, als uns von Gott gemacht zur Weisheit, Gerechtigkeit, Heilung und Erlösung verkündigen. O, möge uns der Herr die Gnade geben, aller Augen zu öffnen für den Mann der Schmerzen, für Seinen Tod, Sein Auferstehen, für Sein Werk im Heiligtum, dass Er alles sei bei unserer Verkündigung des Evangeliums!

Alle diese Lehren werden wir mit Entschiedenheit predigen, ohne wenn und aber. Unsere Sprache wird sein: »Es steht geschrieben« und: »So spricht der Herr«. Was man mit dem Worte macht, das liegt in der Verantwortung jedes Hörers. Um das zu können, werden wir so reden, dass uns jedermann verstehen kann; die Sprache des Marktes, die Sprache des Volkes, die Sprache der Kinder soll unsere Sprache sein. Der Herr wird uns dazu rüsten. Nicht mit klugen Worten, sondern als Kinder der Einfalt reden wir in unseren Versammlungen in der Erweisung des Geistes und der Kraft, mit Einfalt, Glaube, Liebe, Hoffnung.

3. Neben der Wortverkündigung werden wir die Seelsorge nicht vergessen. Diese gehören zusammen. Wer nur das Wort predigt und keine Seelsorge treibt, ist wie einer, der das Netz immer wieder auswirft und nie an Land zieht. Dass man bei einer solch unpraktischen Arbeit keine oder nur sehr wenige Fische fängt, ist begreiflich. Viele Seelen gehen verloren, weil ihnen nach der Predigt keine Gelegenheit gegeben war, sich für Gott zu entscheiden. Wir werden allen erweckten Sündern Gelegenheit in

Nachversammlungen und Sprechstunden geben, sich Jesus hinzugeben, so dass Er sie an die Hand bekommt und etwas Neues aus ihnen machen kann. Wir haben in der Arbeit erfahren, dass viel mehr Menschen in den Sprechstunden und Nachversammlungen bekehrt wurden, als in der Predigt. Die Seelsorge in den Nachversammlungen ist schon sehr alt. Johannes der Täufer, Jesus und die Apostel übten sie treu, wenn Sünder kamen und fragten, was sie tun sollten, damit sie gerettet würden? Wir werden uns der Verlorenen annehmen und ihnen den Weg zeigen, den wir selbst gehen – zu Jesus hin – dem Lamm nach.

4. Wir wünschen, die Arbeit mit allen Kindern Gottes zu tun. Die Errettung der Welt ist die Aufgabe der Heiligen. Unsere katholischen Freunde meinen, ihre Priester haben allein den Dienst in der Kirche zu tun. Von dem weiß die Bibel nichts. Das Volk Gottes muss mit den Evangelisten zusammenarbeiten, und dazu gibt der Herr Seinen Segen. Eine Zusammenarbeit der Kinder Gottes setzt Einigkeit voraus. Eine vollkommene, einige Kirche ist imstande, den Unglauben der Welt zu besiegen. Wir meinen nicht, dass dazu eine Übereinstimmung der Meinungen, Anschauungen und Auffassungen in allen Punkten gehört. Es gibt untergeordnete Dinge, die man als offene Fragen behandeln kann. Da kann der eine so und der andere so denken, – in der Hauptsache Einigkeit, in der Nebensache Freiheit, in allen Dingen aber Liebe. Die Hauptsache ist Jesus und Sein herrliches Werk. »Jesus, Jesus, nichts als Jesus, soll mein Wunsch sein und mein Ziel!« Wo man in dieser Hauptsache eins ist, da kann man zusammenarbeiten. Als Israel aus Ägypten zog, hatte jeder Stamm seinen besonderen Platz einzunehmen. Über allen stand Jahwe, Er leitete sie durch eine Wolken- und Feuersäule. Juda bildete die Spitze, Dan machte den Schluss. So haben alle Kinder Gottes in allen Gemeinschaften ihren Platz und ihre Aufgabe im Reich Gottes. Juda an der Spitze – Dan am Schluss. Mögen sie in gewissen Punkten anders denken, wo es sich aber um die Rettung von Sündern handelt, da dürfen und *sollen* sie eins sein und alle zusammenstehen, damit der Herr Jesus Seinen Schmerzenslohn erntet. Wir haben gefunden, dass dort, wo das Volk Gottes in der Evangelisation zusammengearbeitet hat, Gott eine Erweckung schenkte. Das Bemühen der Zeltmission wird sein, mit allen Kindern Gottes gemeinsam die Arbeit zu tun. Dass das schwer ist, wo man seine eigenen Interessen sucht und nicht Jesu Sache im Auge hat, ist Tatsache. Doch wo man selbstlos das Werk Jesu betreibt, da ist es nicht schwer, mit allen Kindern Gottes zu arbeiten. In England z. B. arbeitet nicht nur eine Gemeinschaft, sondern alle wirken miteinander, wenn es gilt, eine Schlacht zu schlagen. Finney nahm keine Arbeit an, wo man nicht willig war, mit allen Kindern Gottes Hand in Hand zu arbeiten. Wir gedenken mit denselben Vorsätzen die Arbeit zu tun und trauen es der Gnade zu, dass sie es fertig bringt, das Volk Gottes für den Dienst einig zu machen.

5. Die Kinder werden wir in unserer Arbeit auch nicht vergessen. Wer die Kinder hat, der hat die Zukunft. Das Gebot des Herrn von den Kindern heißt: »Lasst die Kinder zu mir kommen und wehrt ihnen nicht! Denn solchen gehört das Reich Gottes« (Luk. 18, 16). Ich weiß gar nicht, warum man sich vor Kinderbekehrung fürchtet. Die Erfahrung hat gelehrt, dass die Christen, die als Kinder zur Bekehrung kamen, die besten waren.

Kommen die kleinen Majestäten früh in die Hand des Heiligen Geistes, so kann derselbe ein tiefes Werk in ihnen tun. Wir haben uns selber oft gewundert, dass Eltern viel mehr für das äußere Fortkommen ihrer Kinder sorgen, als für ihre Bekehrung. Ja, es gibt Eltern, die glauben nicht an Kinderbekehrung. Ist das möglich? Sie haben doch ihre Kinder taufen lassen. Warum? Ich denke, damit sie bald zur Bekehrung kommen. Liebe Eltern, habt Sorge für eure Kinder, betet für sie und ruht nicht eher, bis sie errettet sind. Wir werden in der Zeltmission sorgfältig die Kinder berücksichtigen. Mose wollte auch nicht die Kleinen in Ägypten lassen; auch sie durften vom Passahlamm essen. Unser Werk wäre traurig fehlerhaft, wenn es sich nicht auf die Jünglinge und Jungfrauen, auf die Knaben und Mädchen bezöge. Unsere Reden werden sein, wie Jesaja sagte: »Wein und Milch« – Wein für Männer und Milch für Kinder. Von unserer Kanzel soll den Kleinen die gute Botschaft nahegebracht werden.

6. Die Zeltmission wird ihren jungen Männern, die mitziehen, um die äußeren Geschäfte zu besorgen, Anweisung und Erziehung geben für den Dienst in der Evangelisation. Wir brauchen Prediger, die praktisch begabt sind. Die Zeltmission wird ein Seminar sein, in dem unsere Brüder die praktische Ausbildung erlangen. Wir sagen nichts gegen eine gründliche Anstaltsausbildung. In Ewigkeit werde ich meinem Gott danken für die Gnade, dass ich auf St. Chrischona sein und dort eine tüchtige Ausbildung erfahren durfte. Wir werden unseren Brüdern dringend empfehlen, das halbe Jahr des Winters auf St. Chrischona zu verleben und dort theoretisch zu studieren, was sie praktisch in den Sommermonaten lernen.

Wie die Apostel bei ihrem Meister predigen lernten, als Er predigte, beten, als Er betete, und in die Geheimnisse der Seelsorge eingeführt wurden, als sie den Herrn seelsorgerlich mit den Einzelnen reden hörten, so werden auch unsere Brüder in die Geheimnisse des Reiches Gottes eingeführt und praktisch für den Dienst am Evangelium gerüstet. Das ist die biblische Art, Prediger auszubilden. Warum war Paulus stets von einem Kreis junger Männer umgeben? Er bildete sie für den Dienst am Wort aus. Diese Art der Ausbildung finden wir wiederholt in der Kirchengeschichte. Unter den Christen in Vandois und den Waldensern bemühte sich jeder Prediger sehr eifrig, andere zu finden, die Prediger werden wollten. Fast jeder hatte einen oder zwei jüngere Brüder unter seiner Obhut. Sie aßen miteinander und wohnten beieinander. Sie trösteten sich in Not und Verfolgung, und die jungen Brüder empfingen auf der Reise Unterricht über die Lehren des Evangeliums, der Seelsorge, der Gemeindeleitung und in anderen Dingen, die zum Predigtdienst gehörten. Auf diese Weise war das »Israel« in den Alpen imstande, sein Zeugnis stets fortzupflanzen, und es fehlte nie an Männern, auch in den traurigen Verfolgungszeiten nicht, die das Evangelium predigten. In den Tagen Whitefield's und Wesley's finden wir dasselbe. Soviel ich weiß, besteht die Sache bei den Methodisten bis auf den heutigen Tag. Der Herr der Ernte möge uns und unsere Brüder fähig machen für den heiligen Dienst am Wort, dass Sein Name durch uns verklärt werde!

In diesem Sinne werden wir den Willen Gottes zu tun versuchen. Zum Schluss noch etliche

Bemerkungen:

Sie beziehen sich auf einige Vorwürfe, die da und dort gegen die Zeltmission gemacht werden.

1. Ist die Zeltmission in Deutschland überhaupt notwendig? Steht es mit dem Christentum nicht sehr gut bei uns? – »Wir haben ja genug Kirchen, genug Bibeln, genug Pfarrer«, entgegnete einer. Ach, wenn es nur so wäre! Aber es ist leider nicht so! Lasst mich an einige Worte, die Bruder Schrenk in Elberfeld gesprochen hat, erinnern: »In einer Stadt Deutschlands gibt es einen Stadtteil, in dem wohl 30.000 evangelische Christen wohnen – zum großen Teil sind es gewiss Namenschristen. Und diese große Gemeinde hat eine Kirche mit etwa 500 Sitzplätzen und zwei frei-

sinnigen (liberalen) Geistlichen. Das ist alles. O, ich ergrimmte im Geist und sagte mir: Welch ein Versäumnis, welch eine Verschuldung der Christenheit! Wie gilt es aufzuwachen und sich aufzumachen, um einen Priestersinn, ein priesterliches Herz zu bekommen, statt immer noch zu fragen: Soll man? Darf man? Nein geliebter Freund, wir *müssen* arbeiten! Von einer anderen Stadtgemeinde weiß ich, dass sie an die 100.000 Seelen hat, und am Sonntag sind gerade etwas mehr als 30 Menschen in der Kirche. Ist das nicht ein Jammer? Es ist kein afrikanischer, kein chinesischer, nein, es ist ein deutscher Jammer. Da gilt es aufzuwachen!" Was Bruder Schrenk sagt, das könnte jeder, der ein Herz und Auge für sein Volk hat, mit hunderten von Beispielen belegen. In unserem »christlichen« Land leben und sterben Menschen, die des Evangeliums so unkundig sind, wie die Kulis in China. Für diese armen Chinesen halten wir Missionsversammlungen und Gebetsstunden. Wir sammeln Spenden und senden Missionare zu ihnen und tun dies auf die Gefahr hin, dass sie ihr Leben unter den grausamen Händen der Boxer lassen müssen, – und doch leben in unserem Lande Leute, die von dem Heil in Christus nichts haben und von Christus nicht mehr wissen, als die Bewohner von Honan. Ist das nicht eine erschütternde Tatsache? Wer diese Tatsache bedenkt, kann nicht mehr an der Notwendigkeit der Zeltmission zweifeln – und er freut sich und dankt Gott für dieses Werk und unterstützt es mit seiner ganzen Kraft.

2. Einer fragt: »Wir haben ja genug Versammlungsorte, wo man wirken kann, warum dieses Zelt?« Die Welt hat für ihren Götzen- und Sündendienst Orte genug, das ist wahr. Man hat schon oft solche Orte für Evangelisationen genutzt. Doch diese Räume sind gewöhnlich sehr teuer und vielfach für die Anliegen des Reiches Gottes geschlossen. Wir können da manches erzählen. Nur eine Erfahrung des letzten Winters sei erwähnt. In einer bekannten Stadt verbanden sich sechs oder acht Gemeinschaften zu einer gemeinsamen Evangelisation. Sie baten mich um einen Dienst. Ich sagte zu. Das Komitee suchte dann einen passenden Saal. Man fragte beim Theater an – aber es wurde verweigert, bei der Liederhalle – aber sie war einer Karnevalsgesellschaft übergeben, und so ging es weiter. Endlich fand man einen Saal mit 600 Sitzplätzen, der Wirt desselben verlangte den hohen Preis von 1.200 Franken die Woche. Das konnte und wollte das Komitee nicht bezahlen und so musste die Arbeit unterbleiben.

3. »Wird die Zeltarbeit nicht zu Unnüchternheit und Schwärmerei führen?« Das ist derselbe Einwurf, mit dem un- und halbgläubige »Christen« jede Art von Evangelisationsarbeit, wenn sie sich in einer neuen Bahn bewegt, begegnen. Den Willen Gottes tun ist keine Schwärmerei. Unnüchternheit ist alles, was gegen den Willen und die Gedanken Gottes ist. Wir glauben, dass wir im Plane Gottes stehen; und wenn wir in diesem Plan stehend Gottes Willen in Einfalt tun, dann sind wir nicht unnüchtern und keine Schwärmer.

4. »Wird die Zeltmission, auch was das äußere Fortkommen betrifft, bestehen können?« Sie hat keinen Fonds, bittet nicht Menschen um Unterstützung, macht keine Schulden, sondern sie erwartet von Gott, dass Er jeden Tag gibt, was dieses große Werk braucht. Unsere Zeltmission soll Gott verherrlichen. Wir suchen nichts für uns, sondern die Ehre des großen Gottes. Die Zeltmission will der ganzen Welt den Beweis liefern, dass Gott lebt und die belohnt, die Sein Wort achten und ihm glauben. Er hat gesagt: »Ich will dich nicht aufgeben und dich nicht verlassen« (Hebr. 13, 5). Das ist unsere Garantie. Gott löst Sein Wort ganz gewiss ein, so wahr Er lebt. Unsere Erfahrungen in den letzten Jahren besiegeln dies. Woher kam das Geld? Von dem, dem alles Gold und Silber gehört! Der schaffte, dass das Mehl im Topf und das Öl im Krug der Witwe von Sarepta nicht verzehrt wurde, nachdem sie ihr Letztes dem Propheten gegeben hatte. Ohne ein einziges Bittgesuch an Menschen hat unser Heiland die Fenster des Himmels, die Quellen auf Erden, die Türen der Menschenherzen und ihrer Schätze geöffnet und in unerwarteten Gaben ermöglicht, dass wir dieses Zelt bauen konnten. Ihm sei Ehre dafür; aber allen Gebern sprechen wir hiermit unsern warmen Dank und ein herzliches »Vergelt's Gott!« aus. Jesus selbst sei jedes Einzelnen Lohn.

Was unser Gott getan hat, wird Er weiter tun. Er kennt unsere Bedürfnisse und wird Herzen und Hände Seiner Kinder weiter willig machen, dass sie in Seinem Heiligtum niederlegen, was Er gebraucht, um Seine Zeltmission zu erhalten. Wir reichen unsere Bittgesuche vor dem Gnadenthron ein.

Wir aber, die Er erwählt hat zu Seinem Dienst, wollen Ihm dienen bis an unser Ende, Seine Schmach tragen und mit dem unerschütterlichen Glauben an Sein Wort Seine Gerechtigkeit, Heiligkeit, Allmacht, Liebe und Barmherzigkeit verkündigen (Psalm 116).

Ja, dem ewig Herrlichen, Heiligen, dem König der Herrlichkeit, Jesus Christus, hochgelobt in Ewigkeit, der imstande ist, uns ohne Fehl zu bewahren und vor das Angesicht Seiner Herrlichkeit mit Frohlocken zu stellen, dem Gott, der allein weise ist, unserem Heiland, sei Ehre und Majestät und Gewalt und Macht in die Ewigkeit der Ewigkeiten. Amen!

Meinen Frieden

Rede, gehalten in Wuppertal-Barmen am 22. Juni 1902

»Frieden lasse ich euch, meinen Frieden gebe ich euch; nicht wie die Welt gibt, gebe ich euch. Euer Herz werde nicht bestürzt, sei auch nicht furchtsam.« (Joh. 14, 27).

Als ich hierher fuhr, hatte ich in G. etwas Aufenthalt. Ich ging zum Kiosk und bat um eine Zeitung. Der Verkäufer fragte: »Welche? Berliner, Kölner, Frankfurter?« Ich: »Diejenige, in der am meisten vom Friedensschluss zu lesen ist.« Er gab mir die Berliner. Als ich sie bezahlte, fragte ich den Mann: »Haben Sie in Ihrem Leben auch schon Frieden mit Gott geschlossen?« Er schlug seine Augen nieder und sagte: »Nein – ich habe wohl einmal Frieden gehabt, bin aber wieder von Gott abgewichen und jetzt habe ich keinen Frieden.« Ein trauriges Bekenntnis. Ich fürchte, in dieser großen Versammlung sitzen Männer und Frauen, Jünglinge und Jungfrauen, die in ihrem Leben noch nie zu einem Friedensschluss mit Gott geklommen sind, und viele, die schon einmal etwas geschmeckt haben von dem kostbaren Frieden, nun aber abtrünnig geworden sind. Vielgeliebte, möchte diese Stunde dazu dienen, dass ihr mit Gott in Ordnung kommt und mit ihm Frieden schließt.

Da lag ein Soldat schwer verwundet auf dem Schlachtfeld. Ein Freund fragte ihn: »Kann ich dir noch eine Erquickung geben?« »Ja«, sagte der Sterbende, »nimm die Bibel und lies mir Johannes 14, 27.« Der Freund tat es und las: »Frieden lasse ich euch, meinen Frieden gebe ich euch; nicht wie die Welt gibt, gebe ich euch. Euer Herz werde nicht bestürzt, sei auch nicht furchtsam.« Mit verklärtem Gesicht sagte der Sterbende, als sein Freund dies gelesen hatte: »Nimm Dank für deine Liebe,

Jesus ist mein Friede.« Mit diesen Worten eilte er hinüber durch das Tor der Ewigkeit in die Arme dessen, der sich ein »Gott des Friedens« nennt.

Was ist Friede?

Der Friede ist das höchste, edelste und köstlichste Gut, das ein Menschenkind auf Erden besitzen kann. Kein Genuss der Welt – in Freude, Arbeit, Wissenschaft, Kunst – kann uns völlig befriedigen. In uns bleibt eine unausgefüllte Leere, eine stille Sehnsucht zurück. Diese kann nur durch Jesus, der unser Friede ist (Eph. 2, 14), ausgefüllt werden. Was ist der Friede?

1. Der Friede ist eine Gabe Gottes. »Frieden lasse ich euch, meinen Frieden gebe ich euch.« Jesus gibt uns mit Seiner Person den Frieden. Den Frieden bringen wir nicht mit auf die Welt, er ist auch nicht den zarten, sanften Gemütern eigen, o nein, gerade bei den zartbesaiteten Menschen tobt oft eine Hölle in der Brust. Da kocht es und braust es oft ganz gewaltig. Betrachtet die sanften Gemüter, die ohne den Frieden Gottes umhergehen, wie sieht es bei ihnen aus? Oft stecken sie tief in Schwermut. Ihr Auge sieht alles schwarz. Warum? Ihnen fehlt der echte Friede. In ihnen nagt der Zahn der Verzweiflung. Wollen diese zum Frieden kommen, dann müssen sie sich den Frieden schenken lassen.

2. Der Friede ist ein Vermächtnis. »Nicht wie die Welt gibt, gebe ich euch.« Die Welt gibt auch einen gewissen Frieden, aber sie nimmt ihren Frieden wieder zurück. Sie macht es wie jener Mohammedaner mit dem Christen, den er mit »Salam aleikum«, d. h. Friede sei mit Dir, begrüßte. Als er jedoch merkte, dass er einem Christen den Frieden gegeben hatte, wandte er sich um und schlug ihn fast halb tot mit den Worten: »Gib mir meinen Frieden wieder«. So macht es die Welt. Da lag ein Apotheker, ein vielfacher Millionär, auf dem Strebebett und sagte seinem Arzt: »Bis jetzt habe ich immer Frieden gehabt, aber jetzt – was soll ich sagen, in mir ist eine Unruhe wie in der Hölle. Verschaffen Sie mir Frieden, ich gebe Ihnen eine Million.« Der Arzt erklärte: »Das kann ich nicht.« Und so verschied der Millionär ohne Frieden. Seht, so macht es die Welt. In ihren Genüssen und Vergnügungen, in ihrem Geld und Gut beglückt und befriedigt sie den Sünder, bis er aufs Sterbebett kommt. Hier nimmt sie den Betrogenen ihren Frieden wieder. Jesus dagegen vermacht und lässt uns Seinen Frieden.

Und mit süßer Ruh' im Herzen
Geh' ich hier durch Kampf und Leid;
Ew'ge Ruhe find ich droben
In des Lammes Herrlichkeit.

An dem Sterbebett eines Kindes Gottes ist keine Furcht und kein Grauen vor dem Tod. In seiner Brust ist keine Hölle voller Unruhe und Unfrieden, sondern seliger Friede erfüllt den Heiligen Gottes. Die Gnade feiert ihre Triumphe. Es ist wahr geworden: »Meinen Frieden gebe ich euch; nicht wie die Welt gibt, gebe ich euch.«

3. Der Friede ist ein Ersatz. »Euer Herz werde nicht bestürzt, sei auch nicht furchtsam.« Jesus ist eingegangen in das Heiligtum. Er hat sich gesetzt zur Rechten der Majestät in der Höhe. Als unser großer Hoherpriester vertritt Er uns am Gnadenthron. Unser Auge kann Ihn nicht sehen, aber Er will uns nicht als Waisen zurücklassen, Sein Friede ist der Ersatz für Ihn selbst, durch ihn ist Er bei uns alle Tage, bis an der Welt Ende. Unser Herz braucht nicht furchtsam zu sein. Mag uns die Welt verfolgen, der Friede unseres Herrn Jesus geht mit. Er geht mit in Stock und Strick, in Kerker und Verbannung. Ja, er macht den Gang zum Blutgerüst und Scheiterhaufen süß. Sein Friede gibt uns mitten in den Schmerzen und Todeswehen Triumphgesänge in den Mund. O, ihr Auserwählten, erschreckt nicht und habt keine Furcht in euren Herzen, der Friede Gottes geht mit euch bis ihr den König in seiner Schönheit sehen dürft!

4. Der Friede Gottes ist eine Kraft, die ihren Einfluss durch das Kind Gottes offenbart. »Meinen Frieden gebe ich euch« – und so, wie der Herr Jesus Seinen Jüngern Frieden gegeben hat, so geben die Jünger den Frieden weiter.

Eine Hauptunterweisung in der Reiseinstruktion für die Jünger Jesu heißt: »In welches Haus ihr aber eintretet, sprecht zuerst: Friede diesem Haus! Und wenn dort ein Sohn des Friedens ist, so wird euer Friede auf ihm ruhen; wenn aber nicht, so wird er zu euch zurückkehren« (Luk. 10, 5.6). Der Friede Gottes ist spürbar bei jedem wahren Jünger Jesu, deswegen fühlt man sich so wohl bei den Erwählten des Herrn. Ihr Friede ist wie ein Strom und ihre Gerechtigkeit wie die Wogen des Meeres (Jes. 48, 18). Da hält es ein Weltmensch nicht aus. Entweder flieht er – oder er bricht zusammen und wird ein Gegenstand der freien Gnade.

In einem Krankenhaus lag ein gottloser Mann – ein Flucher und Lästerer – sehr verwundet danieder. In seinen Schmerzen fluchte und schimpfte er. Dieses geschah besonders, wenn man ihn verbinden musste. Die Diakonissin war ein Friedenskind und ertrug alles mit großer Sanftmut und hatte nichts für den Mann als eine Träne. Als er die Träne sah, rief er aus: »Lasst mich los, ich halte es in eurer Gegenwart nicht mehr aus, eure Gegenwart tötet mich!« Ach, wenn diese Versammlung aus lauter solchen Friedenskindern bestünde, die Welt könnte es nicht aushalten, sie müsste sich entscheiden. Neutralität würde es dann nicht mehr geben zwischen Welt und Kindern Gottes. Warum ist in deinem Hause noch alles tot? Warum soviel Nacht und Finsternis in deiner Umgebung? Du hast bis jetzt noch nicht das Leben eines Friedenskindes repräsentiert und daher der Tod, daher die Macht und Finsternis in deiner Umgebung.

5. Der Friede ist eine bewahrende Macht. »Und der Friede Gottes, der allen Verstand übersteigt, wird eure Herzen und eure Gedanken bewahren in Christus Jesus.« (Phil. 4, 7).

Ohne den Frieden Gottes werden Gedanken und Herz nicht bewahrt vor Zerstreuung und Leere. Ohne den Frieden ist es unmöglich, ein mit Christus in Gott verborgenes Leben zu führen, weil wir ohne den Frieden noch nicht zur Ruhe gekommen sind. Wir sind zerstreut beim Gebet, zerstreut beim Bibellesen, zerstreut in der Gemeinschaft der Kinder Gottes – wie die Wellen des Meeres sind wir hin und her geworfen. Viele Kinder Gottes schwärmen in der Welt herum wie ein Schmetterling, nirgendwo ist ihnen wohl, sie laufen von Versammlung zu Versammlung und kommen doch nicht zur Ruhe, weil ihnen der Friede fehlt. Heute sind sie hier, morgen sind sie dort. Sie suchen immer und können doch nicht zur Erkenntnis der Wahrheit kommen. Es fehlt ihnen die Sicherheit, die innere Befriedigung, die Ruhe, das Zeugnis des Geistes.

»Wo find' ich Ruhe, wo find' ich Frieden?«, das ist der Seufzer, der aus ihren gepressten Herzen dringt. Es sind unglückliche Geschöpfe, es fehlt ihnen der Friede Gottes, der höher ist als aller Verstand. Wer den Frieden Gottes hat, der ist eingelaufen in den sicheren Hafen, und er singt mit Wonne:

Sicher in Jesu Armen,
Sicher an Seiner Brust,
Ruhend in Seiner Liebe,
Da find ich Himmelslust.

Mit holder Hirtenstimme
Ruft mir mein Heiland zu:
Lass ab vom eig'nen Ringen,
An meinem Herzen ruh!

Unser Herzenswunsch ist, dass hunderte von armen Sündern und unglücklichen Kindern Gottes dieses kostbare Gut noch empfangen würden. Wache auf, der du schläfst, und stehe auf von den Toten! Und der Christus wird dir leuchten (Eph. 5, 14) und dir Seinen Frieden schenken. Wache jetzt auf! Willst Du? Für die, welche aufwachen, möchte ich zum Schluss noch folgende Frage beantworten:

Wie gelangen wir zum Frieden?

Doch ehe ich auf diese Frage eine Antwort gebe, möchte ich klar machen, was das Fundament unseres Friedens ist. Worauf ruht unser Friede? Als Seelsorger muss man oft fragen: Hast du den Frieden Jesu, und wie bist du dazu gekommen? Da kann man dann sehr verschiedene Antworten hören. Da ist einer, der sagt: »Voll Unruhe legte ich mich schlafen. Im Schlaf träumte mir, ich liege an einem Abgrund und war nahe daran, hinunterzustürzen. In meiner Angst schrie ich zu Gott. Was geschah? Eine Hand von oben ergriff mich und hob mich von dem gefährlichen Platz hinweg. Ich erwachte und hatte Frieden.« Ist das Frieden? Der ist doch keinen Fünfer wert. Freund, wenn du sagst, du hättest durch einen Traum Frieden bekommen, dann sagen wir dir, dein Friede ist nichts wert, ihm fehlt der Grund. Ein anderer kommt und sagt: »Ich habe Frieden bekommen durch Gebet und Bibellesen.« Dass man durch Beten und Bibellesen zum Frieden kommen kann, das glauben wir; aber wir glauben nicht, dass du Frieden hast, denn deinem Frieden fehlt die Hauptsache. Da ist ein Mann, der sagt, er sei in großer Unruhe zu einem Bruder gegangen und habe ihm das Herz ausgeschüttet und sei dann zum Frieden gekommen. Das ist auch eine unklare Geschichte.

Ein Landschaftsmaler hat einmal gesagt: »Jedes Landschaftsgemälde soll sieben Dinge haben, die mit einem ›W‹ anfangen. ›Weg‹, ›Wald‹, ›Wanderer‹, ›Wolke‹, usw. Fehlt eins davon, so fehlt oft die Hauptsache.« Schau, so ist es mit dem Frieden. Was ist die Hauptsache für den Frieden? Die Hauptsache ist Jesus, der Gekreuzigte. Wo Er fehlt, da fehlt alles. Das Fundament unseres Friedens ist Jesus Christus. Ist unsere Stellung zu Ihm in Ordnung, dann sind wir auch eins mit Gott, dem Vater und Gott, dem Heiligen Geist. Wer sagt, er habe Frieden und lebt noch im Krieg mit Gott, der lügt und sagt nicht die Wahrheit!

Goethe, das in die Welt verliebte Kind, wurde wie nur wenige vor und nach ihm mit viel Erdenglück und Herrlichkeit, mit Ruhm, Glanz und Ehre, Reichtum und Genuss aller Art beschenkt. Und was sagte er am Ende seines Lebens? Hört! »Ich habe keine 14 Tage wahren Frieden auf Erden gehabt.« Das ist das Bekenntnis des großen Dichterfürsten. Warum hatte er keinen Frieden? Weil er sich nie Mühe gab, mit seinem Gott in Ordnung zu kommen. Er beugte seine Knie nicht vor dem verachteten Nazarener. Da liegt die Ursache. Wie bekommen wir Frieden? Es liegt nicht an jemandes Wollen oder Laufen, sondern an Gottes Erbarmen. »Ich werde mich erbarmen, wessen ich mich erbarme, und werde Mitleid haben, mit wem ich Mitleid habe« (Röm. 9, 15.16). Willst du Frieden? Nun, dann werde einmal stille vor deinem Gott. Dein Wollen, Rennen und Laufen bringt dich nicht zum Frieden. Du kannst beten und fasten, deinen Leib geißeln, Gelübde ablegen, heilige Orte besuchen – alles dies bringt dich nicht zum Frieden. Was bringt dich zum Frieden? Teures Herz, werde ein Gegenstand des Erbarmens. Wirf dich in die Arme des Erbarmers. Es kann dir niemand helfen, Jesus, der Erbarmer! Du bist verloren und wirst eine Beute der Hölle, wenn du nicht zu dem Erbarmer kommst. Mache dir doch dieses jetzt klar. Phantasiere und träume nicht weiter! Sünder, ich bitte dich – komm zu Jesus! Falle vor Ihm nieder; huldige Ihm. Jesus will, Jesus wird dich retten und dir Seinen Frieden schenken. Warum noch warten? Heute ist der Tag des Heils, heute ist Gnadenzeit. Sünder komm! Jesus nimmt die Sünder an.

»Kehre um zu dem Erbarmer,
Dem Befreier Jesu Christ!
Er verstößt dich nicht, du Armer,
Komm zu Ihm, so wie du bist.«

Wie bekommt man Frieden? Wenn man sich ohne Rückhalt Jesus auf Gnade und Ungnade ausliefert. Du wirst nie zum Frieden kommen, wenn du nicht deine Waffen streckst, mit denen du gegen Gott kämpfst. Sünder, streck die Waffen! Wann schloss England mit den Buren Frieden? Als sie sich übergaben und die Waffen streckten. Übergib dich – strecke die Waffen! Tue es jetzt! Sage: »Herr Jesus, ich bin ein Sünder. Sei mir gnädig.

Hier liefere ich dir mein Leben aus. Ich will es von nun an mit dir halten, Sohn Davids. O erbarme dich meiner!«

Tust du das, so wirst du die Kraft des Blutes Jesu erfahren. Durch das Blut wird dein Herz und Gewissen gereinigt. Alle deine Sünden werden vergeben, die furchtbare Sündenmacht gelöst und in dein Herz wird der Friede als Gnadengeschenk gegeben. Ich habe es in den letzten Tagen bei vielen erlebt, dass Jesus Seinen Frieden denen gibt, die sich unter Sein Blut stellen und um jeden Preis Ihm angehören wollen. O, ihr solltet die strahlenden Augen und liebevollen und glänzenden Gesichter derer sehen, die ein Gegenstand des Erbarmens wurden! Letzte Woche dienten sie noch der Sünde und Welt und waren unglücklich, und jetzt dienen sie Gott und sind glücklich! Wie herrlich ist doch die freie Gnade! Da kam letzte Woche ein Mann zu mir. Ihr hättet seine Sündengeschichte hören sollen – eine Geschichte voll Nacht und Verderben. Er brach unter dem Wort zusammen und konnte Tag und Nacht nicht mehr schlafen. Er betete, weinte und schrie zum Erbarmen. Wie ist es heute? Sieh ihn an. Der verzweifelte Blick ist fort. Viele seiner Gesichtszüge haben sich verändert. Seine Frau ist voll Verwunderung. Ihr Mann trinkt, flucht und tobt nicht mehr. Er ist still wie ein Lamm, und ein Hauch der Ewigkeit umgibt ihn. Sein Herz ist voller Friede und Freude, voller Beugung und Anbetung, voller Stille und Ruhe. Er ist in die Hände des Erbarmers gefallen, und der hat ihm Frieden geschenkt. Was der heute glückliche Mann erfuhr, kannst du auch erfahren. Wie bekommt man Frieden? Komm zu Jesus – komm zu Jesus – komm noch heute! Jetzt schenkt Er dir Frieden.

Hast du diesen Frieden gefunden, dann ist es dein Jesus, der dir Seinen Frieden bewahrt. Ruhe in Ihm, ruhe an Seiner Brust. Verlasse deinen Jesus nie mehr. Bleibst du in Ihm, dann wird dir nie der Friede fehlen. Du kommst immer tiefer und tiefer in den Frieden hinein. Der Friede wird ein Strom, in dem du schwimmen kannst.

In diesem Strom hast du alles für deine Reise in die Vollendung. Der Friede Gottes begleitet dich durch alles hindurch. In ihm wirst du umgestaltet in das Bild des Lammes hinein und so heiliggemacht für die ewigen Hütten des Friedens. Die Gnade und der Frieden Gottes seien mit dir! Jesus Christus aber sei Ehre in die Ewigkeiten der Ewigkeiten! Halleluja. Amen.

Die innere Entwicklung eines Christen

Rede für Neubekehrte, gehalten in Wuppertal-Barmen am 29. Juli 1902

"Ich schreibe euch, Kinder, weil euch die Sünden vergeben sind um Seines Namens willen. Ich schreibe euch, Väter, weil ihr den erkannt habt, der von Anfang an ist. Ich schreibe euch, ihr jungen Männer, weil ihr den Bösen überwunden habt. Ich habe euch geschrieben, Kinder, weil ihr den Vater erkannt habt. Ich habe euch, Väter, geschrieben, weil ihr den erkannt habt, der von Anfang an ist. Ich habe euch, ihr jungen Männer, geschrieben, weil ihr stark seid und das Wort Gottes in euch bleibt und ihr den Bösen überwunden habt. Liebt nicht die Welt noch was in der Welt ist! Wenn jemand die Welt liebt, ist die Liebe des Vaters nicht in ihm!" (1. Joh. 2, 12-15)

Die Entwicklungsstufen eines Kindes Gottes

Die Entwicklungsgeschichte eines Christen beginnt mit seiner Bekehrung. Ohne Bekehrung von der Finsternis zu Gott gibt es kein Wachstum in der Gnade. Eine wesenhafte, durchschlagende, lebenserzeugende Bekehrung ist die Eingangspforte in die Welt der Gnade. In der Gnade gilt es nun zu bleiben, zu wachsen und zur Vollendung zu kommen. Es ist falsch, unbiblisch und unvernünftig, wenn einer denkt, mit der Bekehrung sei die Entwicklung seines neuen Menschen zur Vollendung gekommen. Auch wir haben uns in den ersten Tagen der Freude mit diesen Träumereien ergötzt, aber die Erfahrungen der verflossenen Jahre haben uns etwas anderes gelehrt. Wer meint, die Bekehrung sei die Vollendung der inneren Entwicklung, der irrt sehr und ist auf dem Wege, alles zu verlieren, was er in heiligen Stunden empfangen hat. Die Bekehrung ist der Abschluss der Sündengeschichte und der Anfang der Gnadengeschichte. Ziel der Gnadengeschichte ist Vollendung der Heiligkeit in der Furcht Gottes. 2. Kor. 7, 1: »Da wir nun diese Verheißungen haben, Geliebte, so wollen wir uns reinigen von jeder Befleckung des Fleisches und des Geistes und die Heiligkeit vollenden in der Furcht Gottes« – Umgestaltung in die Heiligkeit des Lammes. Römer 8, 29: »Denn die Er zuvor erkannt hat, die hat Er auch vorherbestimmt, dem Bilde Seines Sohnes gleichförmig zu sein, damit Er der Erstgeborene sei unter vielen Brüdern« – Verklärung des Leibes der Niedrigkeit in Lichtsherrlichkeit und Lichtsleiblichkeit. Phil. 3, 21: »... der unseren Leib der Niedrigkeit umgestalten wird zur Gleichgestalt mit Seinem Leib der Herrlichkeit, nach der wirksamen Kraft, mit der Er vermag, auch alle Dinge sich zu unterwerfen« – von diesem Gedanken ausgehend, schrieb Paulis den Philippern: »Nicht, dass ich es schon ergriffen habe oder schon vollendet bin; ich jage Ihm aber nach, ob ich es auch ergreifen möge, weil ich auch von Christus Jesus ergriffen bin. Brüder, ich denke von mir selbst nicht, es ergriffen zu haben; eines aber tue ich: Ich vergesse, was dahinten, strecke mich aber aus nach dem, was vorne ist, und jage auf das Ziel zu, hin zu dem Kampfpreis der Berufung Gottes nach oben in Christus Jesus« (Phil. 3, 12-14). Offenbar war sich Paulus klar, dass er nicht reif war für die »Ausauferstehung« der Toten, und wenn einer eine reale Bekehrung erlebt hat, dann war er es. Es würde zu weit führen, wenn ich auf die vielen Worte aufmerksam machen wollte, die ermahnen: »Wachet aber in der Gnade und Erkenntnis unseres Herrn und Heilandes Jesus Christus!« (2. Petrus 3, 18). Wir wenden uns statt dessen dem eingangs gelesenen Wort zu. Hier beschreibt uns der Apostel Johannes drei verschiedene Entwicklungsstufen im Leben der Christen. Die erste Stufe im Christentum nennt er die Kinderstufe, die zweite die Jünglingsstufe und die dritte die Väterstufe. Wir wollen nun mit der Hilfe des Heiligen Geistes sehen, was für einen Charakter diese verschiedenen Entwicklungsstufen haben und uns prüfen, ob wir auf irgendeiner dieser Stufen stehen.

Die Kinderstufe

Welche Kennzeichen hat diese Stufe? Der Apostel nennt zwei. Die erste: »Ich schreibe euch, Kinder, weil euch die Sünden vergeben sind.« Die andere: »Ich habe euch geschrieben, Kinder, weil ihr den Vater erkannt habt.«

1. Vergebung der Sünden haben die Bekenner der ersten Stufe. Wie sind sie zu dieser Gnade gekommen? Im Licht der Ewigkeit erkannten sie ihre Rebellion gegen Gott und ihre miserable Stellung zu Jesus. Sie merkten ihren Unglauben und Eigensinn. Unruhe erfüllte ihr Herz und das Gewissen donnerte mit Macht und zeugte mit dem Wort der Wahrheit übereinstimmend, dass sie unter dem Fluch und Zorn Gottes stehen, bis sie sich Jesus auf Gnade und Ungnade unterworfen und ausgeliefert haben. Der Heilige Geist enthüllte und entschleierte ihnen das Bild des sterbenden Lammes und offenbarte ihnen in Seinen Wunden ewige Erlösung und Heil.

Nachdem sie die Gnade Gottes sahen und erkannten, streckten sie ihre Waffen, mit denen sie gegen Gott kämpften, und lieferten sich bedingungslos ihrem Herrn, ihrem König, aus. Sie empfingen Vergebung ihrer Sünden durch Seinen Namen und Reinigung des Herzens durch Sein Blut. Die Vergangenheit wurde nun geordnet und der Heilige Geist nahm Besitz von ihnen. Die Folge davon war, dass sie versiegelt wurden auf den Tag der Erlösung. Versiegelung bedeutet, ein unumschränktes Eigentum und Kind Gottes geworden zu sein. Durch den Heiligen Geist bekamen sie Heilsgewissheit – das Zeugnis der Sohnschaft –, Siegesgewissheit und Ruhe.

Der Sünder ist ein Kindlein in Christo geworden. Diese Kinder haben nun eine große Freude an ihrem verklärten Herrn. Er ist ihnen keine Torheit und kein Ärgernis mehr – nein, Jesus ist ihr Ruhm, ihr Lied, ihre Freude, ihre Liebe, alles in allem! Dass Christus für sie starb, durchbohrte ihr Inneres und brachte die Tatsache ans Licht, dass sie nur noch für Ihn leben wollten. Sie sind überzeugt von der Tragweite ihres Entschlusses. Ihre Sünden sind ja vergeben, die bösen Geister haben ihr Recht verloren, sie wurden frei für Gott. Dass sie nun ganz für den König leben, ist nicht nur das Natürlichste, sondern auch das Vernünftigste, das es für sie geben kann. Sie haben Begeisterung – aber nicht wie Strohfeuer. Ihr Enthusiasmus ist kein kalter, natürlicher Enthusiasmus. Das Wort: »Ich habe dich erlöst, du bist mein, dir sind deine Sünden vergeben«, hat es ihnen angetan und sie mit großer Freude und Begeisterung erfüllt. Warum auch nicht? Das ist ja selbstverständlich. Sie sind ja begnadigt und mit Gott versöhnt. Da muss man sich freuen und seine Freude durch Lobgesänge und ein strahlendes Angesicht offenbaren.

2. Kinder kennen den Vater. Das ist ein anderes Merkmal. »Ich habe euch geschrieben, Kinder, weil ihr den Vater erkannt habt.« Der Vatername ist ihnen aufgegangen. Gott steht nicht mehr als ein strenger Richter vor ihnen. Das verzehrende Feuer ist ein Liebesfeuer geworden. Sie sind mit dem Blut des Lammes bedeckt. Ihre Unheiligkeit, ihr Beflecktsein, ihre Trennung ist weggenommen. Jesu Blut, Jesu Geist, Jesu Wort hat sie mit dem Vater verbunden. Die Furcht, der Schrecken, das Zittern vor Gott ist vorbei. Sie kennen den Vater. Nun lebt in ihrem Herzen der große Vatername. Sie sind voll Liebe und Zutrauen zu dem Vater. Der Geist lehrt sie rufen: »Abba, lieber Vater!« Dies erhöht ihre Freude und ihren Mut. Ihr Inneres jubelt! Sie fühlen sich so stark wie Simson und David: »Denn mit dir kann ich auf Raubzug gehen, mit meinem Gott kann ich eine Mauer überspringen« (2. Sam. 22, 30; Psalm 18, 30). Sie gehen aus mit der Botschaft: »Ich habe Jesus – ich habe den Vater gefunden!« Ihre Augen leuchten. Es scheint diesen Kindern, sie seien von dieser Erde entrückt. In jeder Blume, in jeden Tautropfen, in jedem Stein strahlt ihnen die Liebe des Vaters entgegen. Es scheint diesen Kinder als gäbe es nichts Größeres und Herrlicheres als das, was sie erfahren haben – und doch stehen sie erst auf der Schwelle des neuen Lebens. Ehe wir weitergehen, die praktische Frage: Hast du dieses erlebt? Bist du als armer Sünder zu Gott gekommen? Hast du Vergebung im Namen Jesu empfangen? Bist du ein Kind in Christus? Je nachdem, wie du auf diese Fragen Antwort gibst, wird offenbar, ob du ein Verlorener oder ein Begnadigter, ein Sünder oder ein Gerechtfertigter bist. Gehörst du noch zu den Sündern, dann schnell, rette deine Seele! Du findest nicht eher das wahre Lebensglück, als bis du in den Armen deines Erbarmers liegst. Warum noch warten? Du hast lange genug Gnadenzeit verträumt. Unterwirf dich jetzt deinem Gott und glaube an den Herrn Jesus Christus. Auf diesem Weg kannst du noch heute gerettet werden.

Ihr aber, ihr Glücklichen, ihr Auserwählten, ihr Heiligen, ihr Adeligen Gottes, ihr Aristokraten des Himmels, die ihr mit dem Vater durch Christus in Verbindung gekommen seid, bleibt nicht stille stehen! Wachet nun in der Gnade! Geht vorwärts! Dringt tiefer in die Lebensgebiete von Golgatha ein. Habt nicht Ruhe, bis ihr Jünglinge und Väter geworden seid.

Die Jünglingsstufe

Kinder sollen nicht immer Kinder bleiben. Es ist fatal, wenn sie immer die Kinderschuhe und die Kinderflasche gebrauchen müssen. Welche Gedanken hat der Herr mit uns? »Die Heiligen sollen ausgerüstet werden für das Werk des Dienstes, für die Erbauung des Leibes Christi, bis wir alle hingelangen zur Einheit des Glaubens und der Erkenntnis des Sohnes Gottes, zur vollen Mannesreife, zum Vollmaß des Wuchses der Fülle Christi« (Eph. 4, 12.13). Nicht Kinder bleiben – Männer müssen wir werden! Leider findet man überall Christen, die dieses Ziel nicht vor Augen haben. Wie schade! Wir besuchten einst eine psychiatrische Klinik. Ein Freund führte uns herum und zeigte uns das Elend dieses Hauses. Unsagbarer Jammer, unbeschreibliches Elend! Am Schluss standen wir vor einer Wiege. Mein Freund hob den Säugling aus seinem Lager, hielt ihn auf den Armen und fragte: »Was glaubst du, wie alt dieses Kind ist?« Nun, wir wussten, dass wir in einem Hause waren, wo es nicht mit rechten Dingen zuging. Wir sagten: »Drei Jahre.« »Drei Jahre? Nein«, sagte mein Freund mit einem traurigen Lächeln, »25 Jahre ist dieser Säugling alt.« Was für ein Jammer, und diesen Jammer trifft man nicht nur in einer solchen Klinik, sondern auch in Versammlungen, wo man zwischen 25 und 90 Jahre zählende Christen findet. Sie sind nicht in der Gnade gewachsen und repräsentieren ein verkrüppeltes Christentum. »Denn während ihr der Zeit nach Lehrer sein solltet, habt ihr wieder nötig, dass man euch lehre, was die Anfangsgründe der Aussprüche Gottes sind; und ihr seid solche geworden, die Milch nötig haben und nicht feste Speise« (Hebr. 5, 12) – so muss man vielen zurufen. »Denn jeder, der noch Milch genießt, ist richtiger Rede unkundig, denn er ist ein Unmündiger« (Eph. 5, 13). Kinder sind oft noch fleischlich, sie können starke Speisen nicht vertragen. 1. Kor. 3, 1-2 lesen wir: »Und ich, Brüder, konnte nicht zu euch reden als zu Geistlichen, sondern als zu Fleischlichen, als zu Unmündigen in Christus. Ich habe euch Milch zu trinken gegeben, nicht feste Speise; denn ihr konntet sie noch nicht vertragen. Ihr könnt es aber auch jetzt noch nicht!« So darf es nicht bleiben. Das Kind muss ein Jüngling werden!

Von der Jünglingsstufe sagt Johannes drei Dinge: 1. »ihr seid stark«, 2. »das Wort bleibt in euch«, und 3. »ihr habt den Bösen überwunden«. Wir sehen uns diese Merkmale an.

1. Die Jünglinge in Christus sind stark. Wie wurden sie stark? Eph. 3, 14-17 gibt uns eine Antwort: »Deshalb beuge ich meine Knie vor dem Vater ... Er gebe euch nach dem Reichtum Seiner Herrlichkeit, mit Kraft gestärkt zu werden durch Seinen Geist an dem inneren Menschen.« Wer wiedergeboren ist, hat einen inneren Menschen. Lebt der Christ in ständiger Verbindung mit der himmlischen Lichtswelt, hat er also alle seine Quellen in Gott, so strömt ihm aus dem Reichtum der Herrlichkeit Kraft um Kraft, Gnade um Gnade zu. Auf diesem Wege wird der innere Mensch stark. Wer leichtfertig mit den Kräften der Ewigkeit umgeht, wer mit der Gnade spielt, der bekommt keine Kraft und bleibt schwach. Er verliert noch, was er hat. Er ist im besten Fall ein Buchstabenkrämer, ein geistloser Schwätzer, einer, der den Schein der Gottseligkeit hat, aber die Kraft derselben verleugnet.

Glückselig aber die Christen, die es ernst meinen mit den Kräften der zukünftigen Welt! Sie leben ein verborgenes Leben mit Christus in Gott und nähren sich von der Muttermilch des Heiligtums. Sie reifen aus und werden brauchbar für die Interessen des Königs. Hebr. 11, 34 zeigt noch einen Weg, wie Christen stark werden: »Sie wurden im Kampf stark.« Unsere Soldaten werden nicht in der Kaserne und auf dem Sofa stark, sondern im Kampf. So geht es auch mit den Kindern in Christus. Sie werden stark im Kampf. Doch noch eines dürfen wir nicht vergessen. Stark wird man ebenso durch das Wort. Dies bringt uns zu dem anderen Merkmal.

2. Das Wort bleibt in den Jünglingen. Das Wort Gottes ist ihr Manna für die Wüstenreise; und nicht nur Manna, sondern auch Lebenswasser. Die Jünglinge studieren und leben das Wort. Sie dringen mit viel Gebet in seine Tiefen hinein. Diese göttliche Speise macht sie stark. Sie bekommen Muskelkraft, Überwindungsmacht.

Durch das Wort wird ihr Denken, Wollen und Fühlen bestimmt. Ihre Absichten werden rein und lauter. Sie lernen, nicht aus selbstsüchtigen Motiven zu handeln, sondern im Blick auf die Verherrlichung Gottes. Ihr Handeln ist mehr prinzipiell und entspringt weniger augenblicklichen Gefühlsregungen. Sie gehorchen weniger dem Gefühl als dem Gewissen. Sie sind durch das Wort voll von dem Gedanken, das Rechte zu tun und in heiliger Ehrfurcht vor der Autorität Gottes allezeit gehorsam zu sein. Diese Stellung zu Gott öffnet ihr Herz für die Liebe Gottes, die durch den Heiligen Geist ausgegossen wird. Sie lieben Gott als ihren Herrn, die Christen als ihre Geschwister, die Sünder als gefallene Majestäten. Das alles sind Früchte, die sie durch das Wort Gottes empfangen. Wer im Wort lebt, der wird brauchbar für den heiligen Kampf. Dem kann Gott vertrauen. Jesus hat Freude an solchen Christen, denn:

3. Sie haben den Bösen überwunden. Der Böse ist der Teufel, der Krieg führt mit dem heiligen Samen. Die Jünglinge können nicht von ihm überwunden werden, denn *sie* sind Überwinder. Von der Sünde und Finsternis überwundene Christen beweisen durch ihre Lage, dass sie nie Jünglinge in Christus geworden sind. Zwischen Kinder- und Jünglingsstufe ist ein Übergang, bestehend aus einer Krisis. »In den ersten Gnadentagen wird man von dem Lamm getragen.« Wer in diesen Tagen treu war im

Gebet und unter dem Wort und gehorsam dem Geist, der ist in der kritischen Stunde, wenn er versucht wird von allem Möglichen und Unmöglichen, fähig, sich zu bewähren. Jesus selbst führt sie in die Schlacht und gibt dem Bösen die Vollmacht, diese Christen anzugreifen. Der Feind benutzt für seine Angriffe die Sünden, in denen der Christ vor seiner Bekehrung besonders gebunden war. Bei dem einen ist es Fleischessünde, bei dem anderen Hochmut, bei dem dritten Geiz usw. Der Feind greift mächtig an. Giftige Pfeile erfüllen die Luft. Der Christ steht da in der ganzen Waffenausrüstung und gebraucht den Schild des Glaubens und das Schwert des Geistes. Angriff für Angriff, Hieb für Hieb wird niedergeschlagen. Freude und Siegesgewissheit, Lammessinn und Heldenmut erfüllen das Herz des Gottesstreiters. Zittern und Beben schwindet. Sie gehen mit Freuden in den Kampf, der ihnen verordnet ist. »Aber in diesem allen sind wir mehr als Überwinder durch den, der uns geliebt hat. Denn ich bin überzeugt, dass weder Tod noch Leben, weder Engel noch Gewalten, weder Gegenwärtiges noch Zukünftiges, noch Mächte, noch irgend ein anderes Geschöpf uns wird scheiden können von der Liebe Gottes, die in Christus Jesus ist, unserm Herrn« (Röm. 8, 37-39) – so heißt es in ihrem Siegeslied. Der Urheber ihrer Rettung offenbart sich ihnen, und das gibt Mut und Kühnheit. Wenn der Teufel mit seinen Geschossen die Luft verfinstert, so machen es diese Helden wie die Spartaner: sie kämpfen im Schatten. Sie ziehen sich tief hinein in die Festung. Der Feind erleidet eine Niederlage und überlässt den Überwindern das Schlachtfeld. Die Schlacht ist geschlagen, Satans Heere fliehen, die Luft wird gereinigt, die Sonne der Gnade lächelt auf den Sieger herab. Das Kind hat sich bewährt. Es rückt auf in die Jünglingsstufe. Sein Ausharren und Siegen im Kampf hat offenbart, dass es zu den Edlen des Königs gehört. Der König selbst überreicht ihm den Ehrenkranz und erfüllt sein Herz mit Friede, Freude und dem Heiligen Geist. Das Herz des Überwinders glüht voll Liebe zu seinem Herrn. Sein Glaube ist ein überwindender Glaube. Er verspürt den Sieg in seinem Inneren. Der Boden ist fest unter seinen Füßen. Die Kämpfe bekommen einen ganz anderen Charakter und sind von ganz anderer Natur, wenn man einmal gesiegt hat. Man fürchtet sich nicht vor einem zweiten Kampf. Der Böse ist überwunden.

Doch es ist eine traurige Wahrheit, dass nur sehr wenige Christen den Bösen überwinden. Sie verlieren die erste Schlacht, und das ist etwas Furchtbares. Sie sind keine Überwinder, aber Überwundene. Der Feind treibt sein höllisches Spiel mit ihnen. Sie werden von ihm hin und her geworfen. Ihr Christentum ist eine Karikatur wahren Christentums. Sie leben kein Gehorsamsleben. Sieg und Glauben fehlen. Es sind elende, sitzengebliebene Christen – eine Schmach für die Gemeinschaft der Heiligen, eine Schande für das Kreuz!

Jünglinge, die den Bösen überwunden haben, dürfen sich aber nicht auf ihren Lorbeeren ausruhen. Wer sich träge niederlegt und einschläft, um den ist's geschehen. Es geht ihm dann wie jenen Deutschen vor Belfort, die ein Dorf in der Nacht einnahmen und 15.000 Gefangene gemacht hatten und sich dann in Essen und Trinken gehen ließen. Ja, sie vergaßen, Posten aufzustellen. Der Feind sammelte sich, überfiel sie und schlug sie jämmerlich. Wer einen Kampf gewonnen hat, muss sich auf den zweiten schon vorbereiten. Vor allem muss man wachen und beten. Wenn man merkt, man hat eine Seite, an der man leicht versuchbar ist, gilt es doppelte Posten aufzustellen. Es gilt zu wachen über den Leichtsinn, den Kritikgeist, den Hochmut, den Zorn, die Selbstsucht in allen ihren Formen, die Faulheit, den Neid, den Ehrgeiz, die Fleischeslust. Alles muss durch die Gnade beherrscht werden. Bei der ersten Ahnung von Gefahr durch unreine Gedanken muss man sofort seine Gedanken abwenden. Nur nicht spielen, denn das führt in das Verderben. Wo man nicht wacht, ist Gefahr vorhanden, einen Sieg zu verlieren. Das ist Rückfall und bringt die geistliche Stellung so ins Wanken, dass viel Zeit notwendig ist, den Schaden auszuheilen. Deshalb, alles was ich sage, ist: »Wachet!«

Nun, ihr Neubekehrten, wollt ihr auf diese herrliche Stufe gelangen? Ihr sagt: »Ja « – nun, dann bewährt euch in der Stunde der Versuchung. Sie ist nicht mehr fern und kommt schnell.

»Unverhofft
Ist schon oft
Über manchen Frommen
Die Versuchung kommen.«

Lasst euch nicht überwinden – sondern überwindet. Ihr habt in Christus eine Festung und Kraft genug. Geht treu mit dem anvertrauten Gut um.

Und ihr stehengebliebenen Christen – was soll ich euch sagen? Worte fehlen. Wollt ihr nun endlich in den Gehorsam Christi eingehen? Wer den Gehorsam nicht übt, hat keine Frömmigkeit. Eure Frömmigkeit ist fromme Selbstsucht. Wollt ihr darüber Buße tun und mit jeder Sünde brechen und ein Neues beginnen? O, tut es! Um eurer Seligkeit willen und um der Sache Gottes willen bitte ich euch: Werdet Überwinder! Nicht die Überwundenen stehen vor Gottes Thron, sondern die Überwinder. Merkt es euch!

Die Väterstufe

Wir kommen nun zu der letzten Stufe, zu der Väterstufe. Das ist eine hohe Stufe. Der Apostel hat Großes von ihr zu schreiben: »Ich habe euch, Väter, geschrieben, weil ihr den erkannt habt, der von Anfang an ist.« Sie kennen den, der sich das A und O, den Anfang und das Ende nennt. Sie kennen Jesus, welcher der über alles seiende Gott ist, gepriesen in Ewigkeit (Röm. 9, 5). Kinder und Jünglinge haben ihren Herrn bei ihrer Bekehrung kennengelernt, und das seit jener wunderbaren Begegnung immer besser. Die Väter haben in dem Ewigen ihr Element gefunden und können von der unübertrefflichen Größe der Erkenntnis Christi Jesu sprechen (Phil. 3, 8). Sie sind so innig mit dem König verwachsen, dass sie Ihn kennengelernt haben, wie Er war von Anfang und ist und bleibt in Ewigkeit. Sie dringen in dem Ewigkeitslicht in dies dunkle Heiligtum der Gottheit hinein und bekommen Ahnungen von dem, den noch kein Auge gesehen, der da wohnt in einem unzugänglichen Licht. In diesen Tiefen leben und erkennen sie, hier dringen sie anbetend in die Geheimnisse der göttlichen Ökonomie. Hier verloben sie sich mit der ewigen Weisheit und werden erfüllt mit aller Gottesfülle, durch die sie den Allmächtigen verherrlichen. Diese Väter sind tief gewurzelt. Kein Sturm bewegt sie. Sie stehen fest und unerschütterlich wie der Fels im Meer. Majestätisch wandeln sie, charaktervoll handeln sie, glückselig leben sie und mit Triumph gehen sie ein in die Hütten der Lebendigen. Sie sind die Haushalter über Gottes Geheimnisse, die den Pilgern zur Vollendung Perlen und Kleinode umsonst geben. Sie sind die Vertreter der wahren Heiligen, Königspriester, die durch ihre priesterliche Stellung Kräfte des Heiligtums erflehen und flüssig machen. Sie sind die Träger und Pfeiler des Hauses Gottes. Lammesnatur und Lammesherrlichkeit offenbaren sie. Ihr Dienst im Heiligtum geschieht in Demut und Stille. Nicht ihre, sondern die Ehre Gottes suchend, verkündigen sie den Sündern Buße zu Gott und Glauben an den Herrn Jesus, den Heiligen aber Heiligung, Vollkommenheit und Erlösung. Den Sündern und Verirrten zeigen sie das geschlachtete Lamm. Den nach Gerechtigkeit Hungernden die Lebensgebiete und Lebenstiefen von Golgatha.

Diese Väter sind die rechten Seelsorger, Beichtväter, Hirten, Lehrer, Evangelisten, Tröster und Ermahner. Sie sind zu jedem guten Werk geschickt. An ihnen haben die Kinder in Christus rechte Erzieher, Väter, die ihnen helfen in Rat und Tat. Sie verstehen das Warnen, Trösten, Ermuntern und Leiten. An ihnen haben sie Großes. Ihr echtes Christentum gibt ihnen Anschauungsunterricht, denn sie sind lebendige Bibeln, in denen man jedes Wort in das Leben übersetzt wiederfindet. Sie merken, was Gnade, Liebe, Erbarmen, Gerechtigkeit, Wahrheit, Gehorsam und Heiligkeit ist. Kurz, an den Vätern haben die Kinder wirkliche Stützen. Sie schenken ihnen volles Vertrauen, kindlichen Glauben, unbedingten Gehorsam und lassen sich zum Herrn Jesus Christus führen.

Auch die Jünglinge in Christus finden in diesen Vätern ihre Berater und Leiter. Der Jüngling steht im Kampf. Der Kampf ist heiß und währt lange. Satan versucht den jungen Christen in sein Schlepptau zu bringen. Die Netzte und Schlingen sind gut gelegt. Verzagtheit und Mutlosigkeit ergreift den Streiter. Die Situation ist sehr gefahrvoll. Er wankt. Nur noch ein wenig, und er muss unterliegen. Die Feindschaft und der Hass sind mit elementarer Wucht auf ihn losgestürzt. Was tun? Er wendet sich zu einem Vater in Christus, und der hilft ihm. Durch sichere Leitung und priesterliches Einstehen kommt er wieder zurecht und siegt. Der Vater hat sofort die Sachlage durchblickt und die Position des Feindes erkannt. Er hilft nun im Kampf. Mutlosigkeit schwindet, die Versuchungen verlieren ihre Schärfe, neue Kraft und Hoffnung offenbaren ihre belebenden Wirkungen. Der Jüngling siegt und verherrlicht durch diesen Sieg seinen König. O, was ist es um einen geistgesalbten Vater!

Ähnlich füllen sie ihre Stellung aus bei Erweckungen. Sie machen dem Geiste Gottes Raum und hindern in keinster Weise die Bewegung. Während es um sie her lebendig wird, fühlen sie selbst neue Kraftzuflüsse. Sie werden jung wie die Adler und fördern durch ihr Eintreten die Erweckung.

In Versuchungen und Leiden, in Zeiten der Verfolgung und des Aufruhrs stehen die Väter da als bewährte Helden Immanuels. Keine Furcht und kein Grauen sind bei ihnen zu finden. Sie stehen vor Gott und freuen sich, um Christi willen verfolgt und gehasst zu werden. Ihre Augen blitzen, ihr silbernes Haar flattert um die Stirn, die von Siegesgewissheit und himmlischer Freude verklärt ist. Scheiterhaufen, Folter, Schafott erschrecken diese Helden nicht. Bischof Ignatius schrieb kurz vor seinem Märtyrertod: »Je näher zum Schwert, desto näher zu Gott! Inmitten der Tiere, das ist mitten in Gott! Ach, nur das alles im Namen Jesu Christi, um mit Ihm zusammen zu leiden. Alles halte ich aus, wenn Er mich stark macht, Er, der vollkommene Mensch!« Von Perpetua und Felicitas lesen wir in den Märtyrerakten: »Endlich kam der Siegestag der Märtyrer. Sie traten aus ihrem Gefängnis ins Amphitheater, als ginge es in den Himmel, fröhlich, strahlenden Angesichts, zitternd vielleicht, doch mehr vor Freude als vor Furcht.« Der römische Konsul forderte von Polykarp: »Verfluche Christus!« Polykarp war ein Vater – und wie siegesgewiss seine Antwort: »86 Jahre diene ich Christus, und Er hat mir noch nie etwas zuleide getan. Wie könnte ich Ihm, meinem König fluchen, der mich selig macht!« Als man ihm mit den wilden Tieren und Feuer drohte, sagte er: »Was zögerst du, lass kommen, was da will!« In himmlischer Freude strahlte sein Angesicht. Die Worte seiner Richter und die Wut der Heiden schreckten ihn nicht. Mit Freuden und Danksagung ließ er sich töten. Das war ein Vater in Christo, ein tapferer, seliger Vater, erwählter Held, berufen zur Herrlichkeit Jesu Christi, des Herrn! Solche Väter bleiben dem König treu und gehen mit Jauchzen durch die Perlentore in das neue Jerusalem. Himmlische Heerscharen empfangen sie. Jubeltöne, Harfengesang und viel tausendstimmiges Halleluja erquicken sie. Der König selbst empfängt und grüßt sie und teilt mit ihnen Seinen Thron. Da werden sie ernten ohne Aufhören. Wie wunderbar und herrlich!

Geliebte, wir wollen dem König treu und gehorsam sein, dass wir Väter in Christus werden. Es ist eine hohe und gesegnete Stufe, die Väterstufe. Herr Jesus, schenke uns Gnade, dass wir dieses Ziel erreichen. Wir schließen mit einigen

Bemerkungen:

1. Ihr habt nun den Charakter der Entwicklungsstufen gesehen. Im Aufbau des Leibes Christi herrscht dasselbe Gesetz der Entwicklung. Die Gemeinde Gottes muss dieselbe Entwicklung erleben, sonst kommt der Herr nicht zu Seinem Recht. Wir dürfen nicht in den Kinderschuhen steckenbleiben. Wir müssen als Gemeinde in der Gnade wachsen. Die Gemeinde muss den Bösen und den Tod überwinden. Es muss einen Durchbruch in das höhere Leben hinein geben. Hat der Herr eine Erstlingsschar, die den Tod überwunden hat, dann wird es in dem ganzen Universum bekannt, dass das Erlösungswerk kein Pfuschwerk, sondern ein ganzes, echtes, durchgreifendes Werk ist. Was will die Hölle, was will die Welt

sagen? Sie werden es sehen, wenn jedes Kind Gottes aufhört zu schlafen und anfängt in die Gnade hineinzuwachsen. Die Gnade hilft uns zum Sieg. Werden wir alle Leute, bei denen der Böse kein Recht mehr hat. Dann kommen wir dahin, dass sich in uns Kräfte offenbaren, durch die der Tod überwunden wird. Also, du bist mit verantwortlich, dass Jesus zu Seinem Recht kommt. Du bist ein Glied am Leib. Sei nicht mehr faul und unfruchtbar. Lass dir das Wohl des Ganzen am Herzen liegen. Sei nicht zufrieden mit deiner Rettung, nein, habe Sorge, dass der König zu Seinem recht kommt.

2. Diejenigen nun, die noch nicht einmal Kinder geworden sind und doch so oft das Evangelium gehört haben, besonders in den letzten Tagen, möchte ich bitten: Brecht heute mit dem alten Kurs. Beginnt ein Neues. Übergib dich dem Herrn und öffne dein Herz für Seine Gnade. Warte nicht mehr länger und entschuldige nicht deine Trägheit. Werde jetzt – werde in diesem Augenblick – gehorsam! Herrlich ist es, in den Himmel zu kommen, schrecklich aber ist es, in die Hölle zu kommen. Du kommst in die Hölle, wenn du bleibst wie du bist. Du hast die ganze Wahrheit gehört und nun ist es an dir zu handeln. Es ist gut, wenn man das Evangelium hört, aber man wird gerettet, wenn man Gottes Willen tut.

Nun, was willst du? Du hast lange genug Bedenkzeit gehabt. Spiele nicht mehr mit der Gnade. Stehe auf und handle. Ehre sei dem Vater und dem Sohn und dem Heiligen Geiste. Amen!

Die Kriegsführung Satans bei Erweckungen

Bibelstunde, gehalten in Velbert am 8. August 1902

"... damit wir nicht vom Satan übervorteilt
werden; denn seine Gedanken sind uns
nicht unbekannt." (2. Kor. 2, 11)

Wir wollen heute miteinander über die Kriegsführung Satans bei Erweckungen reden. Der Satan will uns übervorteilen. Das gilt in besonderer Weise in den Tagen, wenn die Mauern Jerusalems gebaut werden.

Im Buche Nehemia finden wir, wenn wir die Kapitel 4-6 aufschlagen, acht Angriffe des Satans. Dem Herrn sei Dank, dass jeder Angriff Satans siegreich zurückgeschlagen wurde!

Der erste Angriff war: Satan entflammte seine Helfer zu Zorn und Spott, um das Werk des Herrn zu hindern.

»Und es geschah, als Sanballat und Tobija und die Araber, Ammoniter und Aschdoditer hörten, dass die Ausbesserungen an den Mauern Jerusalems Fortschritte machten, weil die Breschen sich zu schließen begannen, da wurden sie sehr zornig« (Neh. 4, 1).

Die Feinde Gottes werden wütend und beginnen zu spotten. In Tagen der Erweckung haben wir es oft erlebt, dass die Feinde voll Zorn wurden. Der Zorn war und ist bei ihnen das Pulver und der Spott die Granaten, die sie abschießen. Wie sprechen die Feinde Gottes und seines Volkes?

»Was sie auch bauen mögen – wenn ein Fuchs daran hinaufspringt, reißt er ihre Steinmauer ein!« (Neh. 3, 55)

Mit anderen Worten: »Ha, lass sie nur bauen, es wird doch nichts daraus. Die Begeisterung wird bei diesen ohnmächtigen Juden bald geschwunden sein, sie werden schnell die Kelle weglegen!« Durch Spott und Hohn sind schon viele Neubekehrte zurückgefallen. Uns stehen Leute vor Augen, die infolge des Spottes und Hohnes zurückwichen.

Ein junger Mann wurde erweckt. Eines Tages kommt er mit seinen früheren Freunden zusammen. Natürlich ist er die Zielscheibe ihres Spottes. Sie sagen: »Du bist fromm geworden und darfst jetzt keinen Wein mehr trinken und kein Vergnügen mehr mitmachen.« »Was?«, sagt er, »ich darf nicht mehr trinken?« Er trinkt ein Glas, das zweite und dritte und geht betrunken heim, stolpert und bricht sich das Genick!

O, wie viele wichen ab und kehrten dem Herrn den Rücken, weil sie Spott und Hohn nicht ertragen konnten! Wenn sie auch nicht alle in solch grausiger Weise vom Tod hinweggemäht wurden, so war es doch schrecklich genug, dass sie nie das Leben aus Gott durch den Heiligen Geist empfingen, dass sie den Geist dämpften und tot in ihren Sünden blieben.

Wenn der Herr uns in diesen Tagen Erweckung schenkt, wird es nicht an Spott und Hohn fehlen. Satan wird versuchen alles zu tun, um die Seelen durch Spott und Hohn zurückzubringen. Merken wir uns das Wort von Paulus 2. Kor. 2, 11: »Denn seine Gedanken sind uns nicht unbekannt.« Er wird uns über das Ohr hauen; er will das Volk Gottes übervorteilen. Wenn er kommt – wundern wir uns nicht! Sind wir auf der Hut, so wird uns der Feind keinen Schaden zufügen können. Was wollen wir tun, wenn Spott und Hohn kommen? Gleiches mit Gleichem vergelten oder uns in die Brummelecke setzen? Nein! Mach es wie Nehemia!

Neh. 3, 36.37: »Höre, unser Gott, wie wir zum Gespött geworden sind, und lass die Schmähung auf ihren Kopf zurückkommen und gib sie der Plünderung preis in einem Land der Gefangenschaft! Denn sie haben in den Bauenden dich zum Zorn gereizt.«

Nehemia betet und übergibt seine Sache seinem Gott: »Höre Gott, wie wir zum Gespött geworden sind.« Was sollst du tun? Bringe die Sachlage deinem Gott! Sage Ihm, was die Feinde dir antun! Das ist das erste.

Als zweites kommt das Kommando Neh. 3, 38: »Aber wir bauten die Mauer weiter, so dass die ganze Mauer bis zur Hälfte geschlossen werden konnte, und das Volk war mit ganzem Herzen an der Arbeit.« Weiterbauen, einen Tag nach dem anderen! Arbeiten bei Tag und Nacht! Wenn ich auch verspottet und verachtet werde – weiterbauen, weiter vorangehen! Auf diese Weise wird die erste Angriffswelle Satans abgewiesen.

Der zweite Angriff Satans war folgender: Er versuchte einen Wirrwarr anzurichten in den Reihen der Gottesarbeiter.

Vor den Feinden außerhalb, Unglaube und Aberglaube, die wie Fluten auf uns einstürmen, brauchen wir uns nicht zu fürchten. Wovor fürchten wir uns? Vor den Wirren, die der Feind in das Volk Gottes hineinschleudert.

»Und sie schlossen sich zusammen, alle miteinander, um zu kommen und gegen Jerusalem zu kämpfen und darin Verwirrung anzurichten« (Neh. 4, 2). O, das Herz blutet einem, wenn man in das Volk Gottes hineinschaut. Da ist Bruder gegen Bruder, Schwester gegen Schwester. Das Volk Gottes versteht Sanballat, seinen Feind, nicht und lässt sich verwirren. Etliche Tatsachen aus unserem Leben stehen dunkel vor unseren Augen. Vor einigen Jahren arbeiteten wir in einer Stadt. Viele kamen zum Glauben. Als das Feuer recht brannte, fand Satan Männer, die es verstanden, Wirrwarr anzurichten. Eine tiefe Spaltung entstand in der Gemeinde, und noch heute, nach Jahren, stehen sich die beiden Teile wie abgestorbene Bäume gegenüber. An einem anderen Ort hatte der Herr eine schöne Gemeinschaft ins Leben gerufen. Ein Bruder von einer anderen Richtung kam dorthin, brachte einige aus der Schrift herausgerissene und dann zusammengeschusterte Schriftstellen, bringt unvernünftige Dinge, Nebensachen und erzielt als Frucht seiner gottlosen Arbeit eine Spaltung. Die etwa

400 Glieder zählende Gemeinde wurde in verschiedene Haufen geteilt mit etwa je 50 Mitgliedern. Die anderen fielen in die Welt zurück. Ja, meine Teuren, man muss wissen, was Satan im Sinn hat! Was tun, wenn Satan es fertigbrachte, Verwirrung anzurichten? Herauslaufen, alles im Schutt sitzen lassen? Das wäre das Bequemste für das Fleisch. Schaue Vers 3 an: »Da beteten wir zu unserem Gott und stellten eine Wache gegen sie auf, Tag und Nacht zum Schutz vor ihnen.«

Zuerst Gebet. Die Verwirrung ist anders nicht zu überwinden als nur durch Gebet. Schwätzen und Richten bringt nur größeren Schaden und hilft nicht zur Besserung. Wenn gebetet wurde, gilt es treue Männer und Frauen zur Wache aufzustellen. So machte es Nehemia. Auf diesem Wege wurde der Versuch Satans, Verwirrung anzurichten, vereitelt.

Doch damit war der Feind noch nicht fertig. Er fängt seinen *dritten Versuch* bald an. *Worin besteht der dritte Angriff? Er bestand darin: Das Volk Gottes, das die Mauern baute, mutlos zu machen.*

Neh. 4, 4: »Und das Volk von Juda sagte: Die Kraft der Lastträger schwindet, und es ist noch soviel Schutt da. Wir allein schaffen es nicht mehr, an der Mauer zu bauen.«

Satan merkte, dass er mit den früheren Versuchen bei dem Volk Gottes nicht zum Ziele kam. Er wählte einen neuen, sehr schlau berechneten Angriff. Er will das Volk Gottes mutlos machen und hofft dadurch den Sieg zu erlangen. Des Schuttes ist zuviel, und wir, sagen die Männer Gottes, sind zu schwach. Die Kraft reicht nicht aus, wir brechen unter der Arbeit zusammen. Unmöglich können wir die Mauern bauen.

Es ist wahr, Schutt war in Jerusalem genug zu finden. Überall Schutt, Schutt, Schutt. Es ist wieder wahr, dem Volke Gottes steht nur eine kleine Kraft zur Verfügung. Doch es ist nicht wahr, dass wir damit nicht fertigwerden. Wir wollen nicht verhehlen, dass wir in dieser Evangelisationsarbeit viel Schutt wegzuräumen haben. O, wie viel Schutt! Schutt des Un- und Aberglaubens, Schutt der Vorurteile und des Misstrauens, Schutt der Gleichgültigkeit und falscher Religiosität, Schutt der Eifersucht und Lieblosigkeit, ach, wieviel Schutt! Und wir haben nur eine kleine Kraft. Rechnen wir mit unsrer Kraft, dann müssen wir verzagen und verzweifeln und den Schauplatz verlassen. Das ist jedoch keine biblische Rechnung. Viel besser ist es, man rechnet mit der Kraft seines Gottes. Der Herr hat gesagt: »Meine Kraft kommt in der Schwachheit zur Vollendung« (2. Kor. 12, 9), und Paulus sagt 2. Kor 12, 10: »Denn wenn ich schwach bin, dann bin ich stark.« Das ist Rechnen mit der Allmacht Gottes. Die Schwachheit und Ohnmacht wird Kraft durch die Allmacht Gottes. Wer so rechnet, der lässt sich nicht entmutigen. Es ist eine unverantwortliche Schande für das Volk Gottes, wenn es sich vom Teufel entmutigen lässt. Wer macht mutlos? Der Teufel. Der Heilige Geist dagegen bringt Mut und Kraft, ja, heilige Begeisterung für Gottes Reichsarbeit. Die Mutlosigkeit hat einen Verwandten, das ist der Zweifel. Satan bringt uns dahin, dass wir Schwert und Kelle fortwerfen, den Mut verlieren und uns ihm durch Verzweiflung ausliefern. Wesley sagte am Ende seines Lebens, er habe mehr mächtige Diener Gottes durch Mutlosigkeit unfruchtbar werden sehen, als um irgendeiner anderen Sache willen. Jede Entmutigung kommt von ihm, dem Teufel. Wir kennen Gemeinschaften, in denen Satan es fertigbrachte, Mutlosigkeit hineinzubringen. Sobald ein Gotteskind mutlos wird, hat es seine Kraft verloren.

Man erzählt von einem Knecht Gottes, einem alten Kirchenvater, der durch Mutlosigkeit versucht wurde, so dass Gott ihm eine Warnung durch einen Traum zuteil werden ließ. Er träumte, in der Hölle sei seinetwegen ein Kriegsrat abgehalten worden. Es handelte sich darum, ihn zu Fall zu bringen. Satan war wütend, dass er bisher aufrecht geblieben war und trotz aller Versuchungen, mit denen er ihn geplagt, und trotz aller Leiden, die er über ihn geschickt hatte, nicht gefallen war. Von allen Seiten machten die Dämonen verschiedene Vorschläge, um ihn zu Fall zu bringen. Der eine schlug eine heftige Versuchung zum Hochmut vor, indem er ihm Schmeichler zusenden wollte; ein anderer die Versuchung der Ungeduld und des Murrens, indem er Lügen über ihn verbreitete; ein dritter die Versuchung zum Geiz. Wieder ein anderer schlug vor, seine Aufmerksamkeit lebhaft auf die Gelegenheit zum Reichwerden und zu einem bequemeren Leben zu richten, wodurch er ihm den Missionseifer zu nehmen gedachte. Aber zu allen diesen Vorschlägen schüttelte Satan den Kopf. Endlich rief ein böser Geist, der sich auf die Verführung edler Seelen gut verstand: »Ich verpflichte mich, ihn zu Fall zu bringen, indem ich ihn zur Mutlosigkeit versuche. Ich werde ihm alles in schwarzen Farben zeigen; ich werde ihm die Schwierigkeiten eines heiligen Lebens, die Leiden, die Schmach vormalen; ich werde ihm an anderen scheinbare oder wirkliche Ungeradheiten zeigen; ich werde ihm einen kleinen Zweifel an der Treue Gottes einflößen.« Ein höllisches Freudengeschrei begrüßte diese Worte, und der Fürst der Dämonen nickte seinem Anhänger befriedigt zu. Dieser breitete sofort seine schwarzen Schwingen aus und verschwand. – Der Knecht

Gottes erwachte, glücklich, zur rechten Zeit gewarnt worden zu sein. Dem Feind gelang es nicht, ihn zu entmutigen.

Es soll dem Feind nicht gelingen, uns mutlos zu machen! Warum verzagen? Stehen wir auf Gottes Seite und haben Gott für uns, dann haben wir den Sieg auf der ganzen Linie. Was aber tun, wenn Mutlosigkeit unter das Volk Gottes gekommen ist? Auf das Angesicht fallen, Buße tun und aufs Neue Gott vertrauen, so, dass Er mit Seinem heiligen Feuer uns durchglühen und lösen kann von der Mutlosigkeit. Dann, zweitens, nicht nur den Schutt ansehen, sondern ihn wegräumen. Mit dem Ansehen des Schuttes ist unserem Gott nicht gedient. Kinder Gottes, frisch auf und helft Schutt aufzuräumen! Räumt den Schutt auf, der jahrelang eure Herzen belastet, euer Familien und Eheleben verstimmt und euer Gemeinschaftsleben untereinander fast unmöglich gemacht hat. Räumt Schutt auf, denn auf Schutt kann man die Mauern Jerusalems nicht bauen! Alle Arbeit auf einem Fundament von Schutt hat keine fruchtbringenden Resultate. Es heißt, Gott versuchen, wenn man um Erweckungen betet und räumt den Schutt nicht auf, der zwischen uns und unserem Gott lagert. Also, Volk Gottes, bete und vertraue deinem Gott, arbeite weiter, räume deinen Schutt auf, so wirst du auch diesen Angriff Satans abwehren. Unter den Männern und Frauen werden auch solche sein, die in glühender Begeisterung für Gott leben, und bei solchen hat Mutlosigkeit keinen Platz.

Der vierte Angriffsplan Satans ist: Er versucht einen Überfall zu arrangieren.

Neh. 4, 5.6: »Unsere Bedränger aber sagten sich: Sie sollen es nicht erkennen und sollen nichts von uns sehen, bis wir mitten unter sie gekommen sind und sie erschlagen und das Werk zum Stillstand bringen. Und es geschah, als die Juden, die neben ihnen wohnten, kamen und uns wohl zehnmal sagten: Von allen Orten, wohin ihr euch auch wenden mögt, sind sie gegen uns.«

Ist es dem Feind durch Entmutigung nicht gelungen, dem Werk des Herrn zu schaden, so beginnt er gewöhnlich einen Überfall auf die Arbeiter im Reich Gottes, der wiefolgt aussieht: Ehe sie es merken hat er eine Schlinge um sie gelegt oder sie plötzlich zu Fall gebracht. O, unverhofft ist schon über manchen Frommen die Versuchung kommen. Wieviele Reichgottesarbeiter sind plötzlich zu Fall gekommen, und alle Welt fragt: »Wie ist das möglich?« O, Brüder, fragt nicht so, sondern beugt euch, wenn es Satan gelang, ein Kind Gottes zu Boden zu werfen, denn wer da steht, mag wohl zusehen, dass er nicht falle! Den Gefallenen aber helft mit sanftmütigem Geist zurecht, damit er kein Triumph des Teufels wird. Muss es bei jedem Überfall eine Niederlage geben? Mit großer Dankbarkeit gegen den Herrn sagen wir: Nein! Unser Geist freut sich über die Gewissheit, dass auch Satan unter der Kontrolle Gottes steht und nicht tun kann, was er will, sondern nur, was Gott gestattet. Nicht Satan ist Herr, sondern Christus ist Herr. Und haben wir ein offenes Ohr für die Stimme Jesu, so wird Er es uns nicht an Warnungen fehlen lassen, wenn der Feind angreifen will. In unserem Text steht, dass Nehemia aus allen Orten zehnmal gewarnt wurde vor dem Überfall. Gott lässt uns warnen, wir brauchen nicht zu fallen. Wer ein geöffnetes Ohr der Zucht hat, dem kann der Geist zur rechten Stunde mitteilen, was der Feind im Schilde führt. Was aber tun, wenn der Heilige Geist vor einem Überfall des Widersachers gewarnt hat? Nun, da können wir wieder von Nehemia und seiner Heldenschar lernen. Was tun sie? Zuerst: *Sie legten die Waffen an.* Alle waren bewaffnet mit Schwertern, Lanzen und Bogen (Neh. 4, 7). Willst du vor einem Überfall bewahrt werden, so gehe ins göttliche Zeughaus und lege die Waffenrüstung Gottes gegen die listigen Anläufe des Teufels an. Umgürte deine Lenden mit Wahrheit, bekleide dich mit dem Brustpanzer der Gerechtigkeit, damit du an bösen Tagen Widerstand leisten und alles wohl ausrichten und das Feld behalten kannst. Sei beschuht an den Füßen mit der Bereitschaft zur Verkündigung des Evangeliums, ergreife den Schild des Glaubens, mit dem du alle feurigen Pfeile des Bösen auslöschen kannst, nimm den Helm des Heils und das Schwert des Geistes, mit denen man heute noch den Satan aus dem Feld schlagen kann (Eph. 6). Steht in der ganzen Waffenrüstung und verliert nie die Geistesgegenwart! Wahre Streiter Jesu verlieren nie den Kopf, auch nicht in den schwersten Situationen. Ein General darf nie die Geistesgegenwart verlieren, sondern darf und kann von seinem erhöhten Standpunkt aus die Situation übersehen und beherrschen. So auch wir, auf dem erhöhten Platz des Kreuzes stehend.

Sodann: *Gott fürchten und Ihm vertrauen.* »Fürchtet euch nicht vor ihnen! An den Herrn denkt, den großen und furchtbaren! Und kämpft für eure Brüder, eure Söhne und eure Töchter, eure Frauen und eure Häuser« (Neh. 4, 8).

Nie den Feind fürchten, nie dem Feind vertrauen. Jawohl, so wollen wir es machen: Gott wollen wir fürchten und nie die Feinde Gottes! –

Was kommt weiter noch? *Auf, zurück zur Arbeit! Weiterbauen!* Neh. 4, 9: »Und es geschah, als unsere Feinde hörten, dass es uns bekannt geworden war und dass Gott ihren Rat zunichte gemacht hatte, da konnten wir alle zur Mauer zurückkehren, jeder an sein Werk.«

Zur Arbeit zurück! Und wie lang ist der Arbeitstag des Volkes Gottes? Acht Stunden, wie die Sozialdemokraten ihn wünschen und haben? Lest Vers 15: »So arbeiteten wir an dem Werk vom Aufgang der Morgenröte an, bis die Sterne hervortraten.« Genügen 8 Stunden nicht, dann arbeiten wir 12 Stunden. Und genügen 12 Stunden für die viele Arbeit nicht, dann nehmen wir uns 15 und wenn nötig, 24 Stunden. Mit anderen Worten: Ein jeder steht mit seiner ganzen Person für das Werk Gottes ein und weicht nicht von seinem Posten!

Viertens werden nach Neh. 4, 10 Arbeiter und Wachen eingeteilt: »Und es geschah von diesem Tag an: die eine Hälfte meiner jungen Männer war an dem Werk beschäftigt, und die andere Hälfte hielt die Speere, die Schilde und die Bogen und die Schuppenpanzer bereit. Und die Obersten standen hinter dem ganzen Haus Juda.«

Nun geht man so an die Arbeit, dass die einen in der Hand die Waffen halten, während die anderen die Arbeit an der Mauer verrichten. Wieder andere, die Lastenträger, arbeiten mit einer Hand, während die andere die Waffe hält (Neh. 4, 11). Auch wir wollen es so machen! Bauen, arbeiten und den Feind mit der Waffe in der Hand erwarten.

Ich war einmal in Marienburg. Da hat man mir erzählt, dass die alten Ritter des Nachts in ihren Rüstungen schliefen und ihre Waffen dicht bei sich hatten und dass, wenn nur der geringste Ton vom Turm her in die Stadt hinein erscholl, jeder aufsprang, sich auf sein gesatteltes Pferd setzte und in die Nacht hinausritt gegen den Feind. O, dass auch wir allezeit in Bereitschaft wären, dem Feind als Gewappnete und Fertige zum Kampf entgegenzutreten bei einem plötzlichen Überfall!

Ferner wählte das Volk Gottes einen Mann, der in das Horn blies: »An dem Ort, woher ihr den Schall des Horns hört, dorthin sammelt euch zu uns! Unser Gott wird für uns kämpfen!« (Neh. 4, 14)

Das ist ein sehr praktischer Gedanke. Da wird das Volk Gottes zusammengerufen, wenn der Feind sich naht. O, wie wichtig ist es da, dass unser Horn einen klaren Ton gibt. Kommt dann der Feind, ist der Sieg gewiss in Erweckungszeiten. –

Noch eines ist sehr wichtig: *Sie enthielten sich von allem Erlaubten!*

»Zur derselben Zeit sagte ich auch zum Volk: Jeder soll mit seinem Helfer die Nacht über innerhalb Jerusalems bleiben, sodass sie uns nachts als Wache dienen und tagsüber am Werk. Und weder ich noch meine Brüder, noch meine Diener, noch die Männer der Wache, die in meinem Gefolge waren – wir zogen unsere Kleider nicht aus« (Neh. 4, 16.17).

Das war Selbstverleugnung. O, wie meint das Volk Gottes heute oft, man müsse doch mit der Mode gehen. Da muss ein neuer Schlips, ein neuer Hut usw. angeschafft werden. Diese eifrigen Arbeiter hatten kein Interesse und keine Zeit für die Mode, sie setzten für Gott ihr Leben ein. Ach, wie könnte so viel mehr geschehen, wenn das Volk Gottes so dächte! Ich sprach einmal mit einem meiner Freunde, der eine Kasse für ein Missionswerk hat und fragte ihn: »Nun, wie steht es mit eurer Missionskasse?« Er sagte nicht viel, aber ich konnte merken, es fehlte an Geld. Man hatte kein Geld, um Boten in die Heidenwelt hinauszusenden, aber das Volk Gottes lebt im Prunk und macht es sich gemütlich. Sieh, wenn Jesu Sache nicht zum Ziel kommt, dann sind wir schuld. Diese Knechte Gottes in den Tagen Nehemias verstanden, sich selbst zu verleugnen. Lerne auch du es und du wirst sehen, dass es dann Tage der Erweckung gibt.

Nun kommen wir zum fünften Anschlag: Satan wirft durch seine Helfershelfer die Brotfrage auf (Neh. 5, 1-5).

Wisst ihr, was der erste Misston in der Pfingstgeschichte war (Apg. 6)? Man musste Männer bestellen, die für den Dienst des Äußeren da waren. Der erste Misston war die Brotfrage! Man fing an zu murren und zu klagen. Wenn das in die Reihen der Gotteskämpfer hineinkommt, dann bringt Satan es bald fertig, den Bau Jerusalems zu verhindern. Warum kommt in den Tagen der Erweckung so oft die Brotfrage hindernd zum Vorschein? Ja, sagt man, wir würden auch gerne eine Evangelisation hier beginnen, aber es fehlt das Geld, den Evangelisten zu bezahlen und die Kosten zu decken. O, traurige Sachen könnte ich aus meiner Erfahrung erzählen. Da steht man einer Erweckung im Wege, oft von Seiten der Gemeinde oder von Seiten des Evangelisten, weil man auf das Geld, die Kosten schaut! Anstatt im Glauben des Herrn Gebot zu befolgen, stellt man Berechnungen an und lässt die Mauern Jerusalems liegen, lässt die arme unglückliche, verlorene, gottlose Welt weiter in das Verderben hinabsinken. Was tut Nehemia? Verse 6, 7 und 9 in Kapitel 5:

»Da wurde ich sehr zornig, als ich ihr Klagegeschrei und diese Worte hörte. Und mein Herz in mir ging mit sich zu Rate, und ich klagte die

Edlen und die Vorsteher an und sagte zu ihnen: Ihr treibt Wucher an euren Brüdern. – Und ich sagte: Nicht gut ist die Sache, die ihr da tut! Solltet ihr nicht in der Furcht unseres Gottes leben, um dem Hohn der Nationen, unserer Feinde zu entgehen?«

O, was muss die Welt, die arme verlorene Welt, denken, wenn das Volk Gottes sich mit der Brotfrage abgibt? Meine Teuren, in der Evangelisation muss Jesus Nummer 1 und Nummer 2 und Nummer 3 sein! Wo dann Jesus ist, wird die Brotfrage in Ordnung gebracht. Nehemia hat nicht gescholten: »Schaut, so machen sie es, die Brotfrage geht ihnen vor!« Nein, er hat selbst Hand angelegt und angeordnet: »Und die Juden, sowohl die Vorsteher – 150 Mann – als auch die, die von den Nationen rings um uns herum zu uns kamen, waren an meinem Tisch. Und was für jeden Tag zubereitet wurde, war: ein Rind, sechs auserlesene Schafe und Geflügel wurden mir zubereitet und alle zehn Tage von allerlei Wein die Fülle. Und trotzdem forderte ich nicht das Brot des Stadthalters, denn der Dienst lastete schwer genug auf diesem Volk. Gedenke, mein Gott, mir zugute, all dessen, was ich für dieses Volk getan habe!« (Neh. 5, 17-19).

Nur so wird die Brotfrage gelöst, indem man anfängt zu tun, was man tun kann. Nehemia tat, was er konnte. Er bezog kein Gehalt und besorgte dazu noch alles für 150 Mann. Ich bedaure die Evangelisation, die mit der Brotfrage beginnt. Ist das Glauben, wenn Evangelisten von den Gemeinschaften, die sie eingeladen haben, für ihren Dienst eine bestimmte Summe fordern?

Ich bin in Orte gekommen, da haben Kinder Gottes geklagt: »Wir hätten gerne eine Evangelisationsarbeit hier, aber uns fehlen die Mittel. Der Evangelist will so viel, der Evangelist will so viel und der will so viel.« Was war da Nummer 1? Jesus und die Sünder? Nein! Die elende Brotfrage! Hat der Meister so gehandelt? Haben Petrus und Johannes, hat Paulus so gehandelt? Geliebte, die Götter Roms und Griechenlands wären nicht in Staub gesunken, wenn bei Paulus und den Aposteln die Brotfrage Nummer 1 gewesen wäre! Oder meint ihr, Paulus wäre je nach Ephesus oder nach Korinth oder nach Philippi gekommen und hätte die Bastionen Satans für Gott erobert, wenn er zuerst angefragt hätte: »Wieviel gebt ihr? Ich brauche im Jahr 3.000 Mark. Ich arbeite jährlich in zehn verschiedenen Orten. Folglich kann ich keine Arbeit tun, es sei denn, ihr versprecht mir mindestens 300 Mark.« Niemals, niemals wäre die alte Welt für Christus erobert worden! Meint ihr, Deutschland würde für Gott erobert, wenn die Evangelisationsarbeit von einer Klasse Arbeiter getan würde, bei denen die Brotfrage im Vordergrund steht? Knechte Gottes, die das Wort des Herrn treibt und deren Siegel erweckte, bekehrte Sünder sind (1. Kor. 9, 2), gehen im Glauben und vertrauen ihrem Gott, dass Er die Brotfrage lösen wird. Sie gehen wie ihr Meister und die Helden der alten Vorzeit: »Mangel leidend, bedrängt, geplagt« (Hebr. 11, 37), und haben oft keinen Ort, wo sie ihr Haupt hinlegen. Das ist aber königliche Stellung. Solche Männer dürfen dann aber auch erfahren, dass sie königlich von ihrem Gott versorgt werden!

Derselbe Fehler kann aber auch von Gemeinschaften, die Evangelisation treiben, gemacht werden. Mit großem Schmerz denke ich an verschiedene Orte, wo man Evangelisationsversammlungen nicht aus dem Grund arrangierte, dass Sünder gerettet und Gott verherrlicht werde, sondern aus ganz gemeinen Absichten. Die Geld- und Brotfrage spielte die Hauptrolle. Ich kam einmal in einen Ort, da war die Gemeinschaft arm. Auf dem Versammlungshaus lastete noch eine große Schuld. Die Brüder fragten, was mit der Kollekte werden sollte, die erhoben würde und erzählten mir von ihrer drückenden Schuld. Ich sagte: »Nun, gebraucht das Opfer, das Gott euch schenkt, zur Tilgung der Schuld!« Das Angebot nahmen sie mit Freuden an. Wir fingen an zu arbeiten, arbeiteten mit unsrer ganzen Kraft, beteten, wachten und fasteten, und doch gab Gott keine Erweckung. Ich durchforschte die Sache, wo es fehle und fand heraus, dass die Leiter der Gemeinschaft stolz darüber waren, wieviel an Opfer zusammenkam. Ihr Herz war voll vom Geldopfer. Wo es so aussieht bei den Leitern dieser Versammlung, wird es niemals eine Erweckung geben. Brüder, sehen wir doch einmal klar! Satan will uns übervorteilen, deswegen wirft er die Brotfrage auf. Bei vielen ist es ihm gelungen, das Werk des Herrn durch die elende Brotfrage zu zerstören. Seien wir auf der Hut und erkennen wir den Gedanken des Feindes, dann werden wir auch in dieser Angelegenheit siegreich widerstehen können. Es ist schändlicher Unglaube gegen Gott, wenn man Ihm nicht zutraut, dass Er die Brotfrage löst. Der, der die Raben auf dem Felde speist und dem Sperling auf dem Dach sein Brot gibt, sollte der Seine Auserwählten nicht versorgen? O, ihr Kleingläubigen!

Jetzt kommen wir einen Schritt weiter. Nachdem Satan abgewehrt war, kommt er auf eine noch schlauere Weise. Alles bisher von ihm ins Feld geführte war nicht durchschlagend. Da kommt er mit einem neuen Schachzug.

Sechstens: Er beruft eine Konferenz ein.

Neh. 6, 2: »Da sandten Sanballat und Geschem zu mir und ließen mir sagen: Komm, wir wollen uns in Kefirim, im Tal von Ono treffen! Sie beabsichtigten aber, mir Böses anzutun.«

Die Feinde Gottes wollen sich besprechen mit denen, die die Mauern Jerusalems bauen. Es gefällt ihnen eben nicht, dass die Mauern Jerusalems zur Vollendung kommen. »Sie hatten Böses im Sinn.« Vielleicht wollten sie Nehemia umbringen.

Denselben Kniff versucht Satan heute noch, wo er merkt, dass durch Evangelisation Reich Gottes gebaut wird. Das Volk Gottes kommt zusammen und erfreut sich in seinen Gemeinschaftskonferenzen. Satan äfft durch seine Helfershelfer die Gemeinschaftskonferenzen nach, die er in seiner Weise leiten lässt, um der Evangelisation Abbruch zu tun. Oder ist es nicht so? In solchen Konferenzen wird über Dinge gesprochen, über die man sich beim Volke Gottes ganz klar ist. Man verhandelt Fragen, wie beispielsweise: Ist die Bekehrung überhaupt notwendig? Brauchen wir Evangelisation? Was ist es mit der Gemeinschaftssache? Das Urteil solcher Konferenzen über Evangelisation und die Gemeinschaftssache ist dann oft: Schwärmerei, Anekdötchen, importiertes Gewächs usw. Meine Teuren, ist das nicht überaus traurig? Was macht Nehemia? Er antwortet: »Wir haben keine Zeit zu euch hinabzukommen, um mit euch Kirchenkonferenzen zu veranstalten! Ein großes Geschäft ist in unsere Hände gelegt, und da heißt es auf dem Posten zu stehen; wir können nicht zu euch Konferenzlern hinabkommen. Unsere Aufgabe ist, zu evangelisieren, zu evangelisieren und weiter zu evangelisieren.« Viermal steht in Vers 4 die Aufforderung zum Hinabkommen, doch Nehemia hat keine Zeit dafür. Bei ihm heißt es: weiterarbeiten an dem Werk des Herrn. So wollen auch wir es machen, als Heilige wie Nehemia für und vor unserem Gott dastehen!

Als Nehemia diesen Versuch Satans niedergeschlagen hat, führt Satan ein *neues Werk* ins Feld. *Er schreibt einen offenen Brief durch seinen Helfer und verdächtigt das Volk Gottes einer falschen Sache.*

Neh. 6, 5.6: »Da sandte Sanballat zum fünften Mal auf diese Weise seinen Diener zu mir; der hatte einen offenen Brief in seiner Hand, in dem stand geschrieben: Unter den Nationen verlautet und Geschem sagt es auch: Du und die Juden, ihr beabsichtigt euch zu empören. Darum baust du die Mauer auf. Und du willst nach diesem Gerücht ihr König werden.«

Die offenen Briefe sind heute etwas aus der Mode gekommen. Heute schreibt man offene Briefe als Blättlein und Broschüren. Was ist ein offener Brief? Ein offener Brief ist ein Brief ohne Adresse oder mit Adresse an alle. Solche offenen Briefe kommen heute in unsere frommen Blätter hinein. O, wie fein fängt man es da an. Nur ein Beispiel! Kürzlich stand in einem christlichen Blatt folgendes: »Pastor Paul, der Leiter der Zeltmission, betonte auf der letzten Gnadauer Pfingstkonferenz nach 1. Johannes 5, 6, dass der Geist die Wahrheit, d. h. die himmlische Realität, ist. Tiefen Eindruck machte es, als er schloss: ›Dass der Heilige Geist Realität ist, das werdet ihr jetzt sehen; schon mehrere Tage war ich lahm auf einem Fuß bis zu diesem Augenblick; mit gesundem Fuß werde ich jetzt in den Saal hinabsteigen.‹ Sprach's und es geschah. An den folgenden Tagen konnte er wegen seines lahmen Fußes nicht an den Versammlungen teilnehmen.« Tatsache ist, wie alle Teilnehmer der Konferenz wussten, dass der Herr unserem Bruder eine Besserung seines Beines schenkte und zweitens, dass er am selben Tag noch nach Wandsbek bei Hamburg abreisen musste, um dort bei einer Konferenz zu dienen und drittens, dass er nach etlichen Tagen mit geheiltem Bein zurückkam. Ihr seht, wie der Feind Lügen verbreitet über einen ehrlichen Mann. Solcher Beispiele gibt es Dutzende. Es wird heute soviel gelogen, auch in christlichen Schriften!

Aber Nehemia lässt sich nicht beirren, und das ist wichtig. Wenn Nehemia ein Mensch wäre wie ihr und wie ich, dann wäre dieser Anschlag nicht zurückgeschlagen worden. Ich wäre hinabgegangen, hätte Streit mit ihnen bekommen und sie hätten mich gefangengenommen und zu Verstummen gebracht.

Als der Feind durch Gottes Gnade auch in diesem Vorhaben siegreich überwunden war, kommt er mit *seinem letzten Anschlag: Er versucht achtens, den Knecht Gottes beiseite zu schaffen.*

Neh. 6, 10: »Und ich kam in das Haus Schemajas, des Sohnes Delajas, des Sohnes Mehetabels, der sich eingeschlossen hatte. Der sagte: Wir wollen uns im Haus Gottes treffen, im Innern des Tempelraums und die Türen des Tempelraums verschließen. Denn sie wollen kommen, um dich umzubringen; und zwar kommen sie in der Nacht, um dich umzubringen.«

Wenn Sanballat kommt, dann glaubt man nicht, kommt aber ein Prophet, dann glaubt man. Der Feind versucht es, uns nur in den Tempel hineinzubekommen. Er liebt auch Frömmigkeit, und zwar eine solche, die keinen Lärm in dieser Welt macht, einen stillen Wandel, der ihm keinen

Schaden bringt. »Stille im Lande«, die nichts von Evangelisation wissen wollen, die am liebsten genießen, was Gott gibt, aber nicht für Gott arbeiten. Geistliche Epikuräer, die ihr Leben nach folgendem Vers einrichten: »Wenn ich Ihn nur habe, lass ich still die Anderen breite, lichte volle Straßen wandern.« Das ist aber nicht der Gedanke Gottes, sondern: »Geht hin in die ganze Welt und predigt das Evangelium der ganzen Schöpfung.« Wenn Paulus und die Märtyrer solche »Stillen im Lande« gewesen wären, die die Welt ihrem Elend überlassen hätten, so wäre das Evangelium nie in unser Land gekommen. Fern sei es von uns, etwas gegen das verborgene Leben im Heiligtum zu reden. Welche Männer hat Gott immer gebraucht, um die Welt mit seinem Leben zu beeinflussen? Nur solche, die ihr Leben im Tempel zubrachten. Aber alles hat seine Zeit, betend im Tempel weilen und kämpfend auf dem Schlachtfeld stehen.

Was macht Nehemia? Geht er in die Falle, setzt er sich in den Tempel? O, dieser königliche Mann! Seht Vers 11: »Ich aber sagte: Ein Mann wie ich sollte davonlaufen? Und wer von meinesgleichen könnte in den Tempel hineingehen und am Leben bleiben? Ich gehen nicht mit hinein.« Mit anderen Worten sagte Nehemia: »Ich, der Auserwählte Gottes, ich soll fliehen? Nein, ich bleibe auf meinem Posten stehen. Ein Mann, wie ich es bin sollte fliehen? Niemals, niemals!«

Was ist das? Das ist Selbstbewusstsein. Selbstbewusstsein ist aber etwas ganz anderes, als Ichbewusstsein. Joseph sagt: »Wie sollte ich ein so großes Übel tun und wider Gott sündigen.« Paulus sagt: »Aus Gnade bin ich, was ich bin.« Das ist Selbstbewusstsein! Wissen, was die Gnade aus uns gemacht hat und täglich noch macht, das gibt uns das Selbstbewusstsein. Ich wiederhole: zwischen Selbstbewusstsein und Ichbewusstsein ist ein himmelweiter Unterschied. Der weltliche Dichter sagt: »Vergiss dein Ich, dein Selbst verleugne nie!«

Warum fällt Petrus? Er hat doch gesagt: »Wenn sie dich alle verlassen, will ich dich doch nicht verlassen.« Das war Ichbewusstsein. Die Ursache seines Falles war: Er hat sein »Ich« noch nicht vergessen. Warum hat er es noch nicht vergessen? Ach, er hat noch kein Golgatha für sein »Ich« gehabt. Nur wo das »Ich« ans Kreuz gekommen ist, kann man es vergessen. »Ich bin mit Christus gekreuzigt, und nicht mehr lebe ich, sondern Christus lebt in mir« (Gal. 2, 19.20).

Wo das »Ich« gekreuzigt ist, da entsteht göttliches Selbstbewusstsein. Solches Selbstbewusstsein hatte Nehemia. Wir brauchen in unserer Zeit Männer mit Selbstbewusstsein, Männer, die wissen, was die Gnade aus ihnen gemacht hat, Männer mit Rückrat!

Woher hatte der falsche Prophet die Weissagungen gegen Nehemia?

Neh. 6, 13: »Dazu war er gedungen worden, dass ich aus Furcht so handeln und mich versündigen sollte. So hätten die einen Anlass zur üblen Nachrede gehabt, damit man mich schmähen könnte.«

Merkt, woher die falschen Propheten ihre Weissagungen haben. Sie haben sie von Tobia und Sanballat um des Geldes willen. O, der verfluchte Mammon hat nicht nur Judas zum Verräter, sondern schon manch anderen zum falschen Propheten gemacht. Doch Nehemia bleibt Sieger und schlägt auch den letzten Angriff seiner Feinde zurück. O Brüder, bleiben wir in der Zucht des Heiligen Geistes. Wir werden jeden Angriff des Feindes siegreich überwinden! Wir bleiben Sieger, denn Jesus ist der Siegesfürst! Die Mauer wurde nach Nehemia 6, 15 doch endlich fertig, und als die Feinde es hörten, kam eine große Furcht über sie (Vers 16). Sind wir Tag und Nacht auf dem Plan, so wird das Resultat unserer Evangelisation eine Erweckung sein. Wir werden siegen und die Mauern Jerusalems werden gebaut werden.

O, Volk des Herrn, zieh mit in den heiligen Kampf, stehe auf dem Kampfplatz bei Tag und Nacht, hilf mit beten und arbeiten! Willst du das tun? Willst du deinen Posten einnehmen? Der Sieg ist unser! Jesu Name sei hochgelobt in Ewigkeit. Amen.

Evangelium für den verlorensten Sünder

Evangelisationsrede, gehalten in Köln am 20. Juli 1902

»Und die Pharisäer und die Schriftgelehrten
murrten und sprachen: Dieser nimmt Sünder
auf und isst mit ihnen.« (Luk. 15, 2)

»Jesus nimmt die Sünder auf! «

Hier haben wir ein kostbares Wort für arme Sünder. Ich sage: für *arme* Sünder – denn unbußfertige, verstockte und freche Sünder kümmern sich nicht um Jesus, den Sünderfreund und wollen nichts wissen von dem Evangelium der freien Gnade; sie verachten die ewige Liebe und spielen mit den kostbaren Gelegenheiten, Vergebung ihrer Sünden zu erlangen. Das ist sehr betrübend. Mit einem unbußfertigen und verstockten Herzen kann man die Welten des Lichts nicht ererben. Unbußfertige Kains- und verstockte Pharaonaturen haben keinen Platz in der Gegenwart Gottes. Arme Sünder, die sich Gott unterwerfen und in Seinem Lichte ihre Sünde und Schuld erkennen, merken bald, dass sie einen Mittler, einen Versöhner, einen Hohepriester brauchen, der ihre Sünde sühnt, ihre Schuld bezahlt, ihre Unreinheit austilgt mit Seinem kostbaren Blut. Es ist ewige Wahrheit, dass kein Sünder sich selbst herausretten kann aus seinem tiefen Fall. Tritt aber für ihn ein Mittler ein, »einer von den Tausend, der dem Menschen seine Pflicht mitteilen soll, so wird der sich über ihn erbarmen und sprechen: Befreie ihn, damit er nicht in die Grube hinab fährt! Ich habe Lösegeld für ihn gefunden« (Hiob 33, 23.24). Dieser Mittler, der für jeden Sünder eintritt, dessen Wort und Werk von Gott her Autorität hat, ist kein anderer als Jesus Christus, hochgelobt in Ewigkeit. »Denn einer ist Gott, und einer ist Mittler zwischen Gott und Menschen, der Mensch Christus Jesus, der sich selbst als Lösegeld für alle gab, als das Zeugnis zur rechten Zeit« (1. Tim. 2, 5.6).

Sünder, die ihr Verlorensein und ihre große Schuld erkannt haben, dürfen zu diesem Mittler kommen, denn Jesus nimmt die Sünder auf.

»Wer zu mir kommt, den will ich nicht hinausstoßen.« In dem kostbaren Blute des Lammes finden alle, die freiwerden wollen von ihrer Schuld und Sündenmacht, Vergebung und Erlösung.

Meine Freunde! Diese Botschaft scheint euch lächerlich zu sein. Ihr glaubt nicht an Sünde und Schuld, euch ist das Wort vom Kreuz eine Torheit und ein Ärgernis. Himmel und Hölle, Gerechtigkeit und Gericht sind euch gleichgültige Dinge. Durch euren Scherz und Spott und euer Betragen beweist ihr, dass diese Tatsachen für euch Unsinn sind. Schenkt mir euer Ohr für einige Augenblicke. Mit einer Tatsache will ich beweisen, dass Sünde, Schuld und Erlösung keine lächerlichen Dinge sind. Ein Judenmissionar berichtete folgende Geschichte: Er evangelisierte in Kiew in Russland. Als er an einem Abend über Sündenlast und Sündenvergebung sprach, bemerkte er, wie ein alter Jude ihm aufmerksam zuhörte und oft zustimmend nickte. Schon bereit, sich an diesen besonders zu wenden, wurde er durch das Dazwischentreten eines jungen Mannes daran gehindert, der ihm heftig darzulegen suchte, es gäbe keine Sünde und darum auch keine Sündenlast und Sündenvergebung. Der Begriff der Sünde sei lediglich eine Erfindung jüdischer und christlicher Priester, die daraus für sich Vorteile zu ziehen hofften. Jetzt trat der alte Jude, der diesen Vorgang mit gespannter Aufmerksamkeit verfolgt hatte, auf den jungen Mann zu und sagte: »Wollen wir nicht machen zusammen ein Geschäft, ein gutes reelles Geschäft? Sie werden übernehmen meine Sünden, und ich werde zahlen für diesen Gefallen 50 Rubel!« – »Nur her damit«, entgegnete lachend der junge Mann. »Nicht so«, sagte bedächtig der Alte, »ein gutes, reelles Geschäft will gemacht werden schriftlich.« – »Mir auch recht«, antwortete jener und schrieb einen Schein, dass er vom heutigen Tage an die Sünden des Alten übernehme, und ließ den Schein noch dazu von mehreren Zeugen unterschreiben. Darauf ging er lachend fort und machte sich mit seinen Freunden einen vergnügten Tag. Als er abends heim kam, fühlte er sich unwohl und legte sich früher als gewohnt zu Bett. Aber der Schlaf wollte nicht kommen. Immerfort beschäftigte ihn der Gedanke, wie der schnurrige Alte wohl dazu gekommen sei, ihm seine Sünden zu übergeben. Zuweilen ergriff ihn eine unbestimmte Furcht vor irgendeinem Unglück, das er sich durch eigenen Übermut zugezogen haben könnte. Der Alte wird doch am Ende kein Verbrecher sein und glauben, er könnte mir seine Sündenlast und Gewissensqualen aufbürden? Unsinn! Es gibt ja keine Sünde, und wie könnte einer die quälende Erinnerung an seine Verbrechen einem anderen übertragen?

So lag er die ganze Nacht in düsteren, schauderhaften, quälenden Gedanken, und als er sich am nächsten Morgen erheben wollte, vermochte er es nicht. Seine Mutter, die durch sein Ausbleiben am Frühstückstisch verwundert zu ihm kam, erschrak über das heftige Fieber, in dem er lag. Man schickte sofort zum Hausarzt, einem verständigen, tüchtigen und wohlerfahrenen Mann. Er kam, wusste sich aber den Zustand des Kranken nicht zu erklären, der sich über Tag noch verschlimmerte.

Endlich kam die Nacht, doch auch sie brachte für den Gequälten keine Ruhe. Er lag allein. Plötzlich schien es ihm im Fiebertraum, als öffne sich die Tür und eine Frau mit zwei Kindern trat herein und sprach: »Sieh her, Elender, das sind meine und deine Kinder! Verlassen hast du uns und im Elend umkommen lassen!« – »Was wollt ihr?", rief der verzweifelte Kranke, »ich bin nicht der, den ihr sucht.« – »Ja«, klang es hohl zurück, »23 Jahre sind wir zu dem Alten gekommen, jetzt kommen wir zu dir, du hast ja seine Sünden übernommen!« Wieder schien sich die Tür zu öffnen und die blutüberströmte Gestalt eines Mannes, der den Kopf unter dem Arm trug, wurde sichtbar! Starr blickte der Unglückliche auf diese neue Schreckenserscheinung, die nun auch begann zu sprechen: »Schändlicher!

Denkst du noch daran, dass du mich auf jener einsamen Eisenbahnfahrt ermordet und beraubt hast?« Grell schrie der junge Mann auf: »Ich bin nicht der, der dich ermordet hat!« Wieder tönte ihm dieselbe Antwort entgegen wie zuvor. Wieder öffnete sich die Tür und neue Schreckensgestalten erschienen, eine unabsehbare Reihe.

Der Zustand des Kranken steigerte sich fast bis zum Wahnsinn. Da endlich dämmerte der Morgen, und mit ihm verschwanden die schauderhaften Nachtgesichte. Der Arzt, der heute in Begleitung zweier Kollegen kam, schüttelte wieder den Kopf. Weder er noch einer der beiden Herren konnte sich den ungewöhnlichen Fieberwahn erklären. Gegen Mittag wurde es besser und nun erfuhren die Eltern und Ärzte aus den stockenden Worten des Kranken, dessen Bewusstsein mehr und mehr zurückkehrte, die Geschichte mit dem Juden und die Erscheinungen, die ihm sein Fiebertraum in der vergangenen Nacht gezeigt hatte. Sein Vater beschloss, in der folgenden Nacht mit einem Arzt am Bett des Sohnes zu wachen. Der Abend kam und wirklich wiederholten sich die schrecklichen Beängstigungen des Sohnes. »Siehst du sie nicht, Vater, die Frau! Dort steht sie ja! Ihr Gewand streift ja deinen rechten Arm! Bring sie doch fort! Sie will mich erwürgen! Hilfe! Hilfe! Helft mir, Vater!«

Mit wahrem Grausen, ohne irgendwie helfen zu können, hörten es der Vater und der Vater und der Arzt.

So ging es die ganze Nacht. Immer wieder glaubte der geängstigte Kranke neue Schreckensbilder zu sehen und war am nächsten Morgen sehr schwach.

Dem unglücklichen Vater gelang es nach langen Suchen, den alten Juden zu ermitteln. Er eilte zu ihm und bot ihm 100, 500, 1.000 Rubel, wenn er ihm den Schein herausgeben wolle. Doch die kalte Antwort blieb immer die gleiche: »Nein, Geschäft ist Geschäft! Nie werde ich herausgeben das Papier und werde wiedernehmen meine Sünden. Seit 23 Jahren habe ich geschlafen zum ersten Mal diese beiden Nächte!« Der begüterte Vater bietet höher, bis zu einer halben Million für den Frieden seines einzigen Sohnes, aber – alles umsonst.

Noch eine Nacht war er Zeuge der fürchterlichen Qualen seines Sohnes und am folgenden Tag standen die Eltern an der Leiche ihres einzigen Kindes!

Seht, meine Freunde! So geht es den Spöttern und Lästerern, die in einer Versammlung wie dieser nichts als lachen und spotten können. Der junge Mann nahm ein Ende mit Schrecken. So wird es euch ergehen, wenn ihr nicht Buße tut, euer anmaßendes Betragen bereut, bei Jesus, dem Sünderfreund, Vergebung sucht in Seinem Blut. Ich sage nicht, dass der Alte dadurch Vergebung gefunden hat, indem er seine Sündenschuld auf den jungen Mann übertrug – ich glaube es nicht. Jesus allein kann einen Sünder von seiner Schuld entlasten. Gott hat damals an dem jungen Mann ein Exempel statuiert, dass Er Seiner nicht spotten lässt. »Irret euch nicht, Gott lässt sich nicht spotten«, auch von euch nicht – ja am allerwenigsten von euch! »Was der Mensch sät, das wird er auch ernten.« So viel zur Warnung. Gott ist gegenwärtig. Das Zelt ist Sein Heiligtum; zieht eure Schuhe aus; der Ort, auf dem ihr steht, ist heiliges Land. Zum Text zurück.

Jesus nimmt die Sünder auf. Ich lenke eure Aufmerksamkeit auf das Wort »Jesus«. Dieser nimmt die Sünder auf. Seine Feinde, die Schriftgelehrten und Pharisäer geben Ihm dieses Zeugnis. Und die Erfahrung bestätigt die Tatsache: Jesus nimmt die Sünder auf!

Wer ist dieser Jesus? Jesus ist der eingeborene Sohn Gottes. Er ist der Abglanz der Herrlichkeit Gottes und das Ebenbild Seines Wesens. In verklärter Majestät thronte Er als König über der ganzen Schöpfung und das ganze Weltall brachte durch Sphärengesang Loblieder dar. Die ewigen Geister in den Lichtswelten, die Engel und Erzengel samt himmlischem Heer huldigten Ihm und brachten ihr donnerndes Halleluja vor Seinen Thron. Das ist Jesus, wie Er war von Anfang, als Er saß in des Vaters Schoß und die Welten durch Sein Wort entstanden und Er den Menschen erwählte zu seinem königlichen Dienst. Dieser Jesus, der Hocherhabene und Hochverklärte, verließ für eine kleine Zeit all diese Herrlichkeit um der Menschen willen. Er wollte den Willen des Vaters tun und die Sünder aus ihrem tiefen Fall, aus ihrer Gebundenheit und ihrem Verderben erlösen. Um dieses zu tun, entleerte Er sich ganz, entäußerte Er sich Seiner Gottheit, nahm Knechtsgestalt an und war, dem Auftrag und Willen des Vaters gemäß, treu und gehorsam bis zum Tode, ja bis zum Tode am Kreuz.

»So tief ließ Jesus sich herunter;
Kein Mensch, kein Engel ward so klein.
Vor unsern Augen ist's ein Wunder,
Der Sohn soll so erniedrigt sein.«

Ja, so erniedrigt, so verachtet, so verschmäht, hingegeben in die Hände der Gottlosen, in Schmach, Schande und Spott. Geh nach Gethsemane!

Dort kniet der Mann der Schmerzen nieder und Sein Schweiß wird wie Blutstropfen, als Er um unsertwillen mit der Macht des Todes rang. Siehe, wie Er dort steht vor Seinen Richtern als der Allerverachtetste und Unwerteste, voller Schmerzen und Krankheit. Man bindet Ihn an eine Säule und zerfleischt mit furchtbaren Geißelhieben Seinen Leib. Man führt Ihn voller Wunden und Striemen nach Golgatha und nagelt Ihn an ein Fluchholz. Siehe, dort hängt Er am Kreuz mit ausgespannten Armen, Seine Hände und Füße sind durchbohrt und an das Holz geheftet. Siehe dieses Marterbild bluten, leiden und sterben. Mit dem Siegesschrei: »Es ist vollbracht!« übergab Er Seinen Geist in die Hände des Vaters. Am dritten Tag stand Er auf von den Toten, fuhr gen Himmel und sitzt jetzt wieder zur Rechten der Majestät in der Höhe. Er ist König und Priester für Sein Volk, umgeben von strahlender Herrlichkeit, alle segnend und begnadigend, die zu Ihm kommen. Dieser Jesus, Gott über alles, der dem Tod die Macht genommen und das Leben und unvergängliches Wesen an das Licht gebracht hat durch das Evangelium (2. Tim. 1, 10), nimmt die Sünder auf. Das ist gute Botschaft für dich. Ach komme doch, du armer Sünder, glaube an den Herrn Jesus Christus, so wirst du errettet! Vertraue Ihm allein, gib deinen eigenen Weg und deine eigenen Werke auf und setzte deine ganze Zuversicht auf Jesus, den Sünderfreund!

Du darfst zu Ihm kommen, so wie du bist. Du braucht keinen Vermittler, denn: Jesus nimmt die Sünder auf.

Die Lebensquelle steht für dich offen. Du brauchst keinen menschlichen Faktor, keine menschliche Gesellschaft und kein menschliches Institut als Vermittlung deiner Versöhnung, deines Friedens und deiner ewigen Seligkeit. Keine geistliche Hand, kein Konzil, keine Ordination vor Menschen ist nötig, um die Vermittlung zwischen dir und deinem Gott herzustellen. Der Eingang zu dem vollen Heim steht jedem Sünder offen; denn: Jesus nimmt die Sünder auf.

Du bist berechtigt, direkt zu Jesus zu gehen. Du brauchst keine Vermittler, weder Heilige, noch Priester, noch Pastoren, noch Evangelisten. O, es wisse, wer es wissen kann: Jesus nimmt die Sünder auf.

Denken wir noch einmal darüber nach: Wer waren die Heiligen, die jetzt den Thron Gottes umlagern? Sie waren alle einmal Sünder, die durch des Lammes Blut Errettung und Frieden fanden. Petrus war ein großer Sünder, denn er hat den Herrn verleugnet, gelogen und geschworen: »Ich kenne den Menschen nicht« (Matth. 26, 74). Paulus nennt sich den vornehmsten der Sünder, denn er war ein Lästerer, Schmäher und Verfolger.

Aber er fand Gnade durch die Barmherzigkeit Gottes. Die hochgebenedeite heilige Jungfrau Maria war auch eine Sünderin und musste auch errettet werden, gleichwie die anderen Sünder. Ja, es ist ganz gewiss wahr: Jesus nimmt die Sünder auf. *)

– Ich verzeihe den Männern, die sich eben so gemein hier aufführten und den Mut hatten, die Versammlung so zu stören und erkläre hiermit, dass es mir fern lag, einen Menschen zu beleidigen. Ich bin ein Nachfolger Jesu und ich darf vor Gott sagen: Ich liebe die Katholiken und mein Herzenswunsch ist, dass sie alle durch Jesus gerettet werden möchten. Ich fürchte, ich bin vorhin nicht verstanden worden und wiederhole deshalb noch einmal, was ich gesagt habe: Jesus nimmt die Sünder auf.

Gut, wenn Jesus die Sünder annimmt, so darf jeder Sünder zu Ihm kommen. Er braucht keinen Vermittler – er hat freien Zutritt. Wenn Seine Majestät, der Kaiser, mich zu einer Audienz einlädt und mir eine Karte zusendet, so würde ich doch nicht erst einen General oder Adjutanten um Vermittlung bitten – nein, ich ginge selbst, ohne Vermittler zu Ihrer Majestät. Seht, so darf der Sünder kommen, denn der Herr Jesus hat gesagt: »Kommt her zu mir, ihr Mühseligen und Beladenen!« Nun, wenn der König sagt: »Komm!«, warum dann noch zu Heiligen, Priestern, Pfarrern und Evangelisten laufen? Seht, das habe ich gesagt und werde es wieder und wieder sagen. Wir protestieren laut gegen die Lehre, dass ein Sünder einen Vermittler neben Jesus braucht! So etwas steht nicht im Wort Gottes, und was hier nicht niedergelegt ist, das erkennen wir nicht an – wenn es auch noch so fromm aussehen mag und die Mehrheit daran glaubt. Wo man aber dieses Wort nicht gelten lassen will, da stellt man seine eigenen Gedanken für Gottes Wort auf. Das ist die Ursache, warum man das einfache Evangelium vom Kommen zu Jesus nicht versteht. Ach, wie macht man das Kommen zu Jesus so kompliziert – und doch: wie einfach ist es! Nach der Schrift darf ein armer Sünder direkt zu Jesus kommen. Er darf ohne Mittler, ohne Bußübungen, ohne Kasteiungen, ohne Selbstheiligung kommen, er darf kommen ohne Stützen und Krücken, und Jesus nimmt den Sünder auf. Das ist der frohe Ton, den wir hier im Zelt verkündigen.

---

*) Bei diesen Worten brach ein großer Tumult aus. Mit dem Geschrei: »Katholiken heraus!« verließen ungefähr 300 Personen die Versammlung mit Pfeifen, Johlen und Schreien. Wir stimmten mit Posaunenbegleitung das Lied »Jesus nimmt die Sünder an« an und sangen etliche Verse. Während des Gesangs wurde die Ruhe im Zelt wiederhergestellt und man konnte bis zum Schluss ungestört mit der Rede fortfahren. Vor dem Zelt dauerte der Lärm allerdings an.

Jesus nimmt die Sünder auf! Wir legen besonderen Nachdruck auf das Wort *»Sünder«*. Es heißt nicht: Jesus nimmt die Heiligen oder die Frommen an; es heißt auch nicht, dass Leute aus einer besonderen Klasse, die eine hohe Stellung innehaben und sehr angesehen sind – Menschenkinder mit einem liebenswürdigen Charakter, mit reizendem Äußeren – von Jesus angenommen werden. O, wie einfach ist das Wort des Herrn! Wen nimmt der Heilige in Israel auf? Die Sünder!

Vor einigen Jahren ging ich durch eine Straße in Frankfurt und sah in einem Schaufenster, an dem Tausende vorbeigingen, die in goldenen Buchstaben in ein Tuch gestickten Worte: »Jesus nimmt *nur* Sünder an.« Nun, so steht es zwar nicht in unserer Bibel, aber gefreut hat mich dieses Wort doch, als ich es im Schaufenster liegen sah.

Die Sache recht betrachtet ergibt die Tatsache, dass Jesus nur Sünder brauchen kann, denn die Kranken bedürfen des Arztes, nicht die Gesunden. Die moderne Weltanschauung kann dies nicht begreifen und spottet über Jesus, den Sünderfreund, und Sein kleines, auserwähltes Häuflein. Das ist klar, denn es ist gang und gäbe in dieser Welt, dass die Gebildeten nur die Gebildeten aufnehmen, sowie die Aristokraten und Gutsituierten nur ihresgleichen. Der Weltgeist, der jenen Philosophen beseelt, der über die Tür seiner Akademie das Wort schreiben ließ: »Wer nicht gelehrt ist, darf hier nicht eintreten«, beherrscht heute noch die große Masse der Gebildeten und Ungebildeten. Dieser Kastengeist verachtet alle, die nicht in gleicher Stellung und auf derselben Stufe der Erziehung und der Bildung stehen. Unser vom Hochmut und vom Größenwahn zerfressenes Geschlecht stößt die Sünder von sich. Es will nichts mehr mit denen zu tun haben, deren Gewissen mit Sünden beladen ist und die in der öffentlichen Meinung ein schlechtes Zeugnis haben. Schaut nur einmal jenen Herrn in Glacéhandschuhen und Zylinder an. Um keinen Preis wird er sich öffentlich mit Leuten abgeben, deren Namen einen schlechten Geruch haben. Nicht deshalb, weil er besser ist als dieser oder jener, o nein, – wenn ihr in seinem Leben forscht, so würdet ihr erstaunt sein über all den Schmutz, die Gemeinheit und Schlechtigkeit, die in seiner Vergangenheit zu finden sind. Warum geht er nicht mit der Person, die in vielen Stücken höher steht als er selbst? Nun, das ist ja eine, über die die öffentliche Meinung den Stab gebrochen hat. Die Welt hat ihr, nachdem sie die arme Person zum Opfer stempelte, einen Fußtritt gegeben und dann in ihrem Schmutz und Elend liegenlassen. Mit solchen Personen, über die die öffentliche Meinung das letzte Wort gesprochen hat, darf die Noblesse doch keine

Gemeinschaft haben. O welch ein Jammer! Macht es der reine und heilige Jesus auch so? Nein! Er nimmt die Zöllner und Hurer an, die schon lange ihren guten Namen verloren haben. Ja noch mehr: Er nimmt sie in Sein Haus auf, wäscht sie mit Seinem Blut rein von allen Sünden, gibt ihnen ein neues Kleid und ein neues Leben. O welch eine Gnade! Das ist das Evangelium, welches wir verkünden, dass auch der gottloseste, verruchteste Sünder nicht hinausgeworfen wird, wenn er zu Jesus kommt. Sünder, du findest einen Platz an dem Herzen Gottes; für dich gibt es Gnade, wenn du kindlich und aufrichtig zu Jesus kommst und dich in Sein ewiges Erbarmen, in den Ozean Seiner Liebe hineinsenkst. Ach, könnte ich es dir doch klarmachen, wie unendlich groß die Liebe des Herrn ist! Komm doch, du elender, gefallener und rebellischer Sünder:

»Suche Jesus und Sein Licht,
Alles andre hilft dir nicht.«

Da lag der Gichtbrüchige, krank und elend und abgezehrt. Er konnte nicht aufstehen, sich kaum rühren, – ach welch ein Jammerbild! Als man den zu Jesus brachte, was tat dieser? »Sei getrost«, sprach Er, »deine Sünden sind dir vergeben!« Ja, Jesus nimmt die Sünder auf.

Als jene große Sünderin zu den Füßen des Heilands niederfiel und nichts anders konnte, als Seine Füße mit Tränen zu benetzen und sie mit den Haaren ihres Hauptes zu trocknen – Worte hatte sie nicht, denn um den Tisch herum saßen viele Spötter, und bei den Spöttern ist schwer zu reden; das merken vor allem wir Prediger –, da sprach Jesus: »Gehe hin, deine Sünden sind dir vergeben!« Sie steht auf und Freude strahlt aus ihrem Angesicht, denn sie merkt, der Sündendruck ist fort. Alle ihre Sünden waren auf einmal weggetan und ausgetilgt. Hast du's gemerkt? Jesus nimmt die Sünder auf!

Als der Schächer, der am Kreuz noch über den Heiland gelästert hatte, seine Sünden bereute und nichts wusste als: »Jesus, gedenke meiner, wenn du in dein Reich kommst!« (Luk. 23,42), da wandte sich der Sünderfreund sogleich zu ihm hinüber und sprach: »Wahrlich, ich sage dir heute: du wirst mit mir im Paradies sein.« Wir könnten so fortfahren und beweisen, dass Jesus die Sünder annimmt, und dass alle, die sich einmal in der Herrlichkeit Gottes finden, abgewaschene, geheiligte und gerecht gewordene Sünder sind durch den Namen des Herrn Jesus und durch den Geist unseres Gottes. Wir können mit vielen Anderen bezeugen, dass Jesus selbst die verworfensten Sünder annimmt, wenn sie zu Ihm kommen.

Eine Tochter kam vom Lande in die Stadt. Sie fand eine Stellung in einem Manufakturwarengeschäft. Das Gehalt war so gering, dass sie oftmals Hunger litt. Ein feiner Herr kam in diesen Kaufladen, machte ihr ein Kompliment und redete sehr freundlich mit ihr. Sie war ganz entzückt von diesem Herrn, glaubte seinen Versprechungen und – fiel. Als sie gebar, machte sich dieser vornehme Herr aus dem Staub. Mit ihrem Würmlein auf dem Arm kam die gefallene Tochter in ihr Vaterhaus zurück. Die Eltern waren tot, sie hatte nur noch einen Bruder und eine Tante. Als der Bruder sie sah, gebärdete er sich wie ein Rasender. Er fasste sie beim Arm und gab ihr mit den folgenden Worten einen Stoß zur Tür hinaus: »Du wagst es, nachdem du uns Schande gemacht hast, noch einmal zurückzukommen in dieses Haus? Du bist nicht mehr meine Schwester! Komm mir nicht mehr unter die Augen!« Was sollte die Ausgestoßene nun machen? Sie dachte bei sich selbst: Ich will zur Tante gehen; vielleicht hat sie mehr Liebe als mein Bruder. Sie ging hin, aber die Tante war ebenso grausam und hart und wies ihr die Tür. Sie bat um Erbarmen und versprach, Tag und Nacht zu arbeiten; man solle ihr doch nur ihr Kind abnehmen und verpflegen. Auch die Tante hatte kein Ohr für ihre Bitten. Ihr Herz war kalt und hart gegen ihre Tränen. Da stand nun die arme Tochter, geschändet, ausgestoßen, ohne Hilfe und wusste weder aus noch ein. Von Verzweiflung und Wahnsinn getrieben, ging sie in den nahen Wald, erwürgte und vergrub ihr Kind. Die Sache wurde entdeckt. Das Gericht verurteilte sie zum Zuchthaus, den vornehmen Herrn aber ließ man laufen. Da saß sie nun in ihrer dumpfen Zelle, das verlorene Kind, von Furcht, Gewissensbissen und Selbstmordgedanken geplagt, ohne Rat und ohne Hilfe. In dieser Situation fand sie eine unserer Schwestern, deren Herz von Jesusliebe glühte. Sie verkündigte ihr Jesus, den Sünderfreund, doch ihr Herz blieb kalt. »Ich bin eine Ausgestoßene und noch dazu eine Mörderin. Für mich gibt es keine Gnade mehr, es ist zu spät. Ich gehe ewig verloren.« Stundenlang saß die Schwester bei ihr und überzeugte sie, dass Jesus die Sünder aufnimmt. Hoffnungsstrahlen fielen in ihr Herz und sie machte sich auf, kam zu Jesus und erfuhr die große Tatsache: Jesus nimmt die Sünder auf! Sie empfing Vergebung ihrer Sünden, Reinigung ihres Herzens und neues Leben. Die Gnade veränderte ihr ganzes Wesen. Sie wurde ein fröhliches Kind Gottes, ein Denkmal der Barmherzigkeit. Eine ganz kurze Zeit nach ihrer Bekehrung wurde sie begnadigt, und nachdem sie das Zuchthaus verlassen hatte, weihte sie ihr ganzes Leben zum Dienste des Reiches Gottes.

Mein Freund, bekommst du nicht auch Mut, zu Jesus zu kommen? O glaub es doch und denk daran: Jesus nimmt die Sünder auf! Komm doch, so wie du bist. Jesus wird deine Sachen ordnen, deine Schulden bezahlen und dich zu einem fröhlichen Kind Gottes machen. Vertraue Ihm, Er ist der Weg, die Wahrheit und das Leben; niemand kommt zum Vater, denn durch Ihn. Wirst du aber Jesus verachten, so wird dich der himmlische Vater auch verachten.

Jesus nimmt die Sünder auf. *Er erlöst sie aus ihren Sünden.* Sie bleiben weder Gebundene noch Gefangene der Sünde, sondern empfangen Vergebung und Lösung der Sünden. Sie werden durch das teure Blut des Lammes gereinigt, geheilt und geheiligt. Jesus führt sie in Seine Gemächer, wo sie mit Ihm in Gemeinschaft leben und Seine Liebe genießen dürfen. Er macht sie zu neuen Schöpfungen, die als Königspriester auf Seinem Thron sitzen und mitregieren in den Welten des Lichts von Ewigkeit zu Ewigkeit. Schaut sie an, die früher große Sünder waren! Was sind sie heute? Er hat sie wie Brände aus dem Feuer gerissen, Seine Gnade an ihnen offenbart und sie zu strahlenden Juwelen Seiner Krone gemacht. Ja, das kann unser hochverklärter Herr!

In einem Gefängnis lag ein Zeuge Jesu um seines Glaubens willen. Er wurde todkrank. Der Direktor des Gefängnisses wollte ihm eine Gunst erweisen und versprach, ihm einen Gefangenen zuzuteilen, der ihm dienen solle. Ihm war die Wahl überlassen, welchen er zum Dienst nehmen wolle. Der Knecht Gottes sprach: »Bitte geben sie mir den größten Verbrecher.« Der Direktor willigte ein. Ein 28-jähriger Mann, der mehrere Verbrechen auf seinem Gewissen hatte, ein roher Mensch, ein Tier mit unheimlichen Gesichtszügen und finsteren Augen wurde sein Diener. Der Knecht Gottes nahm diesen Mann mit Freuden auf. Herzliches Erbarmen und tiefes Mitleid erfüllten sein Herz für ihn. Bald merkte er, dass der Verbrecher für das Wort Gottes nicht ganz unempfänglich war. Eines Morgens las er Johannes, Kapitel 3. Die Augen des Mörders fingen an zu leuchten und mit großer Aufmerksamkeit hörte er bis zum Schluss zu. Tiefbewegt sagte er: »Lieber Herr, wenn ich lesen gelernt und diese Dinge gelesen hätte, dann wäre ich kein Verbrecher geworden. Diese Worte haben mir wohlgetan; ich werde sie nicht mehr vergessen.« Das Eis in seinem Herzen fing an zu schmelzen und er lernte sich und Jesus kennen. Er gab sein Leben mit seinem ganzen Sünderverderben seinem Herrn, der ihn um einen teuren Preis erkauft hatte. Seine Seele fand Ruhe in den Wunden des Lammes und sein ganzes Leben erfuhr eine radikale Veränderung. Die Verbrecher-Physiognomie schwand, und es wurde bei ihm wahr:

»In Wort und Werk und allem Wesen
war Jesus und sonst nichts zu lesen.«

Auf meinen Reisen lernte ich einen Mann kennen – einen Mann voller Liebe, Demut und Sanftmut, einen Mann mit einem ganz zerknirschten und zerschlagenen Herzen –, der in seiner Jungend ein Ausbund von Schlechtigkeit und ein furchtbarer Raufbold gewesen war. Er hat mir selbst gestanden, dass er die ganze Woche hindurch unglücklich war, wenn er am Sonntag nicht bei sich selbst oder bei einem anderen Menschen hätte Blut fließen sehen. Aus einem solchen Menschen machte die Gnade des Herrn ein herrliches Kind Gottes!

O, bitte komm! Die Gnadenpforten Golgathas stehen offen für arme Sünder! Und wer zu Ihm kommt, den wird Er nicht hinausstoßen, denn Jesus nimmt die Sünder auf. Dies ist ein sehr einfaches Wort, ein Wort ohne Komplikationen. Du kannst nicht sagen: »Ich verstehe es nicht, es ist für mich ein zu großes Geheimnis und ich kann es nicht ergründen.«

Jesus nimmt die Sünder auf – das Wort versteht jedes Kind, selbst wenn es noch nicht einmal 6 Jahre alt ist. Ich habe Kindern dieses Wort oft gesagt und herausgefunden, dass sie alle es verstehen konnten. Jesus ist der Sünderfreund, und der Sünder hat freien Zutritt zu Ihm. Der Sünder muss nur einen Schritt wagen und kommen. Seht wie einfach und doch wie herrlich! Jesus nimmt die Sünder auf. Dies ist ein Wort, das an dich adressiert ist, an dich – nicht an deinen Nachbarn. Es heißt nicht: Jesus, nimmt den Paulus, den Johannes, den Jakobus, die Maria, die Elisabeth an, – nein, es heißt viel besser: Jesus nimmt die Sünder auf. Wenn es heißen würde: Jesus nimmt den Vetter an, so könnte ich noch in Zweifel geraten, ob die Botschaft an die rechte Adresse gelangt ist. Es herrscht aber weder Irrtum noch Zweifel, dass die herrliche Botschaft an mich gerichtet ist, denn sie heißt: Jesus nimmt die Sünder auf. Ich bin ein Sünder, folglich habe ich das Recht, zu Jesus kommen zu dürfen.

Ich kenne ein Haus, dahin dürfen alle kommen, die kein Heim haben. O ihr Heimatlosen! Jesus hat ein Haus, in das jeder aufgenommen wird, der ein Sünder ist und gerettet werden will. Ach bitte, tritt ein, warte nicht mehr länger. Wenn ich nachts durch große Städte reise, sehe ich auf den Bahnhöfen oft viele Leute herumliegen, die den letzten Zug versäumt haben. Vielleicht geht heute Abend der letzte Gnadenzug an dir vorüber.

Bitte, steige ein, damit du nicht zurückbleibst und verloren gehst! Könnte ich dich in die Arme Jesu tragen, gerne würde ich es tun; doch kein Mensch kann den anderen retten. Jeder Sünder muss sich selbst entscheiden. Wir haben euch mit viel Kampf und Gebet die Tore der Barmherzigkeit geöffnet. Wer eintritt und kommt, der ist gerettet. Wer aber das Evangelium verachtet, der hat keine Entschuldigung mehr. Ja, vom grauhaarigen Greis bis zum blondgelockten Kinde herab: wenn ihr euch nicht zu Christus wendet, so sei euer Blut auf eurem Haupt. Mein teurer Freund, ich beschwöre dich, halte ein und besinne dich: Weißt du auch, wen du heute von dir stößt? Du stößt Christus zurück, deinen einzigen Retter! »Es ist in keinem anderen das Heil; denn auch kein anderer Name unter dem Himmel ist den Menschen gegeben, in dem wir gerettet werden müssen« (Apg. 4, 12).

Wirst du so vermessen sein und Christus wegstoßen, so wisse, es kommt der Tag, an dem du deinen Heiland brauchst. Es wird nicht lange dauern, wenige Monate vergehen und deine Kräfte werden abnehmen. Dein Puls wird ermatten, deine Augen werden brechen und der König der Schrecken – der Tod – steht dir gegenüber. Was willst du dann ohne Heiland machen? Ein Strebebett ohne den Erretter ist die Eingangspforte zur Hölle. Vorhin hast du noch durch ein freches Lachen bezeugt, dass dir Himmel und Hölle noch keine Wirklichkeiten sind. Dein Lachen wird sich noch in Weinen verkehren. Es ist etwas Schreckliches, ohne Gnade aus der Zeit in die Ewigkeit durch die eherne Pforte des Todes zu gehen. Es wird dir schwer werden, ohne Christus sterben zu müssen. O wie schmerzlich weh tut einem das Lachen von unbekehrten Sündern. Du bist ein geistlicher Selbstmörder; in deiner Brust trägst du eine weinende Seele und ein gebrochenes Herz. Dieser tief verborgene Schrei deines Herzens wird offenbar werden. Mit einem »verloren« wirst du sterben. Als Verfluchter wird man dich in den Sarg legen, und als ein Verdammter wirst du in der Hölle deine Ewigkeit zubringen. Das wird deine Endgeschichte ohne Jesus sein, es sei denn, du kehrst um zu Jesus und lässt dich durch Ihn mit Gott versöhnen. Mein letzter Ruf an dich ist: »Lass dich mit Gott versöhnen!« Jesus nimmt die Sünder auf!

Noch eine Bemerkung an die Auserwählten Gottes und ich bin fertig: Jesus nimmt die Sünder auf. Dies ist ein kostbares Wort für dich, liebes Kind Gottes. Diese Botschaft soll dich für die Arbeit an den Verlorenen in glühende Begeisterung versetzen. Nimmt Jesus die Sünder an, nun gut, dann geh den Verlorenen nach, suche die Verirrten auf, den Verlassenen bringe Trost, die Trunkenbolde und Hurer ermutige, zu Jesus zu kommen. Es ist ein kostbares Evangelium, mit dem wir unter die Massen treten können. Es sagt uns, dass kein Mensch so schlecht ist, dass er nicht noch gerettet werden könnte. Willst du das Wort nehmen und für den Herrn arbeiten? Willst du verlorene Sünder mit in dieses Zelt bringen? Willst du dir in diesen Tagen Edelsteine für deine Krone sammeln? Willst du das, so suche Sünder auf, lade Sünder ein und bete mit ihnen und komme nie hierher, ohne einen oder mehrere mitgebracht zu haben. Der Herr wird deine Bemühungen segnen, und du wirst die Erfahrung machen: Jesus nimmt die Sünder auf.

Volk Gottes, sei unverzagt und lass dich nicht beeinflussen durch das, was du heute von Seiten der fanatischen Menge gesehen und gehört hast. Uns gehört doch der Sieg, und es ist ein Zeichen, dass der Feind verspielt hat, wenn er solche Anläufe macht, wie es heute Abend geschah. Es muss so kommen, denn es steht geschrieben: »... und euch, den Bedrängten, mit Ruhe (zu vergelten), zusammen mit uns bei der Offenbarung des Herrn Jesus vom Himmel her mit den Engeln Seiner Macht, in flammendem Feuer. Dabei übt Er Vergeltung an denen, die Gott nicht kennen, und an denen, die dem Evangelium unseres Herrn Jesus nicht gehorchen; sie werden Strafe leiden, ewiges Verderben vom Angesicht des Herrn und von der Herrlichkeit Seiner Stärke, wenn Er kommt, um an jenem Tag in Seinen Heiligen verherrlicht und in allen denen bewundert zu werden, die geglaubt haben« (2. Thess. 1, 7-10). Der Herr Jesus Christus sei hochgelobt in Ewigkeit! Amen.

Nichts getan und deshalb verflucht

Rede, gehalten in Siegen am 25. Juli 1903

»Verfluchet Meros! sprach der Engel des Herrn.
Verfluchet, ja verfluchet seine Bewohner! Denn sie sind
dem Herrn nicht zu Hilfe gekommen, dem Herrn zu
Hilfe unter den Helden.« (Richter 5, 23)

Gott ist gerecht! Ja, gerecht ist Gott – und dennoch gibt es viele tausend Verfluchte, die kein Laster begangen haben.

Gott ist heilig! Ja, heilig ist Gott – und doch hat Er eine große Menge verflucht, die nichts Böses getan haben.

Gott ist Liebe! Ja, die Liebe ist Gott – und dennoch gibt es eine ungeheure Anzahl solcher, die Sein Angesicht nicht schauen werden, obwohl sie keine besondere Sünde getan haben.

Woher kommt das? Sie sind verflucht und haben dabei keine besondere Sünde getan. Wenn Kain verflucht ist, wundern wir uns nicht, denn er hat einen Totschlag begangen. Wenn Achan verflucht ist, wundern wir uns nicht, denn er hat einen Diebstahl begangen. Wenn Pharao verflucht ist, so ist das ganz begreiflich, denn er hat sein Herz gegen Gott verstockt. Wenn Isebel verflucht ist, leuchtet uns das ein, denn sie war eine Götzendienerin und hat die Propheten Gottes verfolgt. Doch wenn viele andere Menschen verflucht und verloren sind, die nie etwas besonders Böses getan haben, dann halten manche Leute für unmöglich. Wer das Silber und Gold an sich gezogen hat, wie der Magnet das Eisen, wer geschachert und gewuchert, belogen und betrogen hat und mit Gold und Silber Missbrauch getrieben, der gehört in die höllische Schmiede. Wer in Nachtsünden, in Schande und Gräuel gelebt hat, gehört in die äußerste Finsternis. Wer seine Hände mit Blut befleckt und sein Gewissen und Herz durch seine Sünden gegen Gott und Menschen wie einen Stein verhärtet hat, wer voll Unreinheit und immer voller Zornesfeuer ist, für den ist's recht, wenn er als ein Verfluchter in der Gottesferne steht, im Pfuhl, der mit Feuer und Schwefel brennt. Aber die nichts dergleichen getan haben und dennoch unter den Verdammten, Verlorenen, Verfluchten und Verstoßenen sitzen, das scheint seltsam – ist aber doch wahr und bleibt wahr; Gott wird es offenbaren.

Unser Text liefert hier schon den Beweis dafür: »Verflucht« – wen? Die Gottlosen, die Mörder, die Ehebrecher, die Diebe und die Meineidigen? Nein, »verflucht Meros! sprach der Engel des Herrn. Verflucht, ja, verflucht seine Bewohner! Denn sie sind dem Herrn nicht zu Hilfe gekommen, dem Herrn zu Hilfe unter den Helden.« Fluch sei den Nichtstuern, Fluch sei den Faulen, Fluch den Gleichgültigen, da sie dem Herrn nicht zu Hilfe kamen, zu Hilfe dem Herrn unter den Heiden.

Die Erde und der Himmel entschwinden, und für sie wird keine Stätte gefunden. Vor uns steht der große Gerichtsthron und alle Völker der Erde haben sich um denselben versammelt. Auf dem Thron sitzt eine Majestät, deren Augen wie Feuerflammen sind. Alle Völker hören auf Sein Reden. Er sendet Seine Engel aus und macht aus diesem Völkermeer zwei Klassen. Die einen stehen zu Seiner Rechten, die anderen zu Seiner Linken. Zu denen zu Seiner Rechten sagt Er: »Kommt her, Gesegnete meines Vaters, erbt das Reich, das euch bereitet ist von Grundlegung der Welt an« (Matth. 25, 34). Zu denen zu Seiner Linken sagt Er: »Geht von mir, Verfluchte, in das ewige Feuer, das bereitet ist dem Teufel und seinen Engeln« (Matth 25, 41). Dieses Donnerwort dringt mit Entsetzen in die Herzen und Gewissen derer, die zur Linken stehen. Sie sind die Verfluchten. Warum sind sie verflucht? Warum ist ihr Teil bei dem Teufel und seinen Engeln? Was haben sie getan? Lest Matthäus 25 und ihr werdet entdecken: sie haben nichts getan. Und gerade weil sie nichts getan haben, sind sie verflucht. Sie haben den Hungrigen nichts zu essen und den Durstigen nichts zu trinken gegeben, den Fremdling nicht aufgenommen, den Nackten nicht bekleidet, den Kranken und Gefangenen nicht besucht. Und weil sie eben nichts getan haben, werden sie in das ewige Feuer gehen; die Gerechten aber, die das alles getan haben, werden zum ewigen Leben eingehen. – Wir wollen hineingehen in den Hochzeitssaal. Dieser Hochzeitssaal ist wohl schöner, als der weiße Saal in Berlin, und wer einmal diesen weißen Saal gesehen hat, der weiß, welche Reichtümer und Herrlichkeiten er in sich birgt. Der König tritt ein und besieht seine Gäste. Mit scharfem Blick mustert er die Reihen. Plötzlich bleibt er bei einem stehen, schaut ihn an und sieht, dass er kein hochzeitliches Kleid an hat. »Freund, wie bist du hier hereingekommen und hast doch kein hochzeitliches Gewand an?« Er aber verstummte. Da sprach der König zu seinen Dienern: »Bindet ihm die Hände und Füße und werft ihn in die Finsternis hinaus! Da wird Heulen und Zähneklappern sein« (Matth. 22, 12.13). Was hat dieser Mann getan, dass man so mit ihm verfährt? Er hat nichts getan; und weil er nichts getan hat, deswegen wurde er hinausgeworfen.

Der himmlische König rechnet mit seinen Knechten ab. Er hatte ihnen Talente anvertraut und erwartete, dass sie mit Seinen Talenten treu umgehen. Der erste tritt herzu und darf sagen: »Herr, fünf Talente hast du mir übergeben, siehe, andere fünf Talente habe ich dazugewonnen.« Der himmlische König kann ihm das Zeugnis geben: »Recht so, du guter und treuer Knecht! Über weniges warst du treu, über vieles werde ich dich setzen; geh ein in die Freude deines Herrn« (Matth. 25, 20.21). So auch beim Zweiten. Jetzt tritt der Dritte zum Herrn: »Herr, ich kannte dich, dass du ein harter Mann bist: du erntest, wo du nicht gesät, und sammelst, wo du nicht ausgestreut hast; und ich fürchtete mich und ging hin und verbarg dein Talent in der Erde; siehe, da hast du das Deine.« Sein Herr aber antwortete und sprach zu ihm: »Böser und fauler Knecht! Du wusstest, dass ich ernte, wo ich nicht gesät, und sammle, wo ich nicht ausgestreut habe? So solltest du nun mein Geld den Wechslern gegeben haben, und wenn ich kam, hätte ich das Meine mit Zinsen erhalten. Nehmt ihm nun das Talent weg, und gebt es dem, der die zehn Talente hat; denn jedem, der da hat, wird gegeben werden, und er wird Überfluss haben; von dem aber, der nicht hat, von dem wird selbst, was er hat, weggenommen werden. Und den unnützen Knecht werft hinaus in die äußere Finsternis: da wird das Weinen und das Zähneknirschen sein.« (Matth. 25, 24-30). Warum wird der hinausgeworfen? Er hat nichts getan und deshalb wird er verflucht.

Meine nicht, dass es eine große blutrote Sünde sein muss, um dich ins Verderben zu bringen. Du hast nur still zu sitzen und nichts zu tun, und du wirst dich zuletzt dort wiederfinden. Ja, der Satan fordert nicht von dir, dass du in den Fußstapfen Kains, Pharaos, Belsazars und des Judas Ischariot wandelst. Es gibt eine andere Straße, die ebenso sicher zur Hölle führt: die Straße geistlicher Untätigkeit, geistlicher Trägheit und geistlicher Faulheit. Der Satan hat nichts dagegen, wenn du ein ehrenwertes Glied der christlichen Kirche bist. Er wird dir erlauben, deinen Zehnten und deine Abgaben zu zahlen und an jedem Sonntag behaglich in der Kirche und Versammlung zu sitzen. Er weiß vollkommen, dass du, solange du nicht »ringst«, zuletzt doch zu dem Wurm kommen musst, der nicht stirbt und zum Feuer, das nicht verlöscht. Sieh dich vor, dass du nicht dieses Ende nimmst. Ich wiederhole: Du brauchst nur nichts zu tun und wirst verlorengehen.

In dieser Stunde wollen wir nun unter dem Beistand des Heiligen Geistes folgendes betrachten:

I. Meros hätte etwas tun sollen – wir haben auch etwas zu tun.
II. Meros hat seine Pflicht nicht getan – viele von uns haben dieselbe Sünde begangen.
III. Weil Meros seine Pflicht nicht getan hat, wurde es verflucht, verflucht, wo Meros steht und lebt. – Dieser Fluch wird auch dich treffen, wenn du deine Pflicht vor deinem Gott nicht tust.

I. Meros hätte etwas tun sollen

Was war denn in Israel? Die Kanaaniter hatten auf heiligem Boden das Volk Gottes geraubt und ihre Schätze geplündert. Sie fielen in das Land und machten es zu einer Wüste. Zu dieser Zeit gab es eine arme Prophetenfrau, die Debora, Richterin in Israel. Sie sammelte das Volk des Herrn, und mit Barak an der Spitze greifen sie die Eindringlinge an und schlagen die Feinde Gottes. Der feindliche Anführer Sisera gerät in die Hütte Jaels, des Weibes Hebers, und dieselbe nagelt ihn an den Boden; er ist tot. Ein glänzender Sieg in Israel! Und was war es mit Meros? Meros bewahrte sein Neutralität, es verhielt sich passiv. Diese Stadt tat nichts. Leute, die ihr Volk im Stich lassen, sind schlechte Patrioten, ungehorsam gegen ihr Gewissen und besseres Wissen. Und weil sie dem Volk Gottes nicht zur Hilfe kamen, wurde Meros verflucht.

Meine Freunde! Alle, die zum Volk Gottes gehören, haben in diesen Tagen etwas zu tun. Es ist ein Kampf ausgebrochen – und zwar gegen alle Feinde Gottes, die ihre Hand emporgehoben haben gegen den Altar des Herrn. Jeder, der ein Glied des Volkes Gottes ist, hat eine heilige Aufgabe: er soll gegen die Feinde Immanuels streiten. Es sollte nicht nur Jerusalem, sondern auch Nazareth, Bethlehem, Samaria und Kapernaum streiten – und auch Meros sollte in das Gewühl der Schlacht hineinziehen. Also gilt es nicht nur für diese und jene Gemeinde, Gemeinschaft und Versammlung, sondern das ganze Volk Gottes im Siegerland soll dem Feind entgegengehen, damit Jesus Christus Sieger wird.

Was haben wir zu tun? Kapellen bauen, Kollekten sammeln für die Stadt- und Heidenmission, Beratungen halten, Vorurteile sammeln oder ein Konventikelchristentum betreiben, bei dem man zusammenkommt, sich nach landläufiger Weise die Hände reibt, sich erbaut und nicht weiter bekümmert um die sterbenden Brüder und Schwestern nach dem Fleisch ringsum? Nur für seinen Kreis sorgen, auch wenn die ganze Stadt in Trümmer zusammenfällt? Hauptsache, wir haben uns erbaut. Ist das geistliche Kampfführung? Jesus spricht: »Geht nun hin und macht alle Nationen zu Jüngern« (Matth. 28, 19). Dieser Befehl muss einfach erfüllt werden, erfüllt in aller Welt, erfüllt hier in Siegen. Der Kampf ist erklärt, – was hat nun Gottes Volk zu tun? Vor allem Priesterdienst. Sodann Patrouillendienst und drittens Jägerdienst. Was heißt das?

1. Das Volk hat vor allem Priesterdienst zu tun

In Hesekiel 22, 30 steht ein wunderbares Wort: »Und ich suchte einen Mann unter ihnen, der die Mauer zumauern und vor mir für das Land in den Riss treten könnte, damit ich es nicht verheeren müsste; aber ich fand keinen.« Gott sucht einen, der vor Ihm für das Volk in den Riss tritt, damit Er es nicht verheeren muss. Hat Er jemanden gefunden? Nein! »Aber ich fand keinen«, muss Er klagen. Priesterdienst besteht vor allem darin, dass man für eine sterbende Welt, über welcher der Zorn Gottes schwebt, vor Gott eintritt. Dieses Eintreten kostet viel Beten, Flehen und Seufzen: O Gott, erbarme dich über dies arme, unglückliche, gebundene Volk! Priesterarbeit ist Seelenarbeit, wie Jesus sie in Gethsemane getan hat, als Er Gebet und Flehen mit starkem Geschrei und Tränen geopfert hat für eine Welt, die unter die Macht der Finsternis verkauft war. Und weil Seine Seele gearbeitet hat, deswegen soll Er Viele zur Beute und Starke zum Raub haben. Seelenarbeit ist Geburtsarbeit. Wenn Israel zusammengeht und diese Geburtsarbeit tut, dann wird ein Volk geboren, wie der Tau aus der Morgenröte. Der Geist der Gnade und des Gebets lagert sich auf die Heiligen Gottes. Sie liegen in den Wehen, beten und seufzen Tag und Nacht, beeinflussen ihren Gott für die Sünder und haben keine Ruhe, bis der Geist der Gnade und des Gebets, der Geist der Erweckung und Buße alle in Besitz genommen hat. Diese Arbeit haben die Kinder Gottes vor allem hier zu tun. Gott erwartet von uns, dass wir für die Sünder eintreten; Gott erwartet von dir, dass du deine Freunde und Verwandten vor Seinem Thron im Gebet niederlegst und nicht eher Ruhe hast, bis sie gerettet sind. O tue deine Schuldigkeit, erfülle deine Pflicht. Meros war nicht treu, und Meros wurde dafür verflucht. Wenn du in dieser Zeit nicht treu bist, wird dich ein Fluch Gottes treffen. Denke daran. Werde ein Priester und tue Priesterdienst.

2. Das Volk hat Patrouillendienst zu tun

Was ist das für ein Dienst? Heute sind etliche alte Männer anwesend, die im Krieg waren und uns erzählen könnten, was Patrouillendienst ist und wie wichtig er im Krieg ist. Von einem guten Patrouillendienst hängt oft der Sieg einer Schlacht ab. Kürzlich war ich in der Schweiz, da erzählte mir ein Bruder, er habe diesen Dienst vor Belfort getan und sei nur mit knapper Not der Gefangenschaft und dem Tode entronnen. Die Franzosen hatten ein sehr schlechte Patrouillendienst und deswegen verloren sie eine Schlacht nach der anderen, denn bei den Deutschen war der Patrouillendienst ausgezeichnet. Nun, was ist der Patrouillendienst in der Evangelisation? Er besteht vor allen Dingen darin, dass man die Feinde aufsucht, sie einlädt und in seelsorgerlicher Weise mit Takt und Weisheit an ihnen arbeitet. Dies kann man tun, indem man ihnen einen Zettel oder ein Traktat übergibt. Wir haben Zettel und Traktate in Fülle. Wer diesen Dienst tun will, darf sich am Schluss bei uns melden. Wir werden ihn reichlich mit Material versorgen. Dieses Einladen geschieht, indem man von Haus zu Haus geht. Man muss den Feind bis in seinen Schlupfwinkel hinein verfolgen. Mit Freundlichkeit bittet man alle Ungläubigen: »Kommen Sie mit in das Zelt.« Eure Bemühungen werden nicht fruchtlos bleiben und der Herr wird euch segnen. Könnt ihr nicht persönlich einladen, dann aber gewiss Briefe schreiben. Setzt euch nieder und schreibt einen Brief an die Verlorenen und ladet sie liebevoll ein, zur Versammlung zu kommen. Das ist auch eine Methode. Kinder Gottes, deren Herz vom heiligen Liebesfeuer entbrannt ist, die Eingeweide der Barmherzigkeit besitzen, wissen genug Mittel und Wege, sich den Verlorenen zu nahen. Wo ein Wille ist, da ist auch ein Weg. Sehr gut ist es, wenn man nicht nur einlädt, sondern die Eingeladenen auch abholt und persönlich mit in die Versammlung bringt. Der König hat befohlen: »Nötigt sie hereinzukommen.« Mancher ist durch gesunde Nötigung gerettet worden. Als wir in E. arbeiteten, kam eines Abends ein Bäckermeister zum Glauben. Am anderen Tag ging er sofort hin und lud seinen alten Freund, mit dem er ein Wirtshausleben geführt hatte, ein, auch in die Versammlung zu kommen. Dieser herrschte ihn sehr grob an: »Was? Du bist auch ein Feiner geworden und gehst zu der frommen Gesellschaft? So etwas hätte ich nie und nimmer von dir erwartet.« Doch der Neubekehrte wiederholte mit Freundlichkeit seine Einladung. Er verstand es, mit viel Liebe, Takt Weisheit und herzlichem Erbarmen mit seinem alten Freund zu reden. Er nötigte ihn zu kommen, und er kam. Noch ganz gut entsinne ich mich, wie er in den Saal hineinkam, der drückend voll Menschen war. Vorne war noch ein Plätzchen frei und er ließ sich dort nieder. Jetzt noch sehe ich im Geist sein Angesicht und werde seinen Blick nie vergessen, mit dem er mich anschaute. Das ging vielleicht zehn Minuten so. Auf einmal senkte er das Haupt. Das Wort drang ihm wie Spieße und Nägel durch das Herz, seine Widerstand wurde gebrochen und in derselben Nacht, um zwei Uhr, kam er zum Glauben. Er wäre wohl nie soweit gekommen, hätte ihn nicht der Neubekehrte genötigt, mit in die Versammlung zu gehen.

Ein anderes Mal arbeitete ich im Rheinland. Am Schluss einer Versammlung bat ich Freunde, doch viele in diese Versammlung einzuladen, da ich nicht gewöhnt sei, leeren Bänken zu predigen. Überhaupt könne die Gnade nicht an leeren Bänken wirken, sondern nur an Menschenherzen. Deshalb bat ich die lieben Freunde dringend, nicht mehr in den Saal hereinzukommen, ohne jemanden zu der Versammlung mitzubringen. Am anderen Abend kam ein Bruder bis vor den Saal und dort fiel ihm ein, dass er niemanden mitgebracht hatte. Er setzte sich deshalb nicht in den Saal hinein, sondern kehrte um. Sein Wille war, nicht eher zu kommen, als bis er einen Unbekehrten habe, der mit ihm in den Saal tritt. Er war bereits die Straße entlang gegangen, als ihm eine Lehrerin begegnete. Er grüßte sie freundlich und lud sie ein, zur Evangelisationsversammlung mitzukommen. Sie schlug ebenso höflich seine Bitte ab. Er wiederholte sie zum zweiten-, dritten- und viertenmal, immer freundlicher und liebevoller. Das Resultat war – die Lehrerin kam mit. Als sie in der Versammlung saß, wurde sie alsbald vom Geist Gottes ergriffen und kam an jenem Abend noch zur gründlichen Bekehrung. Heute darf sie in einer Stadt für viele Seelen ein Segen sein.

Volk des Herrn! Tue Patrouillendienst! Suchet Verlorene und bringt sie mit in das Zelt. Meros hat nichts getan und Meros wurde deshalb verflucht.

3. Das Volk hat Jägerdienst zu tun (Jer. 16, 16)

Was ist Jägerdienst? Lasst es mich erklären. Ich rede das Wort Gottes, und Pfeile des Allmächtigen dringen deinem Nachbarn ins Herz hinein. Er wird erweckt, er wird angeschossen, er kommt in Unruhe. Unruhig verlässt er dieses Zelt, unruhig geht er durch die Straßen dieser Stadt, unruhig legt er sich auf sein Bett nieder. Du bemerkst etwas von dieser Unruhe. Du stehst unter der Leitung des Heiligen Geistes, und der gibt dir ein Gefühl, dass du merkst, was in deinem Nachbarn vorgeht. Was sollst du tun? Verfolgen! Verfolge den Angeschossenen, tue Jägerdienst, führe ihn zu einem Bruder, wenn du nicht selber mit ihm reden kannst oder bringe die Seele zu einer Schwester. Suche für den Angeschossenen Gelegenheit, damit er sich über seinen Seelenzustand aussprechen kann. Lasse ihn nicht laufen, lasse ihm keine Ruhe, bis er bei Jesus ruht. Ja, denken etliche: das ist doch nicht nüchtern, nicht taktvoll, nicht weise, wenn man die Leute anrempelt und ihnen die Pistole auf die Brust setzt. Gewiss sollt ihr recht weise und taktvoll in dieser Arbeit sein. Takt und Weisheit bekommt man durch die Salbung. Lass dich salben durch den Heiligen Geist und du kannst Jägerdienst oder Seelsorgerdienst tun. O wie wichtig ist die Seelsorge in Erweckungszeiten! So wichtig wie das Beten und Einladen.

Hier steht eine schwarzgekleidete Dame. Ihr Angesicht hat einen Ausdruck des Schmerzes, Züge der Verzweiflung. »Was fehlt ihnen?« Sie klagt ihre Not: »Vor zehn Jahren kam ich zum Glauben und fand Frieden in meinem Gott. Mein Vater war ein sehr stolzer Mann. Der Geist Gottes befahl mir, mit meinem Vater über sein Seelenheil zu reden, doch ich hatte keinen Mut. Da wurde mein Vater plötzlich krank. Wieder drängte mich der Geist Gottes, mit meinem Vater zu reden über sein verlorenes Leben, doch mir fehlte der Mut, ich war zu feige. Als ich später an das Lager meines Vaters trat, war er tot. Er starb plötzlich und seine Seele war nicht gerettet. Seit jener Zeit habe ich keine Freude mehr. Das Blut meines Vaters ruht vor meiner Tür.« Deine kalte Nüchternheit hat dich dazu gebracht, dass du nicht mehr wagst, Zeugnis abzulegen, mit anderen zu reden. Wisse, ihr Blut ruht vor deiner Tür. Ich besuchte einmal eine besessene Frau und fragte sie nach ihrem Ergehen. »O Herr Vetter«, erwiderte sie mir, »ein Verstorbener quält mich Tag und Nacht und spricht: Du bist schuld, dass ich keine Ruhe habe. Hättest du mich mitgenommen in die Versammlung der Gläubigen, so hätte ich auch Ruhe gefunden. Aber jetzt ist es aus mit mir.« Brüder, Schwestern! Die Toten in der Unterwelt werden euch verklagen, wenn ihr nicht an ihnen während eures Erdenlebens eure Pflicht tut. Eure Ruhe in der anderen Welt wird dahin sein. Wann dachte der reiche Mann an seine fünf Brüder? Wann wollte er haben, dass Lazarus hingehe und ihnen die Botschaft von der Ewigkeit bringe? Als er in der Hölle und in der Qual war! Ja, da war es zu spät. Mache dir das klar. Du bist als Christ, als Kind Gottes verantwortlich für jeden Sünder, der in deiner Stadt verlorengeht, wenn du nicht deine Pflicht tust. O, du willst ein Christ sein, aber nicht deine Pflicht tun an den Verlorenen? Wehe dir, Meros! Meros sei verflucht, verflucht seien seine Bürger! Tue in diesen Tagen etwas. Damit dich nicht dieser Fluch trifft.

II. Meros hat seine Pflicht nicht getan

Warum hat Meros seine Pflicht nicht getan? War es Trägheit, war es Feigheit? Wollte Meros seine Neutralität bewahren? Das Wort schweigt, und so wollen wir auch schweigen. Wenn uns Gottes Wort keine Auskunft gibt, sollen auch wir keine Hypothesen aufstellen. Das traurige an der Sache war, dass Meros seine Pflicht nicht getan hat. Deswegen spricht der Engel des Herrn: »Verflucht, ja verflucht seine Bewohner! Denn sie sind dem Herrn nicht zu Hilfe gekommen, dem Herrn zu Hilfe unter den Helden.« Hier in Siegen sind viele, die zum Volke Gottes gehören und denselben Fehler wie Meros machen. Sie helfen nicht am Tage der Schlacht, sie treten nicht ein in die Reihen der Kämpfer. Sie bewahren Neutralität. Woher kommt das?

1. Viele tun ihre Pflicht nicht, weil sie denken, die Zeltmission sei hier nicht nötig. In allen Tonarten habe ich dieses Lied gehört. Als ich kürzlich hierher fuhr, begegnete mir ein Bruder aus einer anderen Stadt. Er fragte mich, wo ich hinwolle. Ich sagte, nach Siegen. Er sagte darauf: »Bruder Vetter, darf ich dir einen Rat geben?« – »Gut«, sagte ich, »wenn er vom Herrn kommt, will ich ihn gerne annehmen.« – »Bruder«, entgegnete er, »ich gehe nächste Woche nach Borkum. Du bist müde und siehst sehr schlecht aus. Ich gebe dir den Rat, mit mir ins Bad zu reisen.« Ich antwortete ihm: »Dazu habe ich keine Zeit. Der König hat mir Befehl gegeben, in Siegen seine Kriege zu führen.« Er wandte darauf ein: »Und mir hat der König den Befehl gegeben, dir zu sagen, du sollst mit mir ins Bad.« – »Nein Bruder«, sagte ich, »meine Aufgabe ist es jetzt nicht, ins Bad zu laufen, sondern in Siegen das Evangelium zu predigen.« Hierauf sagte er: »Die Siegener haben genug Evangelium gehört, die brauchen dich nicht.« Der gute Bruder versuchte nun mich davon zu überzeugen, dass es nicht notwendig sei, in Siegen zu evangelisieren. O, der Feind kann sich auch hinter Brüder stellen und versuchen, durch Brüder das Werk des Herrn zu vereiteln. Amazja kam zu Amos und sprach: »Seher, geh, flieh schnell in das Land Juda! Iss dort dein Brot, und dort magst du weissagen! Aber in Bethel sollst du künftig nicht mehr weissagen; denn das Heiligtum des Königs ist hier und hier ist der Tempel des Königreiches« (Amos 7, 12.13). So macht man es heute noch. Man sagt: Siegen sei eine fromme Stadt. Aber wie sieht es in Siegen aus? Dieser Tage ging ich noch einmal in die Stadt und kam an etlichen Wirtschaften vorbei. O welches Spektakel, welcher Lärm drang da an mein Ohr. Man meinte bei einer gewissen Wirtschaft, man stehe an der Eingangspforte zur Hölle. Da ist Zeltmission nicht notwendig? Nehmt eine Zeitung in die Hand und ihr findet gräuliche Dinge, die in Siegen geschehen. Alle Laster und Sünden, die man auf der Welt findet, werden in Siegen verübt. Das junge Volk ist so roh und gemein und die Alten sind so gottlos, wie Heiden nicht gottloser und gemeiner sein können, – und doch sagt man, es sei nicht notwendig, dass man evangelisiere. Man müsste blind sein, wenn man nicht den Jammer und den Schaden dieser Stadt sehen würde. Ja, Siegen ist eine fromme Stadt, aber ihre Frömmigkeit ist eine gottlose Frömmigkeit, die dem Teufel gefällt. Wer meint, man brauche hier nicht Evangelium zu

predigen, der muss mit Blindheit geschlagen sein. Lasst das Geschwätz sein, die Zeltmission sei hier nicht nötig. Tut eure Pflicht und der Herr wird euch segnen.

2. Viele meinen, sie hätten in der Evangelisationsarbeit überhaupt nichts zu tun. Wer nichts tut, gehört nicht zum Reich Gottes. Wie sind erwählt und gesetzt, dass wir Frucht bringen, und unsere Frucht soll bleiben und in die Ewigkeit hineinreichen. Du lebst in einer Illusion, wenn du von Kronen und Herrlichkeiten *träumst*. Doch lass dir sagen: Wenn du nicht deine Pflicht tust, wirst du nie die Herrlichkeit sehen. Da muss ich an jenen Mann denken, der eine Reise machen wollte. Er ging zum Postschalter und kaufte sich ein Billet. Der Beamte sagte, es gäbe in der Postkutsche drei Klassen: »Welche Klasse wollen Sie haben, I., II. oder III.?« Er forderte eine Klasse, bezahlte sein Fahrgeld und ging zur Postkutsche. Er suchte nun seine Klasse, aber da sah man keine I., II. und III. Klasse. O, denkt der Reisende, das ist kurios. Doch er sollte bald merken, dass I., II. und III. Klasse in der Kutsche gelten. Als sie nämlich ein Stück gefahren waren, hielt die Kutsche plötzlich an. Sie waren steckengeblieben. Der Postillon springt ab und befiehlt: »I. Klasse sitzen bleiben! II. Klasse aussteigen und nebenher gehen! III. Klasse schieben helfen!« Im Reiche Gottes gibt es keine I., II. und III. Klasse. Eine ganze Reihe von euch wollen I. Klasse in den Himmel hineinfahren, schlafend und träumend und auf weichen Polstern gebettet, gedenkt ihr aufgenommen zu werden in die Stadt mit den goldenen Gassen. Aber das ist nicht wahr, denn im Reiche Gottes gibt es nur eine Klasse, und die heißt »schieben helfen«. Zu dieser Klasse gehören alle wahren Kinder Gottes. Wenn du nicht zu dieser Klasse gehörst, so gehörst du überhaupt nicht zu den Kindern Gottes. Also, gib den Gedanken auf, als hättest du im Reich Gottes nichts zu tun. Segen oder Fluch hängt von dem ab, was du in diesen Tagen mit deiner Zeit und deiner Kraft machst. Meros wurde verflucht. Ach, dass auf dir der Segen des Herrn Jesus ruhen möchte!

3. Eine große Anzahl von Gläubigen lebt in dem Wahn, Gott müsse alles tun in der Evangelisation und sie bräuchten nur still zuschauen, wie Er Seine Wunder offenbart. Das ist ein großer Irrtum, der unberechenbare Folgen nach sich ziehen kann. Dein Gott soll alles tun, und du willst sitzen bleiben, die Hände in den Schoß legen, in seelischen Gefühlen schwelgen, die kostbare Gnadenzeit verträumen und am Schluss selig werden? Das geht nicht. Dein Gott hat alles getan, was zur Erlösung einer

verlorenen Welt notwendig war. Du darfst nun Sein Mitarbeiter sein und Er erwartet von dir, dass du alles tust, was in deinen Kräften steht. Man spricht gerne von einem Eingreifen in die Souveränität Gottes, wenn ein Kind Gottes die Stellung eines Mitarbeiters einnimmt. Ich beuge mich vor der Souveränität Gottes. Aber ist das ein Eingreifen in Seine Souveränität, wenn ich mich zur Verfügung stelle und helfe, meine armen Brüder und Schwestern, die verloren sind, zu retten? – Nein, nein, das ist kein Eingriff in die Souveränitätsrechte Gottes. Ein jedes Kind Gottes ist ein Mitarbeiter Gottes und hat sein Werk zu tun. »Predigt das Evangelium in Jerusalem, in Judäa, in Samarien und bis an die Enden der Welt!« Das haben wir einfach zu tun. Denkst du wohl, du würdest die Souveränität deines Gottes verherrlichen, wenn du ein Faulenzer bist und bleibst? Das ist ein sauberer Gedanke! Meros wurde verflucht, und du wirst verflucht, wenn du nicht deine Pflicht tust an den Verlorenen.

4. Etliche entschuldigen ihr Nichtstun mit dem bekannten »ich kann nichts tun«. Du warst ein Sünder und bist nun ein Kind Gottes. Hast du als Sünder nicht viel getan, wodurch dein Gott tief betrübt wurde? Du sagst: »Ja.« Nun bist du ein Kind Gottes. Kannst du jetzt nichts tun, wodurch dein Gott erfreut wird? Kannst du nicht den Sündern, die bis jetzt ferne sind, nachgehen und sie zu den Evangelisationsversammlungen einladen? Kannst du kein Zeugnis ablegen für den Herrn, der Sein Blut und Leben für dich hingegeben hat? Du bist Hausvater oder Hausmutter und hast Autorität über deine Familie. Willst du nicht deinen Lieben befehlen, dass sie in dieser Gnadenzeit den Herrn suchen und finden sollen? Heute erhielt ich eine Einladung aus Holland, in einem Missionszelt dort zu dienen. Ich könnte mich entschuldigen mit dem »ich kann nicht dienen«, weil man dort nicht deutsch, sondern holländisch spricht. Doch dazu habe ich kein Recht. Es gibt vielleicht noch irgendeinen Weg, den Holländern das Evangelium zu predigen – und sei es mit einem Dolmetscher. Wer will, der kann. Jesus wollte uns retten, und deswegen konnte Er uns retten. Willst du Sünder retten, so kannst du Sünder retten. Wenn du sagst: »Ich kann nicht«, so sage ich dir: »Du willst nicht!« Meros wollte nicht dienen, deshalb wurde es verflucht.

5. Viele tun ihre Schuldigkeit nicht, weil sie voller Menschenfurcht sind. Diese Leute fürchten sich, die Schmach Christi zu tragen und ihr eigenes Leben in den Tod zu geben. Ich weiß, mein Vater war sehr stolz auf sein Ehrenzeichen, das er sich im Krieg erworben hatte. Ehe er zur

Bekehrung kam, trug er dieses Zeichen mit großer Freude. Ein Christ soll sich freuen, wenn er die Ehre hat, die Schmach Christi zu tragen. Aber nach dieser Ehre trachten nicht viele. Mancher Christ scheut sich vor der Schmach Christi so sehr, wie die Nachteule vor der Sonne. Hier in der Zeltmission gibt es Schmach zu tragen. Viele fürchten sich vor dieser Schmach, und das ist der Grund, weshalb sie nicht mitarbeiten wollen. Mit so armen Kindern Gottes zu gehen, die in sehr einseitiger Weise das Leben Jesu ausleben und Seine Befehle erfüllen wollen ist eine Sache, in der man nicht viel Ehre und Verherrlichung in der Welt erfahren wird. Vielleicht hat es Meros geradeso gemacht; es hat dem verachteten Haufen Immanuels nicht geholfen und wurde deshalb verflucht.

6. Noch Andere wollen nicht in unserer Evangelisationsarbeit mithelfen, weil sie voller Vorurteile gegen die Zeltmission sind. Diese Leute haben Vorurteile gegen dieses Werk, gegen die Knechte Gottes, gegen das Evangelium, das wir zu verkündigen haben. Sind ihre Vorurteile berechtigt, haben sie einen vernünftigen Grund dazu? Fragt sie – und sie bleiben stumm. Oder sie sagen: »Wenn dieser oder jener Evangelist gekommen wäre, wenn Herr Sowieso gekommen wäre, dann, ja dann ... Aber nun kommt der Heiligungsmann, Pastor Paul, und noch dazu der stürmische Vetter; mit denen können wir nicht zusammen arbeiten. Wir wollen Evangelisten, die nüchtern sind und keine großen Forderungen an das Volk Gottes stellen.«

7. Viele aber kommen nicht, weil sie keine Liebe im Herzen haben. Ihr Herz brennt nicht, sondern ist hart und kalt wie ein Eiszapfen an Grönlands Küste. Ich habe mich schon oft wundern müssen, – das Etikett »gläubig« trägt man und posaunt sein Christentum in alle Welt, man hat aber kein Herz für Gottes Arbeit, kein Herz für eine sterbende Welt. Daher: Fluchet Meros!

Wir eilen zum Schluss. Bitte schenkt mir noch einige Augenblicke eure Aufmerksamkeit.

III. Weil Meros seine Pflicht nicht getan hat, traf es der Fluch

Meine Teuren! Was mir bei der Sache weh tut – ich mag nicht in den Text hineinschauen –, ist das: Der Engel des Herrn verflucht die Stadt: »Verfluchet Meros! sprach der Engel des Herrn. Verfluchet, ja verfluchet seine Bewohner! Denn sie sind dem Herrn nicht zu Hilfe gekommen, dem Herrn zu Hilfe unter den Helden.« Wenn es der Vater sagen würde, dann würde ich denken, es gibt noch Gnade.

Noch etwas klingt so schauerlich in unserem Text: alle – ohne Ausnahme – sind verflucht. »Verfluchet Meros, verfluchet seine Bewohner, denn sie sind dem Herrn nicht zu Hilfe gekommen, dem Herrn zu Hilfe unter den Helden.« Es scheint, dass in Meros kein Bürger wohnte, der die Waffen ergriff und mitzog ins Feld gegen die Feinde des Herrn. Sie blieben alle neutral und kümmerten sich nicht um den Kampf des Herrn. Das war der Grund, weshalb sie vom Engel des Herrn verflucht wurden. Wir leben in einer sehr ernsten Zeit. Wir haben den Feinden Gottes den Kampf angesagt. Wir wollen in den kommenden Wochen Festungen und jede Höhe, die sich gegen die Erkenntnis Gottes erhebt, zerstören und jeden Gedanken unter den Gehorsam Christi gefangen nehmen und bereit sein, allen Ungehorsam zu strafen (2. Kor. 10, 4-6). Da gilt es nun, sich um die blutrote Fahne Immanuels zu sammeln und mitzukämpfen, bis der Herr in dieser gottlosen Stadt zu Seinem Recht gekommen ist. Wer zurückbleibt, dem wird es wie Meros ergehen. Der Blitzstrahl unseres Königs wird ihn niederschmettern.

O Vielgeliebte, denkt daran und entflieht dem kommenden Zorn. Wacht auf aus eurem Schlaf, legt die ganze Waffenrüstung an und zieht mit uns in die Schlacht! Unser König Jesus wird Sieger werden. Gott wird mit den Faulen und Trägen, mit den Leichtfertigen und Gleichgültigen in einer übcraus schrecklichen Weise reden. Denkt nicht, ich wolle euch erschrecken, nein, ich will euch warnen. Tut in diesen Tagen, was ihr tun könnt, und ihr werdet in dieser Zeit die Segnungen des Ewigen empfangen.

Nun noch ein Drittes: Wenn der Engel des Herrn flucht, so ist sein Fluch furchtbar. Jeder Fluch bedeutet Fluch auf dem Markt, Fluch auf dem Feld, Fluch im Hause, – bedeutet Gericht. Wo sie hingehen, überall Fluch. Fluch bei der Frau, Fluch bei den Kindern, Fluch in der Kasse, Fluch im Geschäft, überall Fluch. Wo man sie hinstellt, kann man sie nicht brauchen – vielleicht gerade noch fürs Irdische, Vergängliche, aber nie fürs Himmlische, Ewige –, und doch waren sie Kinder Gottes und trugen das Etikett »fromm«. Das ist traurig. Forsche nach in deinem Leben, ob nicht vielleicht der Bann und Fluch, der auf dir ruht, in deiner Gleichgültigkeit, Lauheit und Trägheit gegen die Reichssache deines Herrn seine Ursache hat. Falle auf dein Angesicht, tue Buße und stehe nicht eher vor deinem Gott auf, bis deine Sünde vergeben und du aufs Neue für den Dienst an den Verlorenen mit dem Öl des Heiligtums gesalbt bist. Tatsache ist, das Gott Leute, auf denen ein Fluch und Bann liegt, in Seiner Reichssache nicht gebrauchen kann. Israel, es ist ein Fluch unter dir! Achan tat keine Buße und deshalb wurde er gesteinigt und weggetan aus der Haushaltung des Herrn. Gott kann verfluchte Leute für Sein Werk nicht gebrauchen, Er setzt sie beiseite, und wenn sie keine Buße tun, verwirft Er sie. O ich fürchte, viele von euch sind von Gott schon verworfen worden. Und weil sie lau waren, musste der Herr sie aus Seinem Munde ausspeien. Man erkennt einen Ausgespieenen schnell, denn ihm fehlt der Gebetsgeist. Hört ihn nur beten, – sein Gebet hat keinen Anfang und kein Ende. Er redet, redet, redet, macht Worte und predigt oder lügt seinem Gott etwas vor und alles seufzt erleichtert auf, wenn er das Amen sagt. Eifersucht, Neid, Herrschsucht und Parteigeist erfüllt sein Herz. Er verlästert die, die im Namen des Herrn dastehen und ihr Leben für die große Sache des Evangeliums wagen. Erweckungen nennt er Strohfeuer, Bekehrungen Gefühlsschwärmerei. Ich fürchte, hier im Zelt sitzen etliche von diesen Karikaturen. »Verfluchet Meros! sprach der Engel des Herrn. Verfluchet, ja verfluchet seine Bewohner! Denn sie sind dem Herrn nicht zu Hilfe gekommen, dem Herrn zu Hilfe unter den Helden.«

Brüder, Schwestern, habt ihr heute Abend den Herrn verstanden? Wollt ihr mit uns am Evangelium kämpfen? Wollt ihr beten und arbeiten, damit Sünder gerettet und Jesu Name geehrt wird? Nicht wahr, wir wollen uns zusammenfinden und wie David und Jonathan einen Bund machen und uns dem Herrn von Neuem weihen für den Dienst in den folgenden Tagen. Während wir uns beugen und den Herrn anbeten, legen wir unser Leben dem König Jesus Christus zu Füßen mit der Bitte:

»Ich bin dein! Sprich du darauf dein Amen!
Treuster Jesu, du bist mein!
Drücke deinen süßen Jesunamen
Brennend in mein Herz hinein!
Mit dir alles tun und alles lassen,
In dir leben und in dir erblassen,
Das sei bis zur letzten Stund
Unser Wandel, unser Bund!«

Amen!

Abschiedsrede

Gehalten in Siegen, 13. September 1903

»Denn der Sohn des Menschen ist gekommen, zu suchen und zu retten, was verloren ist« (Lukas 19, 10)

Die Deutsche Zeltmission hat eine »Gesellschaft mit beschränkter Haftung« gegründet, damit sie der Außenwelt gegenüber eine juristische Vertretung hat. Da bekomme ich gestern Abend eine Postkarte aus Berlin, worin man mich mitzuteilen bat, welcher Branche die Deutsche Zeltmission eigentlich angehöre, was für ein Gewerbe dieselbe betreibe und welche Spezialartikel sie umsetze. Wenn ich den Kaufleuten nach Berlin eine Antwort schriebe, so würde diese lauten: »Unser Gewerbe ist Evangelisation und unser Spezialartikel das Evangelium. Wir verkaufen diesen Spezialartikel umsonst und ohne Geld.«

Viele wissen nicht, was »Evangelium« ist. Als ich mich mit einigen Leuten über den Gegenstand »Evangelium« unterhielt, bekamen sie einen Schreck. Einer sagte: »Das ist etwas fürs Sterbebett«. Ein anderer kommt und spricht: »Bleiben Sie mir fern mit dem Evangelium, denn es macht den Menschen nur depressiv.« Nun, meine teuren Freunde! An mir und meinem Bruder Paul habt ihr nicht gemerkt, dass wir Depressive sind, denn wir haben immer unsere Köpfe in die Höhe gehalten und schauen nach dem aus, der kommen soll und nicht verzieht. Was ist denn eigentlich Evangelium?

Auf Bethlehems Fluren wird es plötzlich hell. Aus dem Lichtglanz hören zitternde Hirten einen Engel sagen: »Fürchtet euch nicht! Denn siehe, ich verkündige euch große Freude, die für das ganze Volk sein wird. Denn euch ist heute ein Retter geboren, der ist Christus, Herr, in Davids Stadt« (Luk. 2, 10.11). Und als sie sich gerade vom ersten Schreck erholt hatten, da war aus der himmlischen Welt eine große Schar zu hören, die sang: »Herrlichkeit Gott in der Höhe, und Friede auf Erden in den Menschen des Wohlgefallens« (Luk. 2, 14). – Was ist Evangelium ihr Hirten? Evangelium ist »frohe Botschaft«. Und wo diese frohe Botschaft erschallt, da erklingt das Lied: »Herrlichkeit sei Gott in der Höhe!«

Viele ernste Christen in Nordamerika hatten lange gekämpft und endlich auch den Sieg davongetragen, als die Sklaverei aufgehoben wurde. Lincoln, der damalige Präsident der Vereinigten Staaten, ließ ein Schriftstück in alle unterworfenen Territorien ausgehen, worin er mit wenigen Worten die völlige Freiheit der Schwarzen vom Sklavenjoch dokumentierte: »Alle Sklaven sind frei«, gez.: Lincoln. Wo dieses auch hinkam, in Urwälder, auf Plantagen, in Dörfer oder Städte, überall proklamierte es dieses Evangelium: »Farbige Männer und Frauen, ihr seid frei!« An diesem Tag sind viele tausend Söhne Afrikas und auch Frauen und Kinder freigeworden durch diese frohe Botschaft: »Alle Sklaven sind frei.« In einer Kapelle war eine große Schar schwarzer Brüder und Schwestern versammelt. Ein ebenfalls schwarzer Priester begann seine Predigt auf der Kanzel: »Ehre sei Gott in der Höhe! Ihr lieben Männer und Jünglinge, ihr seid frei! Man treibt euch nicht mehr mit Peitschen an die Arbeit!« Darauf riefen alle wie in einem Ton: »Ehre sei Gott in der Höhe!« Nun wandte sich der Pfarrer an die Frauen, dann an die Mütter insbesondere, dann an die Jungfrauen und Kinder und betonte, dass sie keine Sklavenarbeit mehr tun dürften, sondern frei, wirklich frei wären, auf immer frei! Er wies auch darauf hin, dass man ihnen nicht mehr ihre Töchter fortreißen und dass das Kind nicht mehr der Willkür und den Leidenschaften verabscheuungswürdiger, bestialischer Wüstlinge in Unreinheit hingegeben werden dürfe. Kein junges Wesen dürfte man mehr von den Brüsten seiner Mutter reißen, sondern alle seien für immer frei! Und das ganze Gotteshaus tönte wieder von dem wie aus einer Kehle gewaltig himmelwärts brausenden Jubelgesang: »Ehre sei Gott in der Höhe! Friede auf Erden und den Menschen ein Wohlgefallen!« – Schaut, das war Evangelium!

Mir begegnete in der französischen Schweiz, in der ich damals arbeitete, eine arme Frau. Jeder Zug, jede Linie ihres Gesichts drückte Schwermut aus. Wo fehlte es? »Ich komme vom See, bin heute Mittag fortgegangen um mir das Leben zu nehmen. Als ich in diese Not und das große Elend kam, ging ich zu einem christlichen Pastor, doch er wies mir die Tür und sagte, dass er mit solchen Leuten nichts zu schaffen habe. Der Pastor wollte mit mir nichts zu tun haben. Menschen gaben mich auf, und ich wollte mich in den See stürzen.« Eine Schwester, ein Kind Gottes, traf sie. Der Heilige Geist sagte ihr: »Lade diese zur Evangelisationsversammlung ein.« Sie tut es. Jene fragt: »Was gibt es da?« Antwort der Schwester: »Rettung und Heil.« – »Was? Kann es noch Heil geben für einen Sünder wie mich? Ich muss doch sehen, wie das möglich ist.« – Und sie kam zur Versammlung. Das Wort Gottes vom Kreuz durchbohrte ihr Herz und es fiel wie Schuppen von ihren Augen, sie beugte sich und fand Frieden in den Wunden des Lammes. Schaut, das ist Evangelium. – Ich könnte heute stundenlang erzählen, was ich alles in meiner Arbeit erfahren habe.

In einer Stadt kam eine Frau zur Evangelisationsversammlung, die sich auf dem Boden liegend wie ein Wurm krümmte und wand. »Was fehlt Ihnen?« – »O, schauen Sie mich an«, und dabei wand sie sich vor großer Seelenpein wie ein Wurm. »Ich bin eine Frau, für die es keine Hoffnung mehr gibt, verloren, verloren!« Ich schlug meine Bibel auf und lies sie lesen: »Kommt denn und lasst uns miteinander rechten! spricht der Herr. Wenn eure Sünden rot wie Karmesin sind, wie Schnee sollen sie weiß werden. Wenn sie rot sind wie Purpur, wie Wolle sollen sie werden« (Jes. 1, 18). Als sie sich etwas beruhigt hatte, las ich ihr auch dies vor, und sie musste sich selbst davon überzeugen, dass es dastand: »Ich, ich bin es, der deine Verbrechen auslöscht um meinetwillen, und deiner Sünden will ich nicht gedenken« (Jes. 43, 25). Doch sie schüttelte den Kopf und sagte: »Ich glaube wohl, dass für eine bestimmte Klasse eine solch frohe Botschaft sein mag, aber schauen Sie, ich bin eine neunfache Mörderin, ja, ich habe neun Mordtaten auf dem Gewissen.« Mir schien, mein Blut würde in meinen Adern gefrieren. Doch der Heilige Geist sagte mir: »Gerade für diese Person gibt es noch Gnade.« Als sie dann Jesus ergriffen hatte, verließ sie in Frieden und strahlend von Angesicht das Haus – ich glaube es war Mitternacht –, und seitdem bewährt sie sich als eine rechte Christin. Das ist das Evangelium für den verlorensten Sünder. Das ist Gottes Gnade. Aus welchen Faktoren besteht das Evangelium? – Es gehören drei Faktoren dazu. Der erste, der Mittelpunkt, das Zentrum des Evangeliums ist: Jesus Christus. Von Ihm sagt unser Text: Der Menschensohn, Jesus Christus, ist gekommen, zu erretten. Der zweite Faktor ist der Sünder, der Verlorene. Der dritte Faktor wird dargestellt in der völligen Rettung bis hinein in die Lichtswelten. –

1. Wer ist Jesus Christus? Ich kenne Christen im Siegerland, die von Jesus Christus genausowenig wissen, wie die Hottentotten in Südafrika. Wer ist denn Jesus Christus? Nach der Schrift ist Christus der über Allem seiende Gott, leiblich stammend aus dem Fleisch der Väter Israels (Röm. 9, 5). Seitdem ich darüber Licht bekommen habe, beuge ich mich unter Ihn. Jesus Christus ist der Gottesmensch, Licht vom Lichte, wahrer Gott von Gott. Wer Jesus Christus nicht als Gott anerkennt und Seine Gottheit leugnet, der kann zwar etwas von Jesus Christus sagen, aber sein Christus ist nicht der biblische. Wenn wir in den Kolosserbrief schauen, lesen wir, dass durch Jesus Christus alles gemacht ist, das Sichtbare und das Unsichtbare, das ganze Universum ist durch Ihn gemacht. Da lernt man, groß von Jesus zu denken. Es gibt viele Leute, die klein von Jesus denken, wie eine Wurzel in dürrem Erdreich. Von wem aber denken solche Leute groß? Von sich selbst! Je mehr einer auf sich hält, desto weniger hält er von Jesus. Ist Jesus der Schöpfer dieser Welt, so ist Er auch dein Schöpfer. Ja, mehr noch: Hätte Jesus Christus uns nicht erschaffen, so hätte Er auch keine Macht, uns aus dem tiefen Fall herauszubringen. Keine Kreatur ist imstande, den Sünder aus seinem tiefen Fall zu erlösen. Darum nennt die Schrift Jesus Christus »das Lamm Gottes«: »Siehe das Lamm Gottes, welches der Welt Sünde trägt.« Ja, es ist das Lamm Gottes, welches unsere Sünde weggetragen hat. Die Geschichte von Golgatha bedeutet Erlösung. Wir sind erlöst durch das kostbare Blut des Lammes, das auf Golgatha geflossen ist. O, meine Teuren! Da bekommt man eine andere Weltanschauung! Ist Jesus Christus mein Gott und Herr, mein Erlöser, so muss ich mich vor Ihm beugen und muss die Erlösung aus Gnaden annehmen. Jesus Christus hat mich erschaffen, erwählt und bestimmt zu Seinem ewigen Eigentum. Wenn ich da ein wenig Vernunft anwende, muss ich mich beugen. Also, der Mittelpunkt der frohen Botschaft von der Errettung der Sünder ist Jesus Christus.

In unserem Evangelium wird er auch der »Menschensohn« genannt. Warum wird dieser ewige Gott so genannt? – Wozu ist der Mensch auf Erden? Eine Zeitlang musst du dich mühen, in die Fabrik gehen oder in das Büro, dann krank werden, zu Bett liegen und sterben. Ist das deine Bestimmung? – Ich kam in ein Diakonissenhaus. Da lag ein armer Mann, der sich eine Kugel durch den Leib geschossen hatte. Als ich ihn nach dem Grund seiner törichten Handlungsweise fragte, sagte er: »Vor mir lag eine schauerliche Zukunft. Mir war das Leben leid geworden und ich wollte es mir deshalb nehmen.« »Ja, aber was ist mit der Ewigkeit? Meinen Sie, dass Sie sich auch dort das Leben nehmen können? In der Ewigkeit, mein teurer Freund, ist ein Leben noch viel intensiver als hier. In der Ewigkeit fängt das eigentliche Leben erst an. Erst in der Ewigkeit werden wir merken, was Leben wirklich ist.« Ja, meine Lieben! Wir sind dazu bestimmt, mit Jesus Christus, dem Hochverklärten, auf Seinem Thron zu sitzen und mitzuregieren als Priester und Könige in der himmlischen Welt. Jesus Christus, der Menschensohn, hat sich ein Menschengeschlecht für Seinen Dienst im kommenden Zeitalter, in den folgenden Äonen erwählt. Dieses Geschlecht, das den Heiligen an das Holz schlug, hat Er sich erwählt, mit Ihm zu herrschen.

Was war Seine Hauptaufgabe hier, und welche ist es droben? Hier war Seine Hauptaufgabe zu suchen und zu erretten, und drüben ist Seine Hauptaufgabe auch zu erretten. Durch Seinen Heiligen Geist sucht Er auch heute in diesem Saal zu erretten aus Sünde, von dem Teufel und der Gewalt des Todes – alle, die an Ihn glauben.

2. Wen sucht unser hochgelobter Herr zu erretten? Er sucht den Sünder und den Verlorenen aus dem Verderben der Sinnlichkeit und der Sichtbarkeit, aus der Welt, die im Argen liegt, herauszuretten. Ich bin so froh, dass in meiner Bibel steht: »Denn der Sohn des Menschen ist gekommen, zu suchen und zu retten, was verloren ist.« Es steht nicht: Für den Selbstgerechten und Braven ist Er gekommen, um diese zu suchen und zu retten. Diese Leute lässt Er stehen. Er geht den Verlorenen nach. Das ist eine gute Botschaft für die Sünder.

Wer gehört denn zu den Sündern? – »Adam, wo bist du?« Ja, Adam ist abgefallen von dem Ewigen. Als der Abend kühl geworden war, ging Gott in Christo durch den Garten und suchte den Verlorenen. Ein Jeder ging auf seinem eigenen Weg und war abgewichen. Alle, die sich von Gott abgewendet haben, sind verloren. Es gibt freilich verschiedene Klassen Verlorener und darunter solche, die ihren Zustand erkannt haben. – Am letzten Sonntag arbeitete ich in Hessen. Da kamen zwei Frauen, die noch eine weitere mitbrachten und sagten: »Diese ist ein armes Kind, das wir jetzt zu Ihnen bringen.« Die Arme schaute mich an und sagte: »Sehen Sie, ich bin eine Verlorene, die keine Gnade finden kann. Ich bin letztes Jahr aufgewacht, suchte das ganze Jahr über das Heil und habe noch kein Heil gefunden.« Bei der Frau war es klar, sie hatte sich als eine Verlorene erkannt. Ich schlug meine Bibel auf und las: »Wer zu mir kommt, den werde ich nicht hinausstoßen.« Da fragte sie: »Wer hat das gesagt?« »Jesus hat das gesagt. Und können Sie behaupten, dass Er schon einmal gelogen hat?« »Nein.« »Gut, dann folgen Sie dem Wort. Und kommen Sie, wir wollen noch ein anderes Wort aufschlagen: ›Das Blut Jesu Christi, des Sohnes Gottes macht uns rein von allen Sünden.‹ Glauben Sie das Wort, liebe Frau?« »Ja, weil es in der Bibel steht. Aber kann ich denn auch davon Gebrauch machen?« Ich schlug ein weiteres Wort auf: »›Diese sind es, die aus der großen Drangsal kommen, und sie haben ihre Gewänder gewaschen und sie weiß gemacht im Blut des Lammes.‹ Glauben Sie dem Wort?« »Ja, es steht in der Bibel.« »Meinen Sie, die vor dem Throne des Lammes wären andere Sünder gewesen als Sie?« »Ja, Bruder Vetter, ich glaube, dass meine Kleider auch in dem Blute des Lammes gewaschen werden können; aber was muss ich nun tun?« »Sie müssen kommen und mit dem Blute des Lammes Ihre Kleider waschen. Kommen Sie zu Jesus, so kommt auch Sein Blut zur Reinigung von Sünden über Sie.« Diese Frau glaubte, beugte ihre Knie und ging fröhlich ihrer Straße. – Ich habe andere Verlorene gefunden, welche sagten: »Ich gehe verloren, denn dass ich verloren bin, beweist meine Geschichte. Ich fühle aber meine Sünde nicht; ich fühle nichts von meinen Verlorensein, mein Herz ist kalt und hart wie Granit.« Das war immer der Schlussakkord ihres Klageliedes. Ich habe auch eine zeitlang in diesem Jammer gesteckt. Es gibt Verlorene, die sind sich bewusst, dass sie verloren sind, aber sie bringen ihre Sachen nicht mit Gott in Ordnung. Nun, des Menschen Sohn ist gekommen, um euch, die verlorenen Sünder, zu suchen; gerade euch, deren Herz wie eine Stahlplatte gehärtet ist. Es ist nicht wesentlich, ob jemand seine Sünde fühlt, sondern dass er zu Jesus kommt. Dem suchenden, rettenden Jesus in die Arme zu fallen, das ist das Wesentliche.

Es gibt noch andere Leute, die nicht merken, dass sie verloren sind. Sonntags machen sie alles mit, Versammlung, Kirche usw. »Wie steht es mit deinem Gott?«, fragt man sie. »Ach, schon seit meiner Kindheit bin ich mit meinem Gott in Verbindung ...« Aber sie sind blind, leben in Illusionen, haben keine Bekehrung, Wiedergeburt und Rettung erfahren. Und ich fürchte, es gibt in unserer Stadt noch viele Menschen, die meinen gerettet zu sein und sind doch verloren. – Der Professor eines Irrenhaus hat einmal gesagt: »Das sind die schlimmsten Kranken, die da meinen sie seien gesund und sind doch nicht gesund.« Eine Schwester pflegte Schwermütige und sagte: »Das ist das Schlimmste: sie meinen, man hält sie nur gefangen, und doch zeigt ihr ganzer Zustand, dass sie im Elend sind.« Ja, viele Menschen sind vom Teufel betäubt, verloren ohne Christus, ohne Wiedergeburt, ohne Himmel, ohne Heiligung, verloren für diese Zeit, verloren für die Ewigkeit, in eigener Selbstgerechtigkeit dem Tode verfallen.

Wer macht uns die meiste Mühe? Die armen Sünder, die erweckt sind? Nein, die schlimmste Arbeit haben wir mit den Braven, wie auch der Herr Jesus sagt: Hurer und Zöllner kommen noch eher in das Himmelreich als ein Pharisäer und Sadduzäer! Ja, Jesus sucht und rettet das Verlorene, Er geht durch die Reihen und sieht nach Menschenkindern, die aufwachen. Darum frage dich: »Habe ich mich gebeugt? Bin ich ein Begnadigter, ein Eigentum Jesu?« Der Heilige Geist zeigt dir in der Zentralschau deinen Zustand im Lichte der Ewigkeit. »Kommt, seht einen Menschen, der mir alles gesagt hat, was ich getan habe«, sprach die Samariterin zu den anderen Samaritern, »dieser ist doch nicht etwa der Christus?« – Ja, jedes Gebiet des Lebens muss durchstrahlt und vom Licht offenbart werden, damit völlige Rettung und Versöhnung durch Ihn geschehen kann. Leute, die sich als Sünder erkannt haben, sucht und rettet Jesus.

3. Evangelium ist Rettung. Worin besteht die Rettung? Sie besteht zunächst darin, dass der Mensch seine Sünde erkennen lernt. Wieviele Leute haben wir in unser Zelt kommen sehen, die noch jung waren und schon graues Haar hatten. Woher? Der Druck der Sünde, ihre Sündenschuld und ihre Missetaten brachten sie fast in das Grab hinein. Da kam einmal ein Mann zu uns, der sagte: »Ihr Brüder! Heute Nacht war die erste Nacht, in der ich fröhlich einschlafen konnte und Ruhe hatte. Der Druck ist fort.« Der Mann hatte 20 Jahre lang einen zentnerschweren Druck auf seinem Gewissen. Die Sünden gegen die Eltern und die Freundin seiner Jugend haben ihm das Leben schwergemacht. Er kam in das Licht Gottes und lernte dort sich und seine Sünden kennen. Aber das ist noch nicht genug. Er lernte den Menschensohn kennen, der das Verlorene sucht und rettet. Er lieferte sich Jesus aus und fand Heil in Seinen Wunden. Das Evangelium gibt Sündenerkenntnis. Ach, dass du auch dich und deine Sünden erkennen möchtest, dann würde dir geholfen werden!

Die Vergebung schenkt Lösung von Sünden. Was nutzt es, wenn Israel in Ägypten bleibt und unter der Sklavenpeitsche seufzt? Was muss mit Israel geschehen? »Nun aber geh hin, denn ich will dich zum Pharao senden, damit du mein Volk, die Söhne Israel, aus Ägypten herausführst«, sprach Gott zu Mose. Wir wollen ein Siegesleben führen über die Sünden. – Ich habe Jünglinge gekannt, die waren jahrelang Knechte der Fleischeslust. Ich habe Männer gekannt, die waren gebunden in Geiz und Wucher. Ich habe Frauen gekannt, deren Zungen waren giftige Zungen, voller Lüge und Neid. Diese alle kamen in die Versammlung, merkten aufs Wort, blieben zur Nachversammlung und gingen dann weg als Gelöste, sie wurden plötzlich frei von den Banden.

Ich habe es selbst erfahren. »Br. Paul! Wer ist der größte Sünder?« – »Ich!« – »Nein, Br. Paul, ich bin der größte Sünder, und Jesus hat mich, den größten Sünder erlöst.« – Wir haben Jüngling kennengelernt, die reif waren für das Irrenhaus, mit zerrütteten Leibern. Sie wurden erlöst, kamen aus der Sünde heraus und wurden frei. Ich weiß, dass viele mein Leben schon kennen. Vor neun Jahren hatte ich die erste Lungenblutung. Seitdem erlitt ich im Ganzen 15 Lungenblutungen. Als ich kürzlich zu Hause war, erinnerte mich eine Schwester an jene Blutung, die 12 Stunden geblutet hatte. Warum stehe ich hier? Weil mich der erhält, »der da vergibt alle deine Sünde, der da heilt alle deine Krankheiten« (Psalm 103, 3). Ja, das ist Evangelium. Er kann auch Lungenblutungen heilen. – Ich weiß von einer Frau, die 22 Jahre Krebs hatte und für unheilbar erklärt worden war. Sie kam in die Versammlung der Gläubigen, hörte das Evangelium, glaubte, wurde gerettet und geheilt. Diese Frau, die in einer Stunde plötzlich von ihrem Leiden frei wurde, lebt heute noch wie eine Jungfrau in frischer Lebenskraft.

Schaut, teure Freunde! Viele wissen nicht, was Evangelium ist. Es ist Herausrettung aus Krankheit, Todesmacht und Sünde. Noch mehr: zu dem Wesentlichen des Evangeliums gehört auch noch Erlösung des Leibes. Der da aufgefahren ist in die Himmel und nun als Hoherpriester zur Rechten der Majestät Gottes thront, wird wiederkommen. Bei der Wiederkunft Jesu werden die Leiber Seiner geliebten Kinder verwandelt und mit Licht durchflutet. Ja, von der Lichtsleiblichkeit durchstrahlt, werden wir Ihm entgegengehen. Das Evangelium wäre keinen Pfennig wert, wenn es uns nicht zum Ziele führte. Aber Gott hat Seine Heiligen hindurchgebracht bis vor den Thron der Herrlichkeit.

Meine Teuren! Ich weiß nicht, ob wir uns noch einmal sehen, denn im letzten Winter war ich sehr krank. Ich weiß es nicht. Jesus kann auch bis zum Frühjahr wiedergekommen sein. Viele von uns können aufgenommen oder auch heimgegangen sein. Wenn wir uns nicht mehr grüßen dürfen, so nehmt als Abschiedsgruß das Wort aus dem Hebräerbrief mit, welches lautet: »Daher kann Er auch völlig erretten, die durch Ihn Gott nahen, weil Er immer lebt, um sich für sie zu verwenden« (Hebr. 7, 25).

Zum Schluss noch eine kurze Bemerkung, und ich bin fertig. Wann will dich der Menschensohn retten? Morgen? Übermorgen? Oder nach Ablauf eines Jahres? Jesus sagte zu dem Erzsünder Zachäus: »Heute ist diesem Hause Heil wiederfahren!« Der Zöllner nahm Jesus auf und wurde gerettet.

Jesus sagt dir: »Heute muss ich in deinem Haus bleiben.« Das ist ein gesegnetes Wort. Soll ich den Lieben sagen: »Morgen, übermorgen, noch einen Monat ist Rettung für euch?« Nein! Jetzt, heute ist Rettung! Auf euren Sitzen könnt ihr jetzt, in diesem Augenblick gerettet werden! Wie kostbar ist diese Botschaft! Auf, greif zu, glaube und lebe! In Jesaja 61, 1 heißt es: »Er hat mich gesandt, den Elenden frohe Botschaft (Evangelium) zu bringen.« Ein Kenner des Hebräischen hat dieses wörtlich so übersetzt: »... den Elenden die Falten aus dem Gesicht zu streichen.« – Also, des Menschensohn ist gekommen, um die Falten aus dem Angesicht der Elenden zu streichen. Welche Falten? Die Kummer- und Sorgenfalten.

Meine Teuren, ich bin so froh: Es ist keinerlei Grund vorhanden, dass einer ungerettet diesen Saal verlässt! Ich wünschte, dass hier keine Seele wäre, die noch nicht gerettet ist. Aber wenn sich noch jemand im Ungewissen befindet, muss er sich hier nun folgendes Wort merken: »Siehe, jetzt ist die wohlangenehme Zeit, siehe, jetzt ist der Tag des Heils.« Heute! Bist du schon gerettet? Du , mein Sohn, und du da? Freunde, ich möchte euch bitten: kommt jetzt, in dieser Stunde, aus eurem Elend heraus! Jesus ist ein *gegenwärtiger* Retter, der Heiland ist heute Abend hier. Er ist bereit, zum Lobe Seiner Ehre und Herrlichkeit etwas an euch zu tun.

Man hat einen Missionar gefragt: »Sie wollen in die Heidenländer hinausgehen?« »Ja!« »Glauben Sie denn, dass sie mit Ihrer Predigt einen Eindruck auf die Heiden machen?« »Nein«, sagte dieser liebe Missionar, »das glaube ich nicht. Aber ich glaube, Jesus wird dort einen Eindruck machen! Jesus wird jene Heiden freimachen, Jesus wird sie retten.« – An deinem Stuhl neben dir ist schon lange der Mann, der die Dornenkrone getragen hat. Er ist an das Kreuz genagelt. Du, mein Lieber, schon lange wartet Er auf dich. Ich habe dich heute Abend zu fragen, ob du kommen und Sein Blut zur Abwaschung deiner Sünden nehmen und dich Ihm ganz hingeben willst. Er ist es wert. Des Menschen Sohn ist gekommen, um das Verlorene zu suchen und zu retten.

Du sprichst: »War das damals, als ich im Sündenpfuhl lag?« Ja, als du da lagst. Ich sage dir, Jesus Christus ist *jetzt* da. Ich würde mich freuen, wenn von der Galerie noch der eine und andere herunterkommen und sagen würde: »Hier, ich bin noch nicht gerettet!« – Ich hatte in einer Kirche gepredigt. Da kommt ein Mann, bleibt vor mir stehen und sagt mit lauter Stimme: »Ich will den Heiland haben!« Warum sagte er das? Warum blieb er nicht bis übermorgen zu Hause mit seinem Verlangen? Nun, *heute* war seine Zeit! Jedermanns Zeit ist *heute, in dieser Minute*. Das ist gut, mein Lieber. – Da kamen drei Frauen und es stellte sich heraus, dass sie noch »ohne Gott in der Welt« lebten, nach ihrem eigenen bösen Willen. Die eine kam und sagte: »Ich gehe heute nicht mehr weg, denn ich muss *heute* Frieden haben mit Gott.« Da lachte mein Herz, weil sie Gott die Ehre gab. Die andere sagte: »Ich möchte auch Frieden im Herrn haben. Wenn es sobald wie möglich geschehen könnte, wäre ich wohl damit zufrieden.« Ach, da dachte ich, dir brennt deine Sünde noch nicht im Gewissen! Und die dritte Frau meinte: »Ja, bekehren würde ich mich auch. Aber ich warte darauf, dass ich zur Bekehrung kommen komme, bevor ich sterbe.« Ach, du arme Seele! Wann ist die rechte Zeit? *Jetzt* ist es nötig, *sofort* muss die Bekehrung vor sich gehen und du musst *heute* Jesus als deinen Retter annehmen!

Und ich lade euch ein, es in diesem Saal zu tun. Möchten die teuren Seelen, die sich dem Herrn hingeben, doch aus der Ungewissheit herauskommen! Ich frage: »Hast du Vergebung der Sünden? Ist Jesus bei dir eingekehrt? Ist der Heilige Geist über dich, in dich gekommen?« Es sind viele Tatsachen, die sich an einem Sünder zu erfüllen haben. Du sagst vielleicht, du bist noch nicht gerettet, dir fehlt der Friede, dir fehlt die Gewissheit, – dir fehlt noch alles! Jesus, ja Jesus fehlt dir! Mein lieber Freund! Dann lade ich dich heute ein. Bleibe hier zurück. Wir haben es in Siegen vielfach erfahren, dass, wenn Sünder gerettet sein wollten, sie auch wirklich gerettet wurden. Möchten doch diejenigen einmal aufstehen und Zeugnis ablegen. Ist hier einer, der hebe die Hand auf. – Da, hier und dort sind erhobene Hände. Es ist genug, ich danke euch! Es sollte nur ein Beweis sein, und den hast du nun, dass Jesus bereit ist, jetzt zu retten.

Wenn du, der du noch nicht gerettet bist, noch immer in Ungewissheit dahingehst, merke dir: Der Heiland will dich jetzt haben! Du musst dich Ihm jetzt hingeben! Es wäre heute ein schönes Abschiedsfest, wenn hier noch etliche der Sünde den Abschied geben wollten. Wollt ihr der Sünde und dem Teufel den Abschied geben, der Sünde völlig entsagen? Wie wollen wir es machen?

Ich bitte darum, dass diejenigen, die als stille Beter mit den Neubekehrten bleiben können, noch etwas mit uns hier verweilen. Aber ich bitte darum, meine Teuren, dass die hier Bleibenden als eine betende Versammlung vor Gott und für Gott zurückbleiben. Es ist nichts für einen, der neugierig ist! Es ist eine heilige Sache, wenn Sünder Begegnung mit ihrem Herrn haben. Dazu kann ich nur Beter einladen, die für diese Seelen betend einstehen möchten.

Ich möchte auch Neubekehrte, die hier dem Herrn danken wollen, einladen, und auch die Suchenden selbst. – Aber ich will keine Neugierige einladen, Leute, die nur mal eine Nachversammlung mitmachen wollen! Meine Bitte ist, dass alles in Stille vor sich geht und man sich ruhig zurückzieht, wenn wir unsere Versammlung schließen. Die Bleibenden mögen auf ihren Plätzen warten. Lasst uns, teure Herzen, die Gegenwart Gottes in Jesus Christus respektieren, der gekommen ist zu suchen und zu erretten das Verlorene. Und du, der du gerettet bist, bete, dass die, welche noch nicht gerettet sind, *jetzt* gerettet werden. Lass dich nicht von Teufel oder Fleisch hinaustreiben, sondern beeile dich, deinem Gott zu begegnen, weil du noch nicht gerettet bist.

Auf Wiedersehen in Jesu Licht! Amen.

Das Blut des Lammes

Rede, gehalten in Velbert am 23. April 1903

»Aber das Blut soll für euch zum Zeichen an den Häusern werden, in denen ihr seid. Und wenn ich das Blut sehe, dann werde ich an euch vorübergehen; so wird keine Plage, die Verderben bringt, unter euch sein.« (2. Mose 12, 13)

Mein Herz ist tiefbewegt von Freude und Dankbarkeit gegen den Herrn. Er hat es möglich gemacht, dass wir uns an diesem Ort begegnen dürfen. Der vergangene Winter war für mich auf der einen Seite sehr hart, denn ich war oft krank und elend. In Stunden, da Todeswehen meine Seele ängstigten, fürchtete ich, die Arbeit im Zelt nicht mehr tun zu können. Meine Gesundheit erschüttert, die Stimme schwach, mein Gang zitternd – das alles erfüllte mich mit bangen Ahnungen. Wenn ich heute dienen darf, dann verdanke ich es der Kraft des Blutes Jesu. Durch das Blut bin ich vom Tode errettet worden und durch die Kraft des Blutes stehe ich heute hier. Das klingt manchem wie ein Ton aus der anderen Welt. Doch Freunde, es ist so. Das teure Blut hat mich erlöst, es erlöst mich und wird mich erlösen und verherrlicht vor den Thron Gottes bringen.

Die moderne Theologie hat keinen Raum für das Blut. Sie kann schöne Reden und Phrasen machen über das Leben Jesu. Aber vom verklärten Blute weiß sie nichts. Ein gewisser Professor sagte, er habe in der ganzen Bibel nach der Bluttheologie gesucht und sie nicht gefunden. Wo hat der Mann hingeschaut? Wir brauchen noch keine drei Kapitel zu lesen und schon sind wir am Anfang der Bluttheologie. Und lesen wir weiter, so finden wir, dass sich die Bluttheologie wie ein roter Faden durch die Bibel zieht. Zur einer Frau kam ein Pastor und sagte: »Woher kommen die Wunder, die hier geschehen?« Sie antwortete: »Die Wunder geschehen durch das Blut Jesu.« Der Pastor sagte: »Ich glaube nicht an das Blut.« »Was, Sie glauben nicht an das Blut?«, sagte die Frau, »mir ist es noch viel zu wenig zu sagen, ich glaube an das Blut, – es ist mein Lebenselement!« Ja, so ist es. Das Blut Christi ist das Leben der Heiligen. Alle Heiligen, die je lebten, die Erzväter, Propheten, Apostel und Märtyrer, fanden in dem Blute Jesu ihr Lebenselement. Das kostbare Blut löste sie von Sünde und Schuld, befreite sie von Strafe und Gericht, öffnete ihnen die glänzenden Perlentore des Himmels und verschloss ihnen für immer die finsteren Pforten der Hölle. Das Blut Jesu öffnete unseren Glaubensvätern die ewigen Quellen der rettenden Liebe Gottes und löschte die Flammen des Feuersees aus. Das Blut riss sie wie Brände aus dem Feuer und reinigte sie so völlig von jedem Makel der Sünde, dass sie jetzt in Kleidern von fleckenlosen Glanze in der unmittelbaren Gegenwart Gottes stehen und dort ihr ewiges »Halleluja« zum Preise des Blutes Christi singen. Das Blut, das unsere Väter gesegnet und verherrlicht hat, wird auch uns unbefleckt mit Jauchzen vor den Thron Gottes stellen. Wir glauben an das Blut und wir sprechen es vor aller Welt aus: Das Blut des Lammes ist unser Element, in dem wir Tag und Nacht stehen und leben.

Mögen die theologischen Sophisten das Blut geringachten – wir ehren das Blut, denn es wird der Tag kommen, an dem das Blut Christi mehr wert sein wird als alle Königreiche der Welt.

Unser verlesenes Wort hat uns die Situation des Volkes Gottes gezeigt, als Gott sprach: »Das Blut soll für euch zum Zeichen sein.« Es waren furchtbare Augenblicke des Gerichts. Der Würgeengel zog durch ganz Ägypten, und durch alle Gebiete dieses großen Landes drang der Schmerzes- und Todesschrei der Millionen, die eine Beute des Todes wurden, weil sie nicht unter der deckenden Macht des Lammesblutes waren. Gewiss hätte in jener furchtbaren Stunde mancher Ägypter, dem die Bluttheologie der Hebräer vorher ein Gräuel war, Millionen gegeben für das Blut, mit dem er sein Leben hätte retten können. Aber es war zu spät. Die Plage kam über ihn.

Mein Freund, wärest du heute auf dem Wege in die andere Welt und stündest an den Ufern des Jordans ohne Hoffnung auf Christus und hättest ein großes Vermögen – was nützten dir deine Millionen? Das Blut ist dir dann mehr wert als alles Gold und Silber dieser Welt. Deshalb spreche ich so gern vom Blut. Ich will nicht aufhören von dieser kostbaren Flut zu zeugen bis mein Puls und Herz stille stehen. Und wenn alle sich des Blutes schämen würden, ich bleibe beim Blut und will nichts wissen, als das Blut des Lammes.

An drei Worten unseres Textes wollen wir betrachten, was wir heute zu sagen haben: 1. Gott will *Blut* sehen, 2. das Blut soll zum *Zeichen* sein, und 3. wo Blut ist, da darf die *Plage* nichts verderben, da ist Heil, Errettung und Bewahrung auf den Tag Jesu Christi.

I. Gott will Blut sehen

»Wenn ich das Blut sehe.« Für Israel gab es nur Heil in dem Blut. Es ist auch für uns kein Heil, als nur im Blut. Zwei Fragen wollen wir zu lösen versuchen. Welches Blut will Gott sehen, und warum will Gott Blut sehen?

1. Welches Blut will Gott sehen? Die Israeliten mussten das Blut eines fehlerlosen Lammes an die Türpfosten streichen. Freunde, das Blut des Lammes Gottes müssen wir haben. »Denn unmöglich kann Blut von Stieren und Böcken Sünden wegnehmen« (Hebr. 10, 4). Nur das Blut Jesu, des Lammes Gottes, kann das tun. Alle die Tausende und Millionen von Lämmern, die im alten Bund geschlachtet wurden, konnten keinen Sünder mit Gott versöhnen. Sie waren lediglich Vorbilder auf das Lamm Gottes. Ihr Blut wies auf Sein Blut. Ihr Tod rief nach dem Tode des Lammes, das durch Sein eigenes Blut allem anderen Opferblut, allem Angstschrei der Kreatur ein Ende machen sollte. Darum spricht Er, als Er in die Welt kommt: »Schlachtopfer und Opfergaben hast Du nicht gewollt, einen Leib aber hast Du mir bereitet; an Branddopfern und Sündopfern hast Du kein Wohlgefallen gefunden. Da sprach ich: Siehe, ich komme – in der Buchrolle steht von mir geschrieben – um Deinen Willen, o Gott, zu tun« (Hebr. 10, 5-7). Jesus Christus hat Wort gehalten. Was Er versprach, als Er als sündloses Lamm in die Welt trat, hat Er gehalten. »Denn mit *einem* Opfer, hat Er die, die geheiligt werden, für immer vollkommen gemacht« (Hebr. 10, 14). Blickt nach Golgatha! Dort hängt das Lamm Gottes. Aus fünf Wunden strömt Sein Blut. Das Blut, das dort aus dem Herzen Jesu fließt, ist das Blut, das Gott sehen will. Er will kein anderes Blut, denn alles andere reicht zu unserer Erlösung nicht aus. Jesu Blut aber reicht aus, denn es ist Gottes Blut. »Gott von Gott, Licht vom Lichte, wahrer Gott vom wahren Gotte.« Es ist das Blut des neuen Bundes, das die alten Väter im Glauben sahen und sich ob diesem freiwilligen, geistwesentlichen, wahrhaft priesterlich-königlichen Opfer der Liebe freuten. Es ist das Blut dessen, der sich für uns mit Seinem ganzen Leben hingegeben und uns zuerst geliebt hat. Das Blut dieses Opfers will Gott sehen und kein anderes Blut.

Dieses Blut ist nicht zu bezahlen mit Gold und Silber. Wenn wir Milliarden von Welten aus reinem Gold, Silber und Edelsteinen ins Dasein rufen könnten, so würden diese herrlichen Welten nicht imstande sein, einen Tropfen dieses heiligen Blutes zu bezahlen. Wer das Blut Jesu, des Sohnes Gottes haben will, muss es sich schenken lassen. Das Blut ist ein Gnadengeschenk. Wir »werden umsonst gerechtfertigt durch Seine Gnade, durch die Erlösung, die in Christus Jesus ist« (Röm. 3, 24).

Wir wiederholen: das Blut, das Gott sehen will, ist unbezahlbar und deshalb frei – frei für alle Sünder, frei für die Reichen, frei für die Armen, frei für die Fürsten, frei für die Bettler. Gott bietet es im Evangelium allen Menschen an. Die Gnade kommt zu dem geringsten Tagelöhner wie zu dem reichsten Kommerzienrat. Sie hat den durch Krankheit Entstellten im Krankenhaus und den rußigen Kohlenbrenner ebenso lieb wie den vornehmen, gepuderten und parfümierten Gentleman. Das Blut ist für alle da und ist frei wie die Sonne, frei wie die Luft, frei wie das Wasser. Wer es haben will, kann es bekommen ohne Geld und Verdienst. Weil das Blut frei und für alle erreichbar ist, deshalb will Gott es sehen. Und wehe dem, der es verachtet hat! Petrus sagt 1. Petrus 1, 18.19: »Denn ihr wisst, dass ihr nicht mit vergänglichen Dingen, mit Silber oder Gold, erlöst worden seid von eurem eitlen, von den Vätern überlieferten Wandel, sondern mit dem kostbaren Blut Christi als eines Lammes ohne Fehler und ohne Flecken.« Das unbezahlbare, teure Blut, das der Sünder geschenkweise empfängt, ist das des unschuldigen und unbefleckten Lammes. Ich muss es klar aussprechen: Das Blut, das uns errettet, ist kein gewöhnliches Blut – es ist das Blut des sündlosen Gottessohnes. Wäre nur ein Idee von Sünde im Blut Christi gewesen, so hätte es keine stellvertretende Kraft gehabt. Gottlob, Christi Blut ist das Blut von einem fleckenlosen Lamm, von einem Lamm, das nie etwas Böses tat, in dessen Mund nie ein Betrug gefunden wurde, dessen Leben so rein und unantastbar war, dass selbst Sein Richter bekannte: »Ich finde keine Schuld an ihm.« Diese Lamm hat der

Vater für uns zur Sünde gemacht, damit wir würden die Gerechtigkeit Gottes. Wie wunderbar und anbetungswürdig ist diese Tatsache!

Welches Blut sieht Gott an? Nicht Menschenblut, nicht Engelblut, nicht Ochsen- und Böckeblut, sondern das Blut Jesu Christi, des erwählten, geschlachteten, unschuldigen und unbefleckten Lammes Gottes. Dies Blut will Gott sehen. Hast du dieses Blut, so bist du gerettet – fehlt dir das Blut, so bist du verloren, ein Kind des Todes und der Hölle. »Und wenn ich das Blut sehe, dann werde ich an euch vorübergehen.«

2. Warum will Gott Blut sehen? In unserer Zeit gibt es viele Leute, die sagen, nicht der Tod Christi sei die Hauptsache, sondern Sein Leben. Moderne Zeitschriften sind voll von dieser Behauptung. Angenommen, die Hebräer in Ägypten hätten ein weißes, fleckenloses Lamm an die Tür gestellt – wäre der Würgeengel vorübergegangen? Nein. Gott will Blut sehen. Warum Blut? Weil unsere Sünde so groß ist, dass ihrer Größe das Mittel der Versöhnung entsprechen muss. Männer, die nichts von dem Blut Christi wissen wollen, haben die Verderblichkeit und Bosheit ihrer Sünde noch nie erkannt. Die Sünde ist etwas so furchtbares, dass ich noch nie Worte gefunden habe um aussprechen zu können, was Sünde ist. Ich habe es versucht – aber ich musste bald schweigen. Sünde ist etwas teuflisch-höllisches, Sünde ist ein Majestätsverbrechen, Sünde ist das Defizit Gott gegenüber, Sünde ist der Abgrund, die Scheidewand, die uns von Gott trennt. Sünde ist die Großmacht, die alle Menschen, die von ihr nicht befreit werden, in die Gottesferne bringt. Für diese schwarze Macht gibt es kein anderes Mittel der Erlösung, als das Blut des Lammes Gottes. Nur wenn das Blut uns bedeckt und durchdringt, werden wir gelöst von diesem Gift der Hölle. Gott kann an uns nie Wohlgefallen haben, wenn wir in Sünden steckenbleiben. Er hat aber Wohlgefallen an uns, wenn wir durch das Blut erlöst sind von der Sünde. Deshalb will Gott Blut sehen. Wir Christen, die wir das Blut an uns erfahren haben, kommen nie in Verzweiflung oder in eine stumme, dumpfe Resignation, wie diejenigen, die nichts vom Blute wissen – nein, wir beten an die Macht der Liebe, die sich durch das Blut Jesu geoffenbart hat. Wir senken uns in die purpurne Flut und haben in ihr unser Element.

Wer aufmerksam das klassische Altertum studiert, der findet, dass die edelsten Geister tiefe Klagetöne und verzweifelte Seufzer über ihre Sünden ausstießen. Sokrates, der Fürst der griechischen Weisen seufzt: »Ich bin von Natur zu den größten Lastern geneigt und es ist keine Macht da, frei von denselben zu werden.« Horaz, der sonst so frohsinnige Sänger, klagt: »Kein Mensch ist von Lastern frei. Er stürzt sich in das Unglück und Unrecht und ist wahnwitzig genug, den Himmel anzugreifen, dass Gott nicht imstande ist, seine Donnerkeile beiseite zu legen.« Dieses Wehklagen geht durch die Geschichte der Menschheit. Wo ist das Mittel zur Freiheit? Wo finde ich Lösung? Nur im Blute Jesu. Ach, wie freuen sich die Erwählten des Herrn, – und sie haben Grund dazu.

»Sein Kreuz bedeckt meine Schuld
Sein Blut macht hell mich und rein.«

Die Sünde ist furchtbar und groß gewesen, aber die Gnade noch viel größer. Das Blut Jesu hat uns von der Sünde errettet. Sollen wir da nicht fröhlich sein? Gott kann uns ansehen. Er sieht nicht mehr die Sünde, sondern das Blut des Lammes. Halleluja! Als König Eduard VII. noch Prinz von Wales war, erhielt er eines Tages von dem Töchterlein seines Freundes eine Predigt, die so gut, unerwartet und trefflich war, dass kein Bischof von Canterbury sie besser hätte halten können. In zutraulicher Weise fragte das Kind den Prinzen: »Mein Herr, wissen Sie, was weißer ist als Schnee?« Der Prinz lächelte und sprach: »Nein.« »Nun«, sagte sie, »eine Seele, welche mit dem Blut Christi gewaschen ist, ist weißer als Schnee.« Das Kind hat den Nagel auf den Kopf getroffen und der Prinz wurde belehrt, dass das Blut Christi weit mehr ist als Reichtum, Titel, Thron und alles, was diese Welt an Herrlichkeit bieten kann.

Die Christen sind Majestäten und haben Gott zu ihrem Freund. Er kann sie ansehen. Seine Heiligkeit wird nicht mehr verletzt und betrübt. Die Sünde ist fort. Das Blut bedeckt die Begnadigten. Das ist der Grund, weshalb Gott Blut sehen will. Du bist ein armer Mensch trotz deiner Bildung, Stellung und edlem Charakter, wenn dir das Blut fehlt. Glücklich aber jeder, der unter das Blut gekommen ist und dessen Türpfosten mit Blut besprengt sind. Möge es so bei uns allen sein, so brauchen wir uns vor der Plage nicht zu fürchten. Soviel zum ersten Punkt.

II. Das Blut soll zum Zeichen sein

Gott will ein Zeichen sehen und die Kinder Gottes müssen ein Zeichen haben. Das Zeichen ist eine Legitimation. Wenn ich außerhalb Deutschland reise, vergesse ich nie, meinen Pass mitzunehmen. Im fremden Land bin ich ein Fremdling. Wodurch kann ich mich als Deutscher legitimieren? Durch meinen Pass. Wenn man nach Russland reisen will, kommt man ohne Pass nicht durch. Wer keinen Pass hat, wird an der Grenze zurückgewiesen. Doch da braucht man nicht erst bis an die russische Grenze zu reisen – zurückgewiesen werden kann man schon draußen am Bahnhof. Versuche es und fahre ohne Fahrkarte nach Essen. Ich bin kein Prophet, aber soviel ist gewiss: ohne Fahrkarte kommst du nicht durch. Wenn man reisen will, muss man Fahrkarte und Pass haben. Wer sie hat, kann sich legitimieren; wem diese Dinge aber fehlen, der kommt nicht weit.

1. Der ägyptische Würgeengel sah nach dem Blut, und wo das Blut fehlte, da tat er sein mörderisches Werk. Gott sucht bei uns nach Blut. Das Blut soll unser Zeichen sein. Wo das Blut fehlt, da kehrt der Würgeengel ein. Welches Zeichen ist das Blut?

Vor allem das *Erkennungszeichen* des Volkes Gottes. Der Herr erkennt Sein Volk an dem Blute Christi. Mit diesem Blut dürfen wir uns dem Heiligtum nahen. Kein Cherub darf uns abweisen. Wir haben das Blut, welches das Zeugnis für uns ablegt, dass unsere Sünde gesühnt, die Schuld getilgt, die Strafe abgetragen, die Handschrift, die wider uns war, zerrissen ist. Das Blut ist das Zeichen, an dem Gott uns als Seine Geliebten erkennt. Das Blut ist auch das Erkennungszeichen für die Engel und die Teufel. Die Engel kommen mit Freuden und dienen mit Eifer denen, die das Zeichen des Blutes tragen. Die Teufel fliehen vor den Menschen, die unter dem kostbaren Blute stehen. Luther erzählt, er sei vom Teufel einmal sehr versucht worden. Der alte böse Feind habe gesagt: »Luther, du bist der größte Sünder der Welt.« Darauf habe er geantwortet: »Das ist wahr, aber Christi Blut macht mich rein von aller Sünde.« Kaum hatte der finstere Geist dieses Wort gehört, da verschwand er. – Billy Bray ging von einer Versammlung nach Hause. Unterwegs versuchten etliche liederliche Gestalten der gemeinsten Art ihm durch schreckliche Töne Angst zu machen. Er ging singend seinen Weg. Endlich schrie einer mit grässlicher Stimme: »Billy Bray, ich bin der Teufel, ich sitze hier in der Ecke!« »Gott sei Dank, ich wusste gar nicht, dass du so weit weg bist! Ich fürchte mich nicht vor dem Teufel! Was kann der Teufel dem tun, der unter dem Blute Christi steht?« Recht so, Billy Bray! Der Teufel flieht, wenn er uns unter dem Blute sieht. Gott, Engel und Teufel erkennen uns als Nachfolger Jesu, wenn wir das Blut als Zeichen haben. Auch im Blick auf uns selbst ist das Blut ein Erkennungszeichen. Wenn ein Kenner mit einer Truppe Soldaten zusammenkommt, braucht er nicht zu fragen, zu welcher Waffengattung sie gehören. Jeder Soldat trägt das Abzeichen seines Regiments, und jedes Regiment unterscheidet sich von dem anderen durch ein besonderes Kennzeichen. Der Fachmann erkennt bald, ob die Soldaten Infanteristen, Artilleristen, Dragoner, Husaren sind oder der Marine angehören. Sie haben Erkennungszeichen. In Ägypten musste man auch nicht fragen, wer ein Hebräer ist oder welche Häuser den Hebräern gehören. Nur ein Blick auf die Türpfosten, und man wusste, ob man es mit Ägyptern oder Hebräern zu tun hatte. Die Hebräer hatten als Zeichen das Blut – die Ägypter nicht. So ist es heute noch. Was unterscheidet uns von der Welt? Kleidung? Wohnung? Arbeit? Charakter? Stellung? In dem allem mögen Zeichen der Gotteskindschaft sein – aber diese sind noch nicht das Erkennungs- und Unterscheidungszeichen. Welches Zeichen haben die Auserwählten Gottes? Das Blut! Was unterschied Paulus von Gamaliel? Beide waren Gelehrte, beide Juden, beide von edler Herkunft und doch – es war ein Unterschied. Paulus hatte das Blut Christi – Gamaliel nicht. Der edle und weise Gamaliel war kein Kind Gottes. Paulus jedoch war ein Nachfolger Jesu und dessen Blut war sein Zeichen. Was unterschied die Propheten und Märtyrer und alle Gotteshelden von der Welt? Die Welt wusste nichts vom Blut. Was war der Unterschied zwischen Luther und dem Papst? Zwischen Zinzendorf und den Nationalisten? Bengel, Oettinger, Stilling und den Ritschlianern? Das Blut! Was ist der Unterschied zwischen uns und der Welt? Das Blut! Das Blut ist unser Zeichen.

Ich habe in der letzten Zeit oft die Frage gehört: »Gehört Herr Soundso zu uns oder ist er unser Gegner?« Die Sache ist einfach. Hat er das Zeichen des Blutes oder gehört er zu denen, die das Blut verachten? Wenn er das Blut leugnet, dann wissen wir, dass er nicht zu uns gehört. Er mag ein begabter Redner, ein Schriftsteller, ein Künstler, ein Mann des Volkes sein – wenn er das Blut leugnet, dann ist er kein Erwählter Gottes. Als ich in diesem Winter in Bern war, übergab mir ein Freund ein schönes Buch zum Lesen. Mit Vergnügen las ich darin. Es war ein geistreiches und originelles Buch, ein Buch für Gebildete. Vieles von dem Inhalt hat mir gefallen, nur der Schluss nicht. Der handelte vom Leiden und Sterben Jesu. Ist es möglich, dass, wenn man vom Leiden und Sterben schreibt, das Blut vergisst? Nun – in jenem Buch fehlt das Blut und ich legte es mit Schmerz zur Seite. Womit fängt die Erlösung beim Sünder an? Wir sagen: mit dem Blut. In jenem Buch hieß es: mit dem Essen. Ich kenne den Schreiber nicht – aber da lehrt er falsch. Der Sündenfall fängt mit dem Essen an, die

Erlösung aber mit dem Blut.

In unserer verzwickten Zeit heißt es aufpassen. Es ist nicht schwer, die Geister zu prüfen, wenn man das Kennzeichen des heiligen Gottes kennt und hat. Alle Heiligen haben das Blut zum Zeichen, und wer das Blut verachtet, der ist – nennt mich nicht hart und ich richte auch nicht – ein Feind des Kreuzes. Die Namen von Paulus, Stephanus, Chrysostomus, Augustin, Bernhard, Franziskus, Suso, Luther, Calvin, Whitefield, Wesley, Spurgeon, Moody und noch vielen anderen sind im Lebensbuch des Lammes. Sie alle hatten das Blut. Das Blut erfüllte ihr Leben und ihre Predigen. Wir können niemanden als unseren Bruder anerkennen, dem das Blut fehlt. Und wir lieben alle, welcher Denomination sie auch angehören mögen, die das Blut als Zeichen haben.

Vor Jahren fuhr ich einmal durch Baden in die Schweiz. Ein junger Abessinier war mein Begleiter. Am Ende des Wagens saß ein korpulenter Herr. Als er uns sah, kam er zu mir und fragte: »Woher ist der Junge?« Ich: »Aus Abessinien.« Als ich das gesagt hatte, da funkelten seine Augen und er stellte sich mir als römischer Priester vor, der in Abessinien als Missionar gearbeitet hatte. Wir waren bald sehr vertraut und redeten von verschiedenen Dingen, von Bibel und Religion, von Krieg und Schule, Volk und Haus. Auf einmal sagte der Priester zu mir: »Was glauben Sie vom Himmel? Wer wird im Himmel zu finden sein?« »Diese Frage ist nicht schwer«, erwiderte ich ihm. »Die Namenschristen, seien sie Katholiken oder Protestanten, Baptisten oder Methodisten, werden wir dort vergebens suchen, denn die sind dort nicht zu finden.« »Ja, wenn Katholiken und Protestanten dort nicht zu finden sind, wer ist dann im Himmel?«, forschte er weiter. Ich zog meine Bibel heraus und las ihm Offenbarung 7, 14: »Diese sind es, die aus der großen Bedrängnis kommen, und sie haben ihre Gewänder gewaschen und sie weiß gemacht im Blut des Lammes.« Als ich die Worte gelesen hatte, sprang der Mann auf, fiel mir um den Hals, gab mir einen Kuss und sagte: »Das glaube ich auch. Jetzt habe ich einen Bruder bei den Protestanten gefunden.« Woran hat er erkannt, dass ich sein Bruder bin? Am Blutzeichen. Tiefbewegt nahmen wir Abschied. Wir gehörten ja zusammen durch das Blut Jesu. – Ihr merkt, es ist nicht so schwer herauszufinden, wer zu dem Volke Gottes gehört. Wer das Blut hat, ist ein Bürger des neuen Jerusalems.

2. Das Blut ist ein *Liebeszeichen Gottes*. Wenn zwei sich lieben, so beschenken sie sich. Die Geschenke sind die Zeichen der Liebe. Als Jona-

than mit David Freundschaft schloss, da heißt es: »Und Jonathan zog das Oberkleid aus, das er an hatte, und gab es David, und seinen Waffenrock und sogar sein Schwert, seinen Bogen und seinen Gürtel« (1. Sam. 18, 4). Elieser schenkte der Rebekka kostbaren Schmuck. Der Vater gab seinem wiedergefundenen Sohn Rock, Ring, Schuhe und ein gemästetes Kalb. Gott hat Seinen Erwählten auch ein Zeichen Seiner Liebe geschenkt. Es ist das Blut Christi. Es ist das Blut Christi. »Gott aber erweist Seine Liebe zu uns darin, dass Christus, als wir noch Sünder waren, für uns gestorben ist« (Röm. 5, 8). Es gibt viele Leute, die fragen, woran sie erkennen, dass Gott sie liebt. Brüder und Schwestern schaut nach Golgatha! Dort siehst du die Liebe Gottes leiden, bluten, sterben. Jeder Tropfen Blut, der diese fluchbeladene Erde benetzt, ist ein strahlender Edelstein der Liebe Gottes. Sage nicht mehr, Gott hat dich nicht lieb! Und frage nicht mehr: Wieso liebt Er mich? (Maleachi 1, 2). Denke an das Blut und du siehst Liebe. Ja, das kostbare Blut ist unser Liebeszeichen. So oft wir das Wort »Blut Christi« hören, wollen wir dieser großen Liebe von Golgatha gedenken.

3. Das Blut ist auch für uns ein *Denkzeichen.* In Mainz lebte einmal ein Bischof. Er war der Sohn eines Wagners und hatte viele Feinde und Neider. Diese malten ein Rad auf seine Tür und schrieben darunter:

> »Williges, Williges
> Denk woher du kommen bist.«

So oft wir das Blut sehen, denken wir an unsere Herkunft. Woher kommst du? Aus der Sklaverei der Sünde, aus dem Land des Todes, das an die Hölle grenzt. Dort waren wir alle wohnhaft. Welch niedere Herkunft – Sünder von Sündern, Rebellen von Rebellen, Tote aus dem Land des Verderbens. Wir standen unter der Obrigkeit der Finsternis, wandelten im Fleische und taten den Willen des Fleisches – aber Gott sei Dank, durch das Blut ist alles anders geworden mit uns. Was waren die Hebräer in Ägypten ohne das Blut? Elende Sklaven waren sie, die unter den Peitschenhieben der Aufseher Pharaos Pyramiden und Paläste bauen mussten. Was waren sie, als das Blut ihre Türpfosten bedeckte? Freie Söhne Jahwes, die keine Sklavenarbeit mehr tun mussten und keine Peitsche mehr hörten. Und doch waren sie noch in Ägypten. O das Blut! Denke nur daran, was das Blut Jesu aus dir gemacht hat. Etlichen von uns erging es wie dem Mordachai, für den in Hamans Hof schon der Galgen errichtet war – aber Christus besprengte uns mit Blut und streckte das goldene Zepter

Seiner Gnade gegen uns aus. Das alte Lied wurde wahr in unserem Leben:

Der Herr macht arm und macht reich;
Er erniedrigt und erhöhet.
Er hebt den Dürftigen aus dem Staub.
Und erhöhet den Armen aus dem Kot,
Dass er ihn setze unter die Fürsten,
Und den Thron der Ehre erben lasse.

Wenn wir das Blut sehen, wollen wir daran denken. Und wenn Gott das Blut sieht, gedenkt Er Seines Bundes, den Er mit uns geschlossen hat. Darum soll das Blut unser Zeichen sein, das wir mit Freude und Dankbarkeit tragen. Wir kommen zum letzten Teil. Die Zeit eilt rasend dahin.

III. Das Blut ist die Deckung gegen die Plage

Wo das Blut ist, da darf die Plage nicht verderben, da ist Errettung und Bewahrung. Vor welcher Plage bewahrte das Blut die Auserwählten in Ägypten? Vor der Plage des Würgeengels. Als das Maß der Ungerechtigkeit voll war, entlud sich der Zorn Gottes über Ägyptenland. Der Würgeengel ging von Haus zu Haus und machte die Erstgeburt zu einem Triumph des Todes. Lasst uns durch Ägypten gehen. Aus jeder Hütte, aus jedem Palast tönt ein Schmerzens- ein Todesschrei heraus. Auf den Straßen Ägyptens liegen viele Tote. Da ein Haufen, dort ein Haufen. Hier ein blühender Jüngling, dort eine blühende Jungfrau. Hier der Hausvater, dort die Hausmutter, hier ein Säugling, dort ein Greis, – alle sind des Todes. O, die Plage, diese Plage! Wie stand es mit dem auserwählten Volk Gottes? Sie waren hinter dem Blut. Schaut durch die Fenster in ihre Häuser hinein. Um den Tisch geschart saßen die Familien der Heiligen und aßen das Passahlamm. Sie beteten Jahwe an und brachten Ihm Preis durch ihre Dank- und Lobpsalmen. Alles dies geschah in vollkommener Ruhe und Sicherheit. Da war keine Furcht vor der Pest, die im Finstern schleicht. Das Schwert des umherziehenden Engels war nicht gegen sie gerichtet und Gott sah mit Wohlgefallen auf sie herab, denn sie standen unter dem Blut.

Was sollen wir von der Plage in unserer Zeit sagen? Es geht kein Würgeengel durch unser Vaterland, Pest und Cholera grassieren nicht in unseren Städten und Dörfern, und doch – die Plage wütet verderbend und zerstörend unter unserem Volk. Was für eine Plage? Die Sündenplage!

Diese ist wohl schlimmer als die Pest, die in Marseille, Tripolis, Marokko und London furchtbar wütete. Es ist auch nicht die asiatische Cholera – sie ist viel schlimmer als diese. Und doch hat die Cholera Tausende und Hunderttausende in Persien, Indien, Ägypten und Hamburg niedergemäht. Die Sündenplage verwüstet unser Volksleben. Man hat nicht mehr genug Geld, um Gefängnisse, Krankenhäuser und Irrenhäuser bauen zu können. Für wen sind diese kolossalen Steinpaläste? Für die Opfer, die durch die Sündenplage niedergestreckt werden. Da liegt ein Haufen, dort liegt ein Haufen. Hier liegt ein Haufen, der die Plage hinwegphilosophieren wollte, und da ein Haufen derer, die geradezu verwarfen, was die Bibel von der Plage sagte. Und dort sehen wir viele, die der Plage in ihrer eigenen natürlichen Kraft widerstehen wollten, und am Ende sind wir eine große Menge, die wohl die Plage zugaben, aber sich nie ernstlich darum kümmerten, wie man von dieser Plage freiwerden kann. Wer wird bewahrt in der Welt, wo Tausende von dieser Plage verschlungen werden? Die Heiligen Gottes, die Deckung unter dem kostbaren Blut des Lammes fanden. Wohl dir, Volk Gottes! Du hast nicht nur einen Gott, der dich aus dem Verderben retten kann, sondern einen Herrn, der imstande ist, dich inmitten einer Welt zu bewahren, die voll Verwesungsgeruch und voller Sünde und Schande ist.

Und was sollen wir sagen von der Plage in der anderen Welt? Die Tore des Hades haben sich weit geöffnet und Tausende werden Tag für Tag von dem bodenlosen Abgrund verschlungen. O, der Feuerpfuhl und der Schwefelsee! Was liegt alles in diesen Worten! Alle Plagen, die je die Gottlosen getroffen haben, sind nur eine Kleinigkeit gegen die Plage, die ihrer wartet, wenn sie in die äußerste Finsternis hinausgeworfen werden. Ich habe versucht ein wenig über die Worte »Hölle« und »Ewigkeit« nachzudenken. Aber ich bin nicht imstande auszusprechen, was diese Worte in sich schließen. Was bewahrt uns vor dem zukünftigen Zorn? Das Blut, das Blut! Der dein Leben vom Verderben errettet und dich krönet mit Gnade und Barmherzigkeit, Er deckt dich mit Seinem kostbaren Blut und bringt dich bewahrt in einem Kleid, weißer als Schnee, durch die Perlentore in die Welten des Lichts. Bete deinen Herrn an und vertraue Seinem Blut. Das Blut muss unser Element sein für Zeit und Ewigkeit. Wir wollen nichts mehr wissen und auf nichts mehr unser Vertrauen setzen, als allein auf das kostbare Blut des Lammes. Bald kommt die Zeit, zu der wir mit den verklärten Geistern vor dem Thron in den Siegesgesang einstimmen werden: Du bist würdig, denn Du bist erwürget und hast uns

Gott erkauft mit Deinem Blut aus allerlei Geschlecht und Volk und Heiden und hast uns unserem Gott zu Königen und Priestern gemacht. Du hast uns erlöst und bewahrt mit Deinem Blut. Wir fallen nieder und bringen Dir Anbetung und stellen uns Dir zur Verfügung für Deine ewigen Interessen. Ja, dir, dem geschlachteten Lamm, sei Kraft und Reichtum, Weisheit, Stärke, Ehre, Preis und Lob. Halleluja, Amen, Amen!

Ein Wort an die Neubekehrten

»... der ein gutes Werk in euch angefangen hat, wird es vollenden bis auf den Tag Christi Jesu.« (Phil. 1, 6)

Liebe Kinder in Christus! Ihr habt euch nun bekehrt zu dem Hirten und Bischof eurer Seelen. Alle eure Quellen sind in eurem Gott, Er wird euch teilhaftig machen der göttlichen Natur, nachdem ihr dem verweslichen Luftgebiet dieser Welt entflohen seid. Vergegenwärtigt euch eure Stellung! Ihr habt einen Platz gefunden an dem liebevollen Vaterherzen eures Gottes. Ihr dürft ruhen in den ewigen Armen eures Heilandes. Kein Fluch, keine Verdammnis kann euch mehr treffen. Eure Position ist vom Feind uneinnehmbar, wenn ihr Augenblick um Augenblick eure Liebesstellung zum Herrn beibehaltet. Ihr seid von göttlicher Majestät umgeben. Wir rühmen euch, wir preisen euch selig. »Ihr aber seid ein ausgewähltes Geschlecht, ein königliches Priestertum, eine heilige Nation, ein Volk zum Besitztum, damit ihr die Tugenden dessen verkündigt, der euch aus der Finsternis zu Seinem wunderbaren Licht berufen hat; die ihr einst nicht ein Volk wart jetzt aber ein Volk seid; die ihr nicht Barmherzigkeit empfangen hattet, jetzt aber Barmherzigkeit empfangen habt« (1. Petrus 2, 9.10). O bleibt in der Demut und der Einfalt, treibt nie Höhendienst und lasst euch nicht von der Schlange in Größenwahn hineinzaubern, denn »Gott widersteht den Hochmütigen, den Demütigen aber gibt Er Gnade« (1. Petrus 5, 5). Diese Gnade besteht darin, dass Er in euch Sein Werk zur Vollendung bringt.

Lasst mich heute von den göttlichen Zielen mit euch reden, oder, damit ihr mich besser versteht: Was will der Herr durch Seinen Heiligen Geist aus jedem einzelnen von euch machen?

Was will Gott aus dir machen?

1. Der Herr will aus dir vor allem einen *aufrichtigen, lauteren Christen* machen, der aus der Wahrheit ist und in der Wahrheit wandelt. Wer es aufrichtig, ehrlich und redlich mit seinem Gott meint, den hat Er zu Seinem Kinde erwählt. Unaufrichtigen, unlauteren Christen kann Gott Seine Heiligtümer nicht anvertrauen. Solche Leute bleiben auf dem halben Wege stehen und es wird nie etwas Rechtes aus ihnen werden. Ihr Leben wird nichts abwerfen für die Ewigkeit, keine Frucht, die Gott mit Wohlwollen und Wohlgefallen betrachten und genießen kann. Aufrichtigkeit und Lauterkeit sind ein kostbares Kleinod der Christen. Wo dieses Kleinod fehlt, da fehlt die Heiligung und das Wachstum in der Gnade.

Wer seinem Gott gegenüber aufrichtig und ehrlich ist, der beugt sich unter Seinen Willen und ist Seinem Wort gehorsam. Er löst und scheidet sich von allem und dient seinem Gott ein Leben lang in Gerechtigkeit und Heiligkeit.

Liebes Kind, einen solchen Christen will Gott aus dir machen. Verstehst du deinen Gott? Verstehst du Seinen Heiligen Geist? O, tritt in das Licht Seiner Heiligkeit hinein und lass dir alles aufdecken, was gemein, gottlos, unlauter und unaufrichtig ist. Dem Aufrichtigen lässt es Gott gelingen.

2. Der Herr will durch Seinen Geist einen *ganzen Christen* aus dir machen, einen Christen, der *Männlichkeit, Charakterfestigkeit, Bekenntnistreue, Mut und Begeisterung* offenbart. Dies geschieht, indem Er dir den ganzen Christus verklärt und groß macht, sodass es bei dir heißt: »Nicht mehr lebe ich, sondern Christus lebt in mir; was ich aber jetzt im Fleisch lebe, lebe ich im Glauben an den Sohn Gottes, der mich geliebt und Sich selbst für mich hingegeben hat« (Gal. 2, 20). »Christus in euch, die Hoffnung der Herrlichkeit« (Kol. 1, 27). Wohnt Christus in euch, so wohnt Sein Leben, Seine Herrlichkeit in euch. Merkt, es handelt sich da nicht um die Annahme einer gewissen Lehre. Es geht dem Herrn vor allem darum, dass Er in euch wohnt, dass Er in euch A und O, Anfang und Ende, alles in allem ist. Er wird nicht eher mit dir zufrieden sein, bis du Ihm deinen Herzensthron ausgeliefert und Er der gekrönte König in deinem Leben geworden ist. Ja, Er kann nicht eher ruhen, als bis du hingezogen bist in Sein Gemach, wohnst in Seiner Gegenwart und Er jeden Lebensfaden von dir in Seine Hand bekommen hat.

Jesus will vor dem Vater das Zeugnis ablegen: »Ich bin verherrlicht in ihnen.« Seht, nur so wird man ein Christ mit Charakterfestigkeit. Es gibt viele charakterlose Christen. Sie sind fromm, wenn Frömmigkeit Mode ist, sie bekennen Christus, wenn das Christentum mit goldenen Pantoffeln durchs Land zieht, sie schreien »Hosianna dem Sohne Davids«, wenn alle Welt mit einstimmt und können leider auch, wenn es um die Sache des Christentums schlecht steht, ihr »kreuzige, kreuzige« ertönen lassen. O diese wankelmütigen Charaktere, diese »Wolken ohne Wasser, von Winden fortgetrieben, diese spätherbstlichen Bäume, fruchtleer, zweimal erstorben, entwurzelt! Sie sind wilde Meereswogen, die ihre eigene Schändlichkeit ausschäumen, Irrsterne, denen das Dunkel der Finsternis in Ewigkeit aufbewahrt ist« (Judas 12.13). Aus diesen kann Gott nie etwas machen. Also denke an das Ziel, das Gott mit dir hat. Wir gehen schweren Zeiten entgegen, in denen Gott Leute braucht, die Charakter und Rückrat haben und die wagen, ihre Hälse hinzugeben um des Namen Jesu willen.

3. Gott will aus uns *reine, tadellose Kinder* machen, die Er ohne Straucheln zu bewahren und vor Seine Herrlichkeit tadellos mit Jubel hinzustellen vermag (Judas 24). Sein kostbares Blut ist die Kraft, die uns loslöst von jeder Sünde, die uns heiligt und völlig erneuert, damit wir als Gottgeweihte im Lichte Seines Angesichts stehen können. Durch das Blut werden wir vollkommen frei, ja, frei und rein von allem Finsterniswesen. Ein reines Herz, ein reiner Christ ist etwas kostbares. Da hat der Heilige Geist einen Tempel gefunden, in dem Er wohnen kann, ein Instrument, das Er gebrauchen kann, eine Quelle, durch die Er Sein Lebenswasser hineinfließen lassen kann in eine Welt voll Tod und Verwesung. – Glückselig, die reinen Herzens sind, diese werden Gott schauen. Sie begehren nichts mehr in dieser Welt, nur noch Gott. Ihm zu dienen, Ihm allein, frei und rein, das ist ihr tiefster Herzenswunsch. Reine Herzen leben in Himmelsluft, feiern den ewigen Sabbat und haben einen Frieden, der höher ist als alle Vernunft. Reine Herzen lassen sich vor Sünde und Finsternis bewahren, die vergiftend und verheerend wie die Pest die ganze Atmosphäre erfüllt.

Ihr lieben Neubekehrten, mein tiefster Wunsch, meines Herzens Sehnen ist, dass ihr solche Gott geheiligten Kinder werdet, die sich nicht mehr wohlfühlen in dem, was zur Eitelkeit dieser Welt gehört, die ihre Befriedigung nicht mehr an den Wassern des toten Meeres suchen, sondern, weil sie reines Herzens sind, in der Gegenwart und im Anschauen ihres Gottes leben, erfüllt mit dem Heiligen Geist, der sie von Stunde zu Stunde tiefer hineinleitet in die Lebensgebiete und Lebenstiefen Golgathas. Seid ihr solche Kinder, dann wird Gott euch gebrauchen und ihr werdet ein großer Segen sein für diese Zeit unter eurem Volke. O Jesus, segne deine Kinder mit einem reinen Herzen!

4. Der Herr will dich durch Seinen Geist zu einem *Bibelchristen* machen. Was unserer Zeit fehlt, sind kernige Bibelchristen, die in dem Wort ihres Vaters zu Hause sind. Solche Christen nähren sich durch das Wort und wehren sich durch das Wort. Ein Christ, der aufhört seine Bibel zu studieren, ist wie Simson, als er seine Locken verloren hat. Er ist kraftlos und die Philister können über ihn kommen, ihn binden und zu einem Sklaven machen. O, wieviele kraftlose Christen sehen unsere Augen, von jedem Wind und jeder Lehre lasen sie sich beeinflussen und zu Boden werfen. Nie und nimmer geschieht das bei einem Bibelchristen, denn der schöpft aus dem geistlichen Schatz und Reichtum, bleibt gesund im Glauben und wächst in der Gnade und der Erkenntnis Gottes. Sie können ohne ihre Bibel nichts mehr machen. Die Kritik, die eine ungläubige und halbgläubige Theologie in frevelhafter Weise am Worte Gottes übt, kann sie nicht beeinflussen, den Streit um Babel und Bibel schauen sie an wie eitle Spielerei. Und wenn einer kommt und aus dem Opfer Abels eine Liebesgeschichte macht, dann können sie nur mitleidig auf solche irregeführten, vom Teufel verblendete Lehrer mit Seufzen und Gebet blicken. Sie wissen aus Hebräer 11: »Durch Glauben brachte Abel Gott ein besseres Opfer dar als Kain«, und Hebräer 12: »Das Blut der Besprengung, das besser redet als das Blut Abels.« Durch eine Liebesgeschichte wird man kein Märtyrer. Abel wurde ein Märtyrer durch seinen Glauben, denn das bezeugt Jesus in Matth. 23, 25 und Lukas 11, 51 (vergl. auch 1. Johannes 3, 12). Sie machen keine Kompromisse mit solchen Lehrern, die ihnen das Heiligste, was sie im Tränental besitzen, mit leichtfertiger Hand zu verunglimpfen suchen und können nie und nimmer solche Herren als ihre Leiter anerkennen. Sie lieben Gott und Sein Wort und glauben, dass die ganze Bibel Gottes Wort enthält und von Gottes Seite aus keine Fehler in diesem Wort zu finden sind. Sie wissen auch, dass die Kritiker, die so viele Fehler in dem teuren Gotteswort finden, viele Fehler in ihrem Gehirn haben und dass das die Ursache ist, dass sie meinen, berechtigt zu sein, Gottes Wort menschlich zu behandeln. O liebe Kinder, geht nie misstrauisch ans Wort Gottes.

Woher kam die Bibelkritik? Sie kam von der Schlange, denn sie hat hinter das Wort Gottes ein Fragezeichen gemacht: »Sollte Gott gesagt haben?« Kinder, hütet euch vor der Schlange, hütet euch vor der Kritik eines Gotteswortes, trinkt die lautere Milch der Wahrheit. Vertiefe dich, teures Herz, in das Wort Gottes, studiere deine Bibel betend und bewege jedes Wort in deinem Herzen. Gehe nie ohne genügend Nahrung zur Arbeit, lass deinen Geist immer mit einem Wort Gottes erfüllt sein, so wirst du stark und kannst den Bösen überwinden. Der Herr bewahre Sein Wort in deinem Herzen!

5. Der Herr will aus dir durch Seinen Geist einen *beständigen und im Gebet anhaltenden Beter machen.* Ich habe mich als Prediger oft gefragt, was ich tun würde, wenn ich mich zwischen dem Predigen und dem Beten für eine verlorene Welt zu entscheiden hätte. Ich glaube, ich würde mich zurückziehen und mein ganzes Leben dem Gebet weihen. Salomo hatte Diener, die Tag und Nacht vor seinem Angesicht standen. Gott will nicht nur Prediger haben, sondern Diener, die Tag und Nacht mit ihrem Gebet vor Ihm stehenbleiben, wie ein Abraham vor Ihm stehenblieb vor Sodom. Warum haben wir so wenig durchgreifende Erweckung in unserem Land? Wir können wohl sagen, wir haben zu wenig Beter. Weil uns die Beter fehlen, die verstehen, Geburtsarbeit zu tun, deshalb fehlen uns auch diese tiefgehenden Bewegungen der Gnade Gottes in unserem Volk. Kinder, der Herr will Beter aus euch machen, die den himmlischen Vater im Geist und in der Wahrheit anbeten, die verstehen, den Arm Gottes zu bewegen und in den Riss zu treten vor Gott für eine verloren Welt. O lasst euch vom Herrn für diese heilige Liebestätigkeit in Seiner Gegenwart erziehen. Werdet Beter, und ihr werdet durch euer Gebet die ganze Welt beeinflussen. Sucht jeden Tag mehrmals euer Kämmerlein auf. Und während ihr bei der Arbeit steht, sendet eure feurigen Seufzer ununterbrochen vor den Thron Gottes.

6. Der Herr will euch durch Seinen Heiligen Geist zu *rechten Gemeinschaftschristen erziehen,* die ununterbrochen in der Gemeinschaft der Gotteskinder bleiben. Die Gemeinschaftsleute in Deutschland und in der Schweiz werden eine Macht, wenn jedes einzelne Glied aufhört, Trennung und Spaltung zu betreiben. Das ist ein Krebsgeschwür in unserem Volk. Statt zusammenzuhalten, gehen Gemeinschaftsleute auseinander und suchen das Ihre und nicht was Gottes ist. Sie richten da und dort Spaltungen und Parteiungen an und oft auch ein neues Papsttum auf. Kinder, lasst das

nie von euch gesagt werden. Ihr versündigt euch an dem Leib Jesu Christi, wenn ihr euch von euren Brüdern und Schwestern trennt! Haltet zusammen und macht dem Geist Gottes in eurer Mitte Raum. Seid zart und lieb gegen eure Vorsteher und gegen die, die eure Führer sind auf dem Weg zum Leben. Gehorcht ihnen und erfüllt ihr Herz mit Freude durch euren Gehorsam. Die Gemeinschaft ist eure Mutter, liebet, ehret eure Mutter. Ohne Gemeinschaft gibt es überhaupt kein wahres Christentum. Die Gemeinschaftsfeinde sind meistens Antichristen. Habt mit solchen nicht zu schaffen. In der Gemeinschaft lebt heilig, in Zucht und in Reinheit. Habt die Geschwister lieb. Einer achte den andern höher als sich selbst. Lasst den Heiligen Geist reichlich wohnen in eurer Mitte und betrübt den Geist nie. Himmelsluft muss in eurer Versammlung zu spüren sein. Den heiligen Gott sollen alle spüren, die sich versammelt haben im Namen des Herrn. Gott will es, dass ihr Gemeinschaftschristen werdet, erfüllt Seine Freude, erfüllt Seinen Willen.

7. Der Herr will euch durch Seinen Geist zu *Zeugen* machen. »Ihr sollt meine Zeugen sein.« Zeugen, die durch ein heiliges Leben der Welt beweisen, dass Gott lebt und dass das Erlösungswerk kein Pfuschwerk ist. Wer mit seinem Wandel leuchtet und blitzt, der kann dann auch mit seinen Worten donnern. Schämt euch nie, die Sünder zu ermahnen und ihnen das Evangelium zu predigen. Es ist für uns eine Ehrensache, wir dürfen und wollen dieses tun, solange ein Pulsschlag in unserem Leibe zu spüren ist.

8. Der Herr will uns durch Seinen Heiligen Geist zu *wartenden Christen* machen. Jesus kommt bald! Kinder, ihr sollt von Ihm wachend gefunden werden. Wir sind eingetreten in die Mitternachtsstunde, der Herr steht vor der Tür. Es wird nicht mehr lange dauern, dann gehen wir mit Ihm hinein zur Hochzeit. In der Wartezeit gilt es, seine Lampen zu prüfen und seine Gefäße mit Öl zu füllen. Lasst euch nicht überraschen, denn Er kommt wie ein Dieb in der Nacht. Da heißt es bereit zu sein. Ach, dass ihr alle bereit seid, vom Geist erfüllt, vom Geist versiegelt, verklärt in das Bild Jesu hinein, denn nur Lämmer werden an dem Hochzeitsmahl des Lammes teilnehmen. Der Geist will in euch und mit euch rufen: »Komm!« Er legt die Inbrunst in unser Herz hinein, die Sehnsucht, das Verlangen, das Ausschauen nach unserem verklärten Herrn. Kinder, seid nüchtern und wachet, haltet euch vom Wesen der Welt frei. Wer nicht in reiner, flammender Liebe auf den Herrn wartet, dem kann es ergehen, wie

den törichten Jungfrauen. Er muss zurückbleiben und die Tür wird vor ihm verschlossen.

Siehe, geliebtes Kind, das will der Herr durch Seinen Geist aus dir machen. Gib dich Ihm ganz hin, ruhe – wie der Ton in der Hand des Töpfers – in der Hand deines Gottes. Sei ein Schüler in der Schule des heiligen Geistes, Er wird dich durchbilden in das Bild des Lammes hinein. Von deiner Treue und Hingabe hängt unendlich viel ab. Bedenke es, sei nicht leichtsinnig, gehe ein in die Gedanken des Herrn. Ach, dass unsere Arbeit nicht vergeblich an euch gewesen wäre! Ach, dass am großen Tag viele von euch in Lichtsleiblichkeit verklärt vor dem Throne Gottes stehen möchten! Kinder, ich flehe euch um Jesu willen und um Seines Blutes und Geistes willen an: erfüllt meine Freude und lasst euren Gott zu Seinem Recht kommen!

Jesu Name, der wie eine ausgeschüttete Salbe ist, sei hochgelobt und gepriesen von uns allen in die Ewigkeiten! Amen.

Vor 100 Jahren

Die Historie der dzm von ihrer Gründung bis heute

Herbst 1999: Die Synode der Evangelischen Kirche von Deutschland (EKD) verhandelt als Schwerpunkt das Thema »Evangelisation«. Die lang andauernde Austrittsbewegung aus den Landeskirchen, der natürliche Schrumpfungsprozess und die wachsende Bedeutungslosigkeit der Kirche in der säkularen Gesellschaft machen es dringlich, darüber nachzudenken, wie die Kirchen bei den Menschen wieder attraktiv werden können. Nach manchen teuren, gescheiterten Werbeexperimenten gewinnt man den Eindruck, der geistliche Aspekt, also die ureigenste Aufgabe der Kirche, sei eines Versuches wert. Die zunehmende Abkehr der Menschen von der Kirche sorgt dafür, dass das Thema »Evangelisation« in der Kirche wieder ernst genommen wird.

Im letzten Jahrzehnt des 19. Jahrhunderts

In den Konsistorien, wie die den heutigen Synoden entsprechenden Verhandlungsgremien damals genannt wurden, befasst man sich intensiv mit dem Thema »Evangelisation«. Die Gründe dafür sind erstaunlicherweise ähnlich wie heute. Einer der namhaftesten Evangelisten, Elias Schrenk, der in der damaligen Zeit fast 20 Jahre in Deutschland und der Schweiz evangelisierte, fasst das Motiv der Kirchen, sich neu mit Evangelisation zu beschäftigen, in einem Satz zusammen: »Die traurigen Zustände unseres Volkes erfordern dringend evangelistische Arbeit.« Ein Satz, der jetzt nach 100 Jahren genauso die zusammenfassende Begründung für Evangelisation geben könnte. Was dieser bekannte Evangelist an die Adresse der Kirchenleitungen richtete, bewegte einen jungen Absolventen der Bibelschule St. Chrischona ganz persönlich: Jakob Vetter: »... mein Inneres war sehr bewegt über die Armut und Not des christlichen Lebens meines Volkes ... Mein Herz erwog oft den Gedanken, wie es möglich sei, die großen Volksmassen zu evangelisieren.« Dass der Befehl Jesu zur Verkündigung des Evangeliums und zur Einladung zum Glauben »nicht genügend erfüllt wurde, beweist der traurige Stand unserer Christenheit. Gottlosigkeit, Rohheit, Sittenlosigkeit, Genußsucht, Aber- und Unglaube haben in allen Klassen zugenommen, und das Schlimmste von allem ist, dass man sich an diese traurigen Dinge gewöhnt hat.« Außer einigen Wörtern, für die man heute andere einsetzen würde, stehen diese Sätze ebenso für die gesellschaftliche Situation von heute! Bis ins Unterbewusstsein hinein treibt diese Not den jungen Jakob Vetter um! Er schildert folgendes Erlebnis: »Ich schlief nicht und träumte nicht, sondern ich ging hin und her, und doch sah ich in meinem Geist ein großes Zirkuszelt vor mir stehen. Als ich dieses Gesicht sah, war es mir, als flüsterte mir jemand zu: ›Das ist der Ort, an dem du die Massen des Volkes unterbringst‹ ... Das Merkwürdigste an der Sache war, dass ich den Zeltbau mit seiner inneren Einrichtung sah. So wurde die Zeltmission von dem liebevollen Herrn geschenkt. Damals wusste ich noch nicht, dass man in England und Amerika schon seit längerem das Wort Gottes in Zelten dem Volk predigte.«

Nach einem kurzen Aufenthalt in England begann der junge Prediger Jakob Vetter für ein Missionszelt zu beten. Um sich seines Weges zu vergewissern, beschloss er, keinen Menschen um finanzielle Unterstützung zum Kauf eines Zeltes zu bitten. Nur einige Freunde wussten um seine Gedanken. Die erste Gabe, die Vetter für den Kauf eines Missionszeltes bekam, waren 4 Mark!

Im Jahr 1902 hatte er das benötigte Geld zusammen: 12.000 Mark! Das Zelt wurde gekauft und in der Nähe von Mühlheim das erste Mal bei einer Glaubenskonferenz aufgebaut, eingeweiht und benutzt. Weitere Stationen für Zeltevangelisationen waren Wuppertal, Barmen, Köln und Velbert. Jakob Vetter berichtet über die Zeltarbeit in Köln: »Am zweiten Sonntagabend predigte ich über das Wort ›Jesus nimmt die Sünder an‹ (s. S. 129). Schon bei Beginn meines Vortrages war, durch einige junge Leute veranlasst, Unruhe im Zelt; doch ließ ich mich nicht unterbrechen ... Ich suchte auch klarzulegen, dass wir ein Recht daran haben, direkt zu Jesus zu kommen ...« Jakob Vetter erklärte weiter, dass auch die Heiligen, Prediger, Pastoren, Evangelisten und die Jungfrau Maria keine Mittler zu Gott sein könnten, da sie ebenfalls Sünder sind. Das war den mit ihren Priestern anwesenden Katholiken zu viel. Ein Priester stand auf und rief: »Katholiken raus!« Vetter berichtet: »Das war das Signal zum Sturm. Es brach ein großer Tumult aus, und etwa 300 Katholiken verließen die Versammlung mit Pfeifen und Johlen. Die übrige Zeltversammlung sang mit Posaunenchor ›Jesus nimmt die Sünder an.‹ Während des Liedes wurde die Ruhe im Zelt wieder hergestellt. Vor dem Zelt aber dauerte der Lärm an. Nach Abschluss der Versammlung wurden die herauskommenden Besucher angepöbelt. Als Vetter als letzter das Zelt verließ, wurde er von 800 bis 1.000 Menschen umringt. Aus der Menge wurde mit Erde, Sand und Steinen geworfen, Vetter aber von etlichen Soldaten geschützt. Auch an den nächsten Abenden wurden die Versammlungen gestört. Für den folgenden Samstag hatten die katholischen Gesellenvereine beschlossen, das Zelt zu zerstören. Am Nachmittag dieses Tages wütete ein schweres Unwetter mit starkem Sturm in Köln. Schornsteine wurden umgeworfen, Dächer abgedeckt und Bäume entwurzelt. Auch das Zelt stürzte durch den starken Sturm ein. Die Beschädigungen waren allerdings so gering, dass das Zelt schon in der nächsten Woche in Velbert wieder aufgebaut werden konnte.

Jakob Vetter aber hatte man wegen Gotteslästerung angeklagt. In der Gerichtsverhandlung wiederholte Vetter, was er in besagter Ansprache gepredigt hatte. Der Mensch hat durch Jesus allein direkten Zugang zu Gott. Nach drei Wochen wurde Vetter freigesprochen. Ein tatsächlich unerwartet turbulenter Beginn der praktischen Arbeit der Deutschen Zeltmission! Auch in der Folgezeit versuchten Menschen die Versammlungen zu stören, das Zelt und die Einrichtung zu demolieren, Zeltbesucher und Redner anzupöbeln und zu belästigen. Flugblätter wurden gegen die Zeltmission verteilt, die Presse mobilisiert. Gott aber bewahrte sein Werk in diesen Turbulenzen des Anfangs. Viele Menschen fanden gerade in diesen schweren Zeiten zum Glauben an Jesus. Als man sich nach 10 Jahren Zeltmission traf, um über die ersten Jahre der Arbeit nachzudenken, fasste Jakob Vetter diese Zeit zusammen: »Manchmal war die rettende Macht Gottes so mächtig in unseren Versammlungen, dass 50, 100, 200, 300 und mehr an einem Abend sich für Gott weihten. Die Erweckungen, die wir in verschiedenen Städten erlebt haben, bleiben uns für alle Zeiten Denkmäler der Barmherzigkeit.«

Vorläufiges Ende und Neuanfang

Trotz seines äußerst schwachen Gesundheitszustandes war Jakob Vetter in Deutschland, dann auch in Holland und in der Schweiz mit dem Zelt unterwegs. Schon wenige Jahre nach Indienstnahme des ersten Zeltes musste ein zweites gekauft werden. Es wurde am 20. April 1905 in Lüdenscheid in Dienst gestellt. Damals waren besonders die großen Städte Einsatzorte für die Zelte: Mühlheim/Ruhr, Essen, Gelsenkirchen, Barmen, Düsseldorf. Aufgrund der vielen Nachfragen bildete sich 1905 eine Zeltmission-Ost heraus, so dass im selben Jahr noch ein drittes Zelt bestellt wurde. Das erste Zelt wurde im Osten Deutschlands (einschl. Ostpreußen) stationiert und von 4 Evangelisten in selbstständiger Planung und Durchführung betreut. Das dritte Zelt wurde nach Holland gegeben. Bei der Einweihungsfeier war auch die holländische Königin zugegen. Am Schluss sagte sie zu Jakob Vetter: »Ich habe mich so glücklich und wohl im Zelt gefühlt und freue mich über das Werk der Zeltmission.« Ein Jahr später wurde schließlich wegen der großen Nachfrage noch ein Zelt für die Schweiz angeschafft. Neben der Arbeit im Osten gab es nur noch ein Zelt in Deutschland, das aber bei den vielen Anfragen nicht ausreichte; so wurde schließlich noch ein weiteres für den süddeutschen Raum angeschafft. Aber schon bald war es mit der Zeltmission zu Ende. 1914 begann der 1. Weltkrieg! Während der Kriegsjahre konnten die Zelte nicht unterwegs sein. Jakob Vetter selbst suchte durch Verteilen von Bibeltexten und Traktaten das Evangelium besonders an Kriegsgefangene weiterzugeben. Die letzte Evangelisation hielt Vetter in Basel. Er starb am 13.12.1918.

Nach Kriegsende wurde das Werk »Deutsche Zeltmission« neu gegründet. Eine Reihe bewährter Verkündiger des Evangeliums standen zur Verfügung. Einer dieser Evangelisten mag den Älteren noch bekannt sein: Ernst Krupka. Er berichtet aus dieser Nachkriegszeit: »Die Zeit nach dem ersten Weltkrieg trug in mancher Beziehung ein besonderes Gepräge. Der heilige Gott hatte das deutsche Kaiserreich zerschlagen und die deutsche Währung, die sicher zu sein schien wie der Erde Grund, vom Weltmarkt verschwinden lassen. Jedermann wurde Millionär, schließlich Billionär. Bei Evangelisationen mussten am Ausgang Wäschekörbe aufgestellt werden, um das viele Papiergeld der Kollekte zu fassen. Und wenn der Evangelist am Schluss sein Honorar in Milliarden ausgezahlt erhielt, so konnte er sich dafür kaum eine Fahrkarte kaufen. Alles schien zu wanken und zu fallen – nur nicht Gottes Wort! Und siehe da, nach diesem Wort setzte ein Hunger ein, der uns heute nach Jahrzehnten noch das Herz bewegt. Überall in den großen und kleinen Städten waren die Zelte voll und zum Teil überfüllt. In Landau in der Pfalz und an anderen Orten strömten Abend für Abend 2.000 Menschen zusammen. Ja sogar im berüchtigt geistlich toten Thüringen, etwa in Gotha, mussten die Zeltwände hochgezogen werden, damit auch die Menschen, die außerhalb des Zeltes saßen, die Abende miterleben konnten. In den Großstädten waren Zelteinsätze mit 3.000 bis 4.000 Menschen keine Seltenheit. Immer wieder fanden Menschen zum Glauben an Jesus. Äußerlich besonders bemerkenswert war der Einsatz in Frankfurt/Main. Außerhalb des Zeltes saßen mehr Leute, als innen Platz gefunden hatten. Dank hochgezogener Seitenleinwand war dies möglich.

Mütter stellten ihre Kinderwagen in der Nähe des Zeltes ab und hörten zu. Seelsorgerliche Gespräche nahmen viele Stunden des Tages in Anspruch. Unter denen, die den Weg im Glauben beginnen wollten, waren viele Jugendliche. Nach dem Zelteinsatz bildete sich in der Kirchengemeinde, in der das Zelt stand, ein Mitarbeiterkreis von 90 Frauen und Männern, die fast ausnahmslos während der Zelttage zum Glauben gefunden hatten. Einige neue Jugendkreise wurden gegründet.

Aber, wie wir es oft in der Geschichte des Reiches Gottes erlebt haben, so war es auch bei der Zeltmission. Nach den großen erwecklichen Aufbrüchen kam eine Zeit des geistlichen Stillstands. Die Zeltmission verlor immer mehr an Boden. Der Evangelist Ernst Krupka fasst diese Zeit so zusammen:

»Nach Jahren offener Türen und reicher fruchtbarer Tätigkeit machten wir die überraschende Beobachtung, dass es 1933 auf der ganzen Linie zum Stillstand kam, ja unsere Zeltmission verlor immer mehr an Boden .... Beamte der Gestapo (Geheime Staatspolizei der Nazis) hörten uns überall ab. Vom Jahr 1934 an regelmäßig. Die Verhöre, denen wir in den verschiedenen Städten unterworfen wurden, können nachträglich kaum gezählt werden ... Dem Verstand nach hätten wir schon 1937 aufhören und den quälenden Verhören aus dem Weg gehen müssen. Dem Herzen nach aber und in Treue unserem Auftrag gegenüber arbeiteten wir weiter bis zum bitteren Ende.«

Als der 2. Weltkrieg ausbrach, musste das letzte, alt und brüchig gewordene Zelt verkauft werden.

Ins 2. Jahrhundert

Not, Elend, Vertreibung, Fliegerangriffe, Flucht und Tod prägten unser Land besonders in den letzten Kriegsjahren, bis es am Ende in Trümmern lag. »Dass wieder Zelte notwendig sind, liegt auf der Hand«, schrieb Evangelist Ernst Krupka in einem Rundbrief an Freunde der Deutschen Zeltmission, deren Anschriften noch in der Geschäftsstelle gefunden wurden. Er fährt fort: »In den zerbombten Städten gibt es wenige oder gar keine Kirchen mehr, aber zwischen den Trümmern Plätze, auf denen wir problemlos ein Zelt aufstellen können. Dazu sind vielen Menschen die Perspektiven für ihr Leben zerbrochen. So fangen sie an, nach Gott zu fragen. Als Deutsche Zeltmission wollen wir nicht dahinten bleiben, solange es Tag ist. Unsere Freunde, denen wir diesen Bericht vorlegen, rufen wir auf zur Fürbitte und zur Mitarbeit.«

Im Sommer 1946 fand die erste Versammlung für Freunde der Zeltmission im Erholungsheim Patmos statt. Die Deutsche Zeltmission soll neu gegründet werden, die Wahl des Vorstandes und die Eintragung ins Vereinsregister aber erst dann erfolgen, nachdem das erste Zelt gekauft ist. Ein neues Zelt zu beschaffen, war allerdings äußerst schwierig. Die Fa. Strohmeyer in Konstanz war bereit, Zelte für die Deutsche Zeltmission herzustellen. Dazu müsste die Zeltmission eine bestimmte Menge Baumwolle besorgen. Aber im ganzen Bundesgebiet waren weder diese noch Vorräte an Segeltuch aufzutreiben. Doch wo alle menschlichen Möglichkeiten verschlossen sind, sind Gottes Möglichkeiten noch längst nicht am Ende! Frühere Leser des Info-Blattes in Amerika suchten Verbindung mit Evangelist Krupka. Von ihm erfuhren sie von der Schwierigkeit, Rohstoffe für Zelte zu organisieren. Daraufhin kamen etliche Geldspenden in Dollar aus Amerika. Der »Schweizer Zeltgruß« brachte einen kurzen Bericht über das Problem in Deutschland. Auch das löste eine Spendenflut aus. Dann teilte eine Schweizer Rohstofffirma mit, dass aufgrund der »Nachkriegshilfe der Schweizer Freikirchen« 2 Tonnen Baumwolle auf dem Weg nach Deutschland waren.

1948 wurde bei einer weiteren Gründungsversammlung dann der Vorstand gewählt. Als Vorsitzender wurde Pastor Zilz aus Berleburg berufen. Den Vorstand unterstützte eine Mitgliederversammlung, in die bekannte Persönlichkeiten der Reichsgottesarbeit aus den Landeskirchen und Freikirchen berufen wurden. So hatte die Zeltmission nach dem Krieg von Anfang an Allianzgepräge. 1949 wurde das erste Nachkriegszelt der Deutschen Zeltmission in Frankfurt eingeweiht. Es gab in dieser Nachkriegszeit große Versammlungen, in den Schlussveranstaltungen bis zu 6.000 Zuhörer.

Das dritte Zelt, das die Zeltmission bald wieder zur Verfügung hatte, war ein Geschenk des Bundes Freier Evangelischer Gemeinden. Die 50er Jahre kann man als große Aufbruchzeit in der Evangelisation bezeichnen. Die Evangelisationsveranstaltungen waren überall gut besucht, die Zelte zum Teil überfüllt. Nach dem Zusammenbruch suchten und fanden Menschen im Glauben an den Herrn Jesus Christus ein neues Lebensfundament. Ab 1956 übernahm Pfarrer Paul Deitenbeck den Vorsitz der Deutschen Zeltmission, den er 30 Jahre innehatte. In seiner Anfangszeit wurde als Evangelist Dr. Gerhard Bergmann berufen.

Mit 5 Zelten waren unsere Evangelisten in jedem Sommer in unserem Land unterwegs. Während sie und verschiedene Gastprediger in 4 Zelten Dienst taten, entwickelte sich das größte Zelt (ca. 2.000 Plätze) mit dem Verkündiger Gerhard Bergmann zu einem Raum für Großevangelisationen, dem sogenannten »Bergmannzelt«. Unter dem Motto »Dr. Bergmann spricht« wurde sein bekannter Name genutzt, um Menschen, auch aus der weiteren Umgebung, zu motivieren, ins Zelt zu kommen und so die Nachricht von der Rettung des Menschen durch Jesus zu hören. Während bei diesen Zeltarbeiten eine aufwendige Werbung und der Einsatz vieler Mitarbeiter notwendig waren, um einen Sog der Massenbewegung in Gang zu setzen (»Wo alle hingehen, da muss ich auch dabei sein!«), waren die Arbeiten in den anderen 4 Zelten stärker auf den Ort ausgerichtet, in dem das Zelt stand. Der Segen Gottes in diesen überschaubaren Gebietsflächen war keinesfalls geringer! Auch hier fanden viele Menschen den Glauben an den Herrn Jesus Christus.

Schon gegen Ende des Dienstes von Dr. Bergmann erwies sich die Arbeitsweise des Großzeltes als zunehmend schwierig. Die Wirkung in die breite Öffentlichkeit ging allmählich zurück.

Nach dem plötzlichen Tod von Dr. Bergmann erfolgte eine längere Übergangszeit, in der verschiedene Verkündiger als Gastevangelisten die Arbeit übernahmen. Unter ihnen: Paul Walter Schäfer, Bärbel Wilde, Peter Hahne, Wilfried Reuter, Johannes Hansen, Ulrich Parzany und Peter Strauch.

In der letzten Phase der 100-jährigen Geschichte gab es auch immer wieder das Nachfragen: Was ist Gottes Wille mit dem Werk der Zeltmission? Ist Zeltevangelisation noch zeitgemäß? Diese Fragen und auch die Behauptung »Zeltevangelisation ist nicht mehr zeitgemäß« gibt es schon, solange es die Verkündigung im Zelt gibt! Umplanungen, Umorientierungen waren notwendig und sind gelungen. Die Programmgestaltung hat sich geändert. Dazu waren auch modernere Zelte nötig. Unser Geschäftsführer Franz Bokelmann sagt dazu: »Heute verwenden wir moderne Top-Zelte, bei denen es sich um konfektionstechnische Meisterleistungen handelt. Im kommerziellen Bereich werden sie als Fest- oder VIP-Zelte für Empfänge, Messen und Ausstellungen besonderer Art benutzt. Manche sagen, es seien Märchenzelte aus »1000 und 1 Nacht«: mit seitlichen Fenstern und Türen, die nachts wie ein beleuchtetes Schloss wirken. Die neuen dzm-Zelte unterscheiden sich somit in vollem Umfang von allen bisher bekannten Missionszelten.«

Was in den letzten Jahren durch die starke Nachfrage nach diesen neuen Zeltpavillons geschehen ist, erinnert mich an die ersten Jahre innerhalb der 100 Jahre Zeltmission. Damals von 1902 bis 1906 wurden fünf Zelte angeschafft wegen des großen Bedarfs. In den wenigen letzten Jahren der 100 Jahre dzm haben wir drei Zeltpavillons angeschafft und ein weiteres Zelt von der Schweizer Zeltmission übernommen. Jakob Vetter hatte eines der ersten Zelte in die Schweiz gegeben. Jetzt kam dieses Zelt in moderner Gestalt nach fast 100 Jahren zurück!

Wenn wir die Geschichte der 100 Jahre überdenken, erkennen wir manches, was sich heute aus der Anfangszeit des 20. Jahrhundert wiederholt. Sehr vieles hat sich aber auch verändert, musste sich verändern, damit das Evangelium die Menschen im angebrochenen 21. Jahrhundert erreichen kann.

Geblieben ist und bleiben wird der Ruf zum Glauben an den Herrn Jesus Christus, der der einzige Weg in ein geordnetes Verhältnis zu Gott ist. Dies ist das Anliegen aller Mitarbeiter, die heute im Bereich der Deutschen Zeltmission ihren Platz sehen, an den der Herr Jesus Christus sie gestellt hat.

Rolf Woyke

Auszug aus dem »Zeltgruß« Nr. 3/02, 100. Jahrgang, Jubiläumsausgabe
Veröffentlichung mit freundlicher Genehmigung des Autors

Buchempfehlung aus dem Philemon-Verlag

Wolfgang Jugel:

Das Wort Gottes – Fundament des Glaubens

Dieses Buch von Wolfgang Jugel ist ein notwendiges Zeugnis für unsere Tage, zumal die historisch-kritische Theologie das Wort Gottes weithin entleerte und so zum Abfall vom Glauben in der westlichen Welt entscheidend beigetragen hat.

Mit dem Ruf »Zurück zum ganzen Wort Gottes!« fußt der Verfasser auf dem Erbe unsrer Väter im Glauben. Der bekannte Bibelschullehrer Erich Sauer schrieb: »Der Glaube an den Offenbarungscharakter der Heiligen Schrift und ihre unzerstörbare Autorität ist darum keine geistlose Vergötterung des Buchstabens, keine kleingeistig unchristliche Buchstabenknechtschaft, sondern hat die größten Geister der Heilsgeschichte, ja, Christus, den Sohn Gottes, selber auf seiner Seite«. – Wolfgang Jugel hält es mit dem Apostel Paulus, der von sich bekannte: »... dass ich also dem Gott meiner Väter diene, *indem ich allem glaube,* was im Gesetz und in den Propheten geschrieben steht«.

Vorliegendes Buch ist die Frucht aus jahrzehntelangem Forschen im Wort der Wahrheit. Wem es heute noch um das Ganze des Wortes Gottes geht, der wird dankbar nach dem neuen Buch greifen. Den Liebhabern des Wortes Gottes kann ich es zum Lesen, Vertiefen und Forschen nur wärmstens empfehlen. An reichem Gewinn wird es nicht fehlen.

Wolfgang Kernchen

Themenauszug: Die göttliche Inspiration der Bibel, Die Medien der Offenbarung, Der Kronzeuge der göttlichen Inspiration, Theologische Einwände, Der Autor der Heiligen Schrift, Die Zusammenschau biblischer Aussagen, Wege zum Verständnis der Bibel u.a.

ISBN 3-936461-01-5, Paperback, 100 S., € 8,95 (D)

Philemon-Verlag e. K. • Auerstr. 65 • 45468 Mülheim/Ruhr
www.philemon-verlag.de • Tel.: (0208) 44 44 610